치유 코드로 읽는 신화 에세이

신화의 쓸모

신화는 우리에게
지금 여기서 행복하라고 말한다

간호학을 시작할 때 발음하기도 어려운 전문용어가 낯설지 않은 것은 펼치는 전공 서적마다 그리스의 신들이 숨어 있기 때문이다. 어렵게 떠난 유럽여행에서 마주하게 되는 고대도시의 흔적과 미술품 감상이 겉핥기가 되지 않는 것은 그리스 신화가 서양문화의 근간이기 때문이다. 혼자서는 읽을 수 없는 단테의 <신곡>이나 밀턴의 <실락원>은 그 실마리가 그리스 신화에서 풀리고, 인문의 바다에서 표류하거나 막다른 예술의 문 앞에 설 때마다 그리스 신화가 열쇠가 되어준다.

그리스 신화에는 인간의 보편적인 정서가 들어 있다. 그래서 인간의 몸과 마음을 돌보는 의료인들은 인간의 감정을 닮은 그리스 신들의 세계를 엿보며 우리네 삶을 이해함으로써 환자 돌봄에 적용할 수 있다. 뿐만 아니라 환자 돌봄에 지친 자기 자신과 동료를 도닥일 수도 있다. 이는 비단 의료인에게로 제한되는 것은 아니다. 누구라도 그리스 신들의 사랑과 전쟁 이야기를 탐독하다 보면 신이나 인간이나 같은 욕망을 가졌다는 점에서 위로를 받게 된다. 신이라고 해서 거룩함으로 무장하여 인간에게 엄격한 규율과 무조건적인 복종을 강요하지 않는다.

신화는 우리에게 하나의 의무가 있다면 그것은 행복이라고 말한다. 미래의 행복을 위해서 현재를 희생하는 것이 아니라 지금 바로 여기서 행복하라고 말한다. 남들이 만들어 놓은 행복의 기준이 아니라 내가 간절히 바라는 것이 무엇인지, 언제 가장 행복한지 질문을 반복하며 나의 기준을 찾으라고 한다. 다만 지나치게 오만하지 않는지, 나의 즐거움이 남들에게 해가 되지는 않는지, 나아가 내가 추구하는 것이 공공의 선이 되는지 살펴보기만 하면 된다.

나 역시 새로운 즐거움과 행복을 만나기 위해 자주 도전했다. 매순간 똑같이 공들였다고 자신할 수 없고, 실망스러울 때도 있었지만 가끔은 해냈다. 그리고 이제 치유의 코드로 그리스 신화 읽기를 시작한다. 사실 그리스 신화 책을 펼치면 분명 어디선가 들어보았을 서사도 헷갈리고, 뒤얽힌 족보와 난해한 은유로 인해 두통이 먼저 찾아와서 몇 장 넘기지 못하고 덮어버리고 싶어지기 마련이다. 이렇듯 친근하게 여겨지면서도 제대로 읽어내기가 쉽지 않은 그리스 신화를 따뜻하고 친절하게 읽어주려고 한다.

먼저, 꼬리에 꼬리를 무는 신화를 최대한 연대기적으로 풀고자 노력했다. 별도의 신들의 계보가 없는 이유도 첫 페이지부터 읽어나가면 태초의 신들의 이야기로부터 자연스럽게 흐르도록 장치했기 때문이다. 물론 어느 페이지를 펼치더라도 내용을 이해하는 데 전혀 어려움은 없다. 만약 지금 사랑에 빠져 있다면 3부 '신들의 사랑'편을 먼저 읽는 것을 추천한다. 익숙한 이야기가 펼쳐질 것이다.

둘째, 모든 이야기는 쉽고 명료한 언어로 친근하게 다가가려고 노력했고, 필요하다고 생각되면 한자나 영어를 표기해 두었다. 의학의 아버지 히포크라테스조차 언어에 있어서 최고의 미덕은 명료함이고 최대의 악덕은 어렵고 생소한 말을 쓰는 것이라고 했다. 그리고 요즘 정서와 이념에 맞지 않는 구태의연한 표현이 있는지 자기검열을 반복했다.

셋째, 예민한 독자에게는 특별한 순간이 되거나 적절한 도움을 줄 수 있다는 신념으로 연관된 그림과 책과 영화를 소개하였다. 전혀 상관없을 것 같은 장면도 고집스러운 성찰로 유사한 주제를 엮었고, 그 사이에 나만의 아포리즘을 조심스럽게 밀어넣었다. 낯선 여행지에서 어느 골목 모퉁이를 돌아 전혀 기대하지 않았던 특별한 것을 발견할 때만이 만끽할 수 있는 이국적인 감동이기를 바랐다.

마지막으로, 평균을 상회하는 지적 호기심을 가진 독자들을 위하여 신화가 근원이 된 의학용어와 일반상식, 그리고 미처 담지 못한 신화의 자투리를 '쓸모상자'에 정리해 두었다. 책 제목을 <신화의 쓸모>라고 한 것도 같은 이유이다. 쓸모상자에서 알려주는 메모를 기억해 두었다가 알은체를 하는 현학적인 허세를 부려도 좋음은 물론이거니와 지루한 일상에 느낌표를 채워가기만 해도 좋을 것이다.

이 책이 투우사와의 결전을 앞둔 소가 잠시 가쁜 숨을 고르며 휴식하는 공간인 케렌시아처럼 따뜻한 기운과 위로가 되기를 바란다. 그리하여 삶에 관해 위선 없이 속내를 털어놓고 싶은 젊은이와 크고 작은 질병과 삶의 무게로 고단해진 장년들이 그리스 신들의 세계를 엿보며 삶의 풍미라 부를 수 있는 한 조각의 여유로움을 누릴 수 있기를 바란다.

코로나19가 기승이던 2020년 여름에 세비 오진아 드림

chapter **1**

태초의 신

01. 카오스에서 코스모스를 따르다

가이아 • 타르타로스 • 에로스 • 우라노스

온 우주를 돌고 돌아 너와 내가 만나고, 수많은 우연과 필연을 반복하며 사랑하여 마침내 결실을 맺은 경험이 있는가? 그 사랑의 결정체가 탄생하는 순간을 지켜본 적이 있는가? 아직 눈도 뜨지 못하는 작은 생명은 신이 준 선물이자 하늘에서 내려온 별이고 온 우주다.

지금도 우주 어느 곳에서는 은하와 은하가 충돌하며 별이 생겨난다는데, 이 폭발적인 에너지가 나의 기도에 닿은 경험이 있는가? 마음을 다한 간절한 기도가 이루어진 적이 있는가? 그런 설명할 수 없는 경이로움을 체험할 때 우리는 질문이 많아지는 철학자가 된다.

세상의 모든 시작은 혼돈이다. 형체를 분간할 수 없고 정체를 알 수 없는 물질들이 마구 뒤섞여 있어 갈피를 잡을 수 없는 암흑에서 세상은 시작되었다. 구약성서 <창세기>에는 땅이 혼돈하고 공허하며 깊은 어두움 가운데 하느님이 말씀으로 세상을 창조했다고 기록하고 있다. 하느님은 첫째 날에 빛과 어둠을 나누고, 둘째 날에 궁창을 만들어 하늘과 바다를 구분하고, 셋째 날에 땅이 있게 했다.

중국 신화에서 태초의 세상은 하늘과 땅이 혼돈상태로 한데 뒤섞여 있는 커다란 알과 같은 모습이었고, 그 속에서 18,000여 년 동안 잠들어 있던 반고盤古가 탄생했다. 알 속에 함께 섞여 있던 물질은 세상 밖으로 흩어져 가벼운 것은 위로 올라가 하늘이 되고 무거운 것은 아래로 내려가 땅이 되었다.

동양과 서양 모두 혼돈 속에서 창조주로서의 절대자가 존재했다는 공통된 주장이 흥미롭다. 하지만 그리스 신화가 다른 신화들과 구별되는 점이 있다면 모든 자연이 인격화되었다는 것이다. 기원전 7-8세기경 고대 그리스의 작가 헤시오도스는 이를 <신들의 계보>에서 나름대로 질서정연하게 정리했다.

맨 처음의 세상은 거대한 틈 또는 텅 빈 공간이라는 뜻의 카오스로, 카오스 속에서 모든 신들의 안전한 거처이자 넓은 가슴을 가진 가이아와 죽음의 신 타르타로스, 사랑의 신 에로스가 탄생했다. 카오스에서 가장 먼저 태어난 것은 넓은 땅과 흙을 의미하는 대지의 여신이자 모든 신들의 어머니인 가이아다. 가이아는 스스로 하늘 우라노스를 낳고, 이어서 산맥 우레아와 그 사이를 흐르는 바다 폰토스를 낳았다. 말하자면 혼돈의 우주에 빅뱅*Big Bang*이 발생하여 거대한 틈이 생기면서 하늘과 바다, 산맥이 형성되었다는 것이다.

그런데 여기에서 한 가지 의문이 생긴다. 태초의 신들을 인격화했다면서 가이아가 혼자서 자녀를 잉태하고 낳았다고? 단성생식은 정자와 난자가 결합하는 수정 단계를 거치지 않고 난자 홀로 수정란이 되는 것을 말한다. 몇몇 식물이나 파충류, 그리고 벌, 개미, 새우 등의 무척추동물과 일단의 물고기 등에서 나타나는 현상이기도 하지만, 어떤 남신과의 결합도 없이 가이아 여신 스스로 자식을 셋이나 탄생시켰다는 것을 받아들이기는 아무래도 불편하다.

헤시오도스의 <신들의 계보> 문구를 다시 찬찬히 읽어보자.

"……가이아와 죽음의 신 타르타로스, 사랑의 신 에로스가 탄생했다."

익숙한 이름이 나온다. 에로스! 그렇다! 에로스가 태초에 존재했다. 가이아가 사랑의 신의 힘을 빌려 자식을 낳았다고 해석한다면 훨씬 설득력이 있다. 한 생명을 탄생시킴에 있어 사랑은 필수요소이기에 사랑이 첨가되는 생산이야말로 진정한 의미의 탄생이다. 허허벌판에 조립식 주택을 만들 듯이 뚝딱뚝딱 자연이 만들어지는 식이었다면 그리스 신화가 특별할 이유는 없을 것이다. 세상이 만들어지는 과정에서 에로스가 있었다는 것은 하늘도 땅도 바다도 특별한 사랑의 증거로 여겨지며 흐뭇하고도 즐거운 마음이 든다. 이것이 그리스 신화가 가진 힘이다. "왜 언제나 사랑인가?"라는 우문에 대한 대답이기도 하다. 태초부터 존재했기 때문에, 그것이 근원이기 때문에, 돌아보면 언제나 '사랑'이다.

에로스? 그런데 태초에 에로스라니, 여전히 낯설지 않은가? 우리에게 익숙한 에로스는 날개 달린 아기 천사, 또는 프시케와 사랑을 나누는 청년 에로스가 아니던가? 하지만 태초의 신이든 아프로디테의 아들이든 에로스는 사랑에 빠지게 하는 황금화살을 가지고 다니면서 천상의 신들과 지상의 인간들에게 사랑의 불씨를 나르는 사랑의 신임에는 틀림없다.

에로스의 황금화살은 특히 눈동자에 작용하는 것 같다. 시인 로버트 그레이브스가 "사랑은 시야를 가리는 찬란한 얼룩"이라고 노래한 것처럼 사랑에 빠지는 순간 주변은 볼 수가 없고 사랑하는 상대만 눈에 들어온다. 눈에 콩깍지가 씌어 상대를 제대로 보지 못하기도 하고, 사랑에 눈이 멀기도 한다. 때로 황금화살은 투시력을 높이기도 한다. 사랑에 빠진 사람은 상대가 가진 평범함을 부정하고 그녀 혹은 그만이 가진 특별함과 변하지 않는 본질을 찾아냄으로써 그 매력에서 헤어나오지 못하는 법이다. 그래서 사람들은 내가 사랑하는 자가 나를 사랑해주는 기적을 꿈꾸며 에로스의 황금화살을 기다린다.

건강한 아기를 낳는 것은 모든 부모의 바람이지만 안타깝게도 어떤 아기들은 기형을 가지고 태어나기도 한다. 태아가 어머니의 뱃속에서 자라면서 구강이 정상적으로 형성되지 못해서 생긴 입천장갈림증(구개파열)은 꽤 흔한 선천성안면기형이다. 다행히 입천장갈림증의 경우 생명에 지장을 주지는 않는데다 아기일 때 성형수술로 완벽하게 치료할 수 있다. 그리스 신화를 아끼는 의학자들이 새로운 의학용어를 만들 때 신들의 이름을 숨겨두었다. 입천장갈림증*Uraniscochasma*은 하늘의 신 우라노스와 '갈라진 틈'이라는 뜻의 카오스에서 파생된 카이스마의 합성어이다. 즉, '하늘에 생긴 구멍'이라는 뜻으로 입천장이 갈라진 채로 태어난 아기에게 붙여지는 질병명이다.

다시 처음으로 돌아가보자. 세상의 모든 시작은 혼돈이다. 오비디우스는 태초의 무질서한 혼란을 카오스라고 정의했는데, 그 반대 개념인 질서는 코스모스다. 코스모스라는 단어는 삼각형의 빗변을 구하는 공식을 정립한 고대 그리스의 수학자이자 철학자인 피타고라스가 처음 사용했다. 피타고라스는 세상은 불합리하고 무질서할지라도 우주의 원리는 수학만큼이나 질서정연하다고 생각했던 것 같다.

카오스에서 질서가 생기면 코스모스가 된다. 화장품을 코스메틱이라고 하는 것은 혼돈 상태의 얼굴을 질서정연하게 만들어준다는 의미이니 무척 노골적이고도 유쾌한 작명이다. 사람들이 거울 앞에 앉아 정성껏 화장하는 것은 얼굴의 질서를 찾아가는 과정이다. 남녀 할것 없이 얼굴의 질서 찾기에 공을 들이는 것을 보면 코스메틱 시장에 불황은 없어 보인다.

가지런한 신발장, 차선을 지키며 줄지어 나아가는 차량들, 신호에 따라 움직이는 사람들처럼 혼돈에서 질서를 찾아야 하는 것이 사물이나 사회에서만 필요한 것은 아니다. 처음 시작하는 사랑이든, 새로운 직장이든, 새롭게 도전하고자 하는 것은 무엇이든 언제나 형체를 분간할 수 없이 모호한 혼돈 그 자체이다. 누구나 시작할 때는 대상을 잘 모르기 때문에 두려울 수밖에 없다. 하지만 자세히 살펴보고 정체를 조금씩 파악한다면 어느새 두려움은 익숙함이 되고 낯섦은 친근함이 되어 나름의 질서를 만들 수 있다. 처음부터 모든 것에 노련할 수는 없지만 내 것으로 만들겠다는 의지와 애정을 가지고 한 걸음씩 나아가는 것이 질서를 만드는 과정이다. 사랑에 대한 서투름, 미래에 대한 불안 등으로 뒤죽박죽인 카오스 상태에서 자신의 정체성을 확립해 나가고 있는 젊은 청년들, 자녀들이 품에서 떠난 뒤 공허함과 헛헛함으로 빈 둥지와도 같은 카오스 상태에서 삶의 의미를 찾고 싶은 장년들에게 그리스 신화가 쓸모가 되기를 바란다.

그리스에서는 사람의 마음이 균형을 잡고 사회가 조화로울 때 "코스모스에 따른다*kata kosmon*"고 표현한다. 우리의 삶은 많은 뜻하지 않은 비논리적인 일들의 연속이다. 다음에 나올 멜로디를 예측할 수 없어 거칠게 들리는 현대음악이라도 그 불협화음을 반복해서 들으면 학습이 되어 어느새 협화음처럼 느껴지기 마련이다. 그리스 신화가 낯설고 불편하게 느껴진다면 반복해서 읽으면서 상징과 은유를 찾아가보자. 어느새 익숙해진 멜로디와 하모니에 장단을 맞추며 카오스에서 코스모스로 합치하는 기쁨을 만끽할 수 있을 것이다. 혼돈의 끝에서 자신만의 질서를 찾고 묵묵히 나아갈 힘을 얻는 스스로를 발견할 수 있을 것이다.

#창세기1장1절   #우주폭발 빅뱅   #내눈에 콩깍지   #피타고라스의 정리
#수학포기자 피알못   #얼굴에 질서가 없으시네요   #코스메틱시장 활황   #음악본능
#신화의 쓸모   #의학용어 숨은 신화 찾기   #의대에 간 그리스신들   #메디컬 오디세이

수학자이자 철학자인 피타고라스*Pythagoras*(BC 570-BC 495)는 사모스섬에서 태어나 폴리크라테스*Polycrates*(BC 574-BC 522)의 후원으로 이집트에서 유학하고, BC 530년에 남부 이탈리아의 크로토네로 가서 기하학 이론을 발표했다. "직각 삼각형 빗변의 제곱이 두 직각변 제곱의 합과 같다"는 피타고라스 정리를 기억하는가? 피타고라스(또는 헤라클레이토스)는 철학*Philosophy*이라는 말을 처음 사용했으며 스스로를 철학자 즉, '지혜*sophia*를 사랑*philos*하는 자'라고 불렀다. 이후 소크라테스*Socrates*(BC 470-BC 399)와 플라톤*Plato*(BC 427-BC 347) 등 고대 그리스 철학자들에게 지대한 영향을 끼쳤다.

대지의 여신 가이아는 로마에서는 테라*Terra*다. 테라스*terrace*, 테라코타*terra cotta*, 테라리움*terrarium* 등이 테라와 같은 어원을 갖는다. 테라마이신*Terramycin*은 흙에서 분리한 곰팡이에서 항생물질을 발견하여 1949년에 미국의 화이자*Pfizer*에서 개발하여 판매하는 항생제다.

가이아이론*Gaia hypothesis*은 제임스 러브록*James Ephraim Lovelock*(1919~)이 <Gaia: A New Look at Life on Earth>에서 주장한 가설로, 지구는 단지 기체에 둘러싸인 암석덩어리가 아니라 세포조직으로 이루어진 생명체처럼 생물과 무생물이 서로 상호작용하면서 스스로 진화하고 변화해 나가는 하나의 거대한 생명체이자 서로 유기적으로 연결된 유기체라는 것이다. 2019년 100세를 맞은 러브록은 기후 변화와 녹색 정책의 중요성을 강조하기도 했다.

질서정연한 기본 조건에서 아주 미세한 오차가 발생했을 때 연쇄 효과를 일으켜 예기치 못한 엄청난 오차를 만들어 복잡하고도 혼란스러운 결과를 초래하는 것을 카오스이론*Chaos theory*이라고 한다. 나비 효과*Butterfly effect*로 더 잘 알려지게 된 카오스 이론은 1960년대 미국 기상연구소의 에드워드 로렌즈*Edward Lorenz*(1917-2008)가 미분방정식을 풀다가 실수를 하여 그 오차로 예측하지 못한 결과가 일어난 것에서 시작되었다. 원래 수학이론이지만 작은 실수나 무심한 행동이 얼마나 큰 파장을 일으킬 수 있는가를 생각하게 하는 흥미로운 이론이다.

02. 아름다움, 거품에서 태어나다

아프로디테 • 가이아 • 우라노스

모든 여신이 아름답지만 가장 아름다운 그리스 여신은 단연 아프로디테다. '미의 여신은 비너스 아닌가?'라는 의문을 가진다면 대답은 간단하다. 비너스는 영어식, 로마에서는 베누스, 그리스에서는 아프로디테다.

고대 그리스는 기원전 3,650년경 미노스 문명이 시작된 때부터 기원전 146년 고대 로마가 지중해 전역을 장악하기 전까지 역사와 철학, 예술과 문화를 찬란하게 꽃피웠다. 막강한 군사력을 보유했지만 문화와 예술 측면에서는 열악했던 로마는 그리스 신화를 차용하여 로마 신화로 재창조했다. 로마 신이 되어버린 그리스 신들의 이름은 당시 로마에서 사용하던 라틴어로 바뀌어 로마 전역으로 퍼졌다. 그리스 신화와 로마 신화를 명확하게 구분하기가 어려운 이유가 여기에 있다.

많은 화가들이 올림포스 신들의 파란만장한 이야기를 화폭에 담았는데, 특히 가톨릭교회의 위세로 말미암아 예술적인 표현조차 제약을 받았던 시대에도 화가들은 나체의 여신과 근육미 넘치는 남신들을 등장시켰다. 아프로디테는 화가들이 가장 탐내는 모델이다. 대표적인 그림은 피렌체의 우피치 미술관에서 만날 수 있는 산드로 보티첼리의

<비너스의 탄생>이다. 보티첼리가 이탈리아 사람이니 베누스의 탄생이 맞지만 여기서는 아프로디테로 부르기로 하자.

바다를 배경으로 한 그림 중앙의 커다란 조개 위에 아프로디테가 요염하게 서 있다. 왼쪽에는 서풍의 신 제피로스가 볼 풍선을 만들어 따뜻한 봄바람을 불어내고, 꽃과 봄을 주관하는 클로리스는 제피로스에게 매달려 장미꽃을 뿌린다. 장미는 아프로디테의 꽃이다. 아프로디테가 탄 조개는 제피로스의 바람에 떠밀려 키프로스섬에 다다르고, 계절의 여신 호라이가 아프로디테를 맞이한다. 호라이는 장미로 된 허리띠를 멋스럽게 매고, 목에는 영원히 변치 않는 사랑을 의미하는 화환을 걸고 있다. 호라이의 발 사이에는 봄이 왔음을 알려주는 아네모네가 피어 있다.

그런데 보티첼리가 그린 아프로디테의 탄생에는 어딘가 석연찮은 구석이 있다. 탄생이라면 출생의 순간인데 신생아가 아닌 성숙한 여인의 모습이라니, 게다가 바다가 배경인 이유는 무엇일까? 보티첼리가 착각한 것일까?

산드로 보티첼리 <비너스의 탄생> 1485-1486

아프로디테의 탄생을 그린 다른 그림을 보아도 마찬가지다. 알렉상드르 카바넬의 <베누스의 탄생>에서도 아프로디테는 누군가를 유혹하는 듯한 자세로 파도 위에 누워 있다. 특히 카바넬의 그림은 누워 있는 여신의 농염한 모습이나 이를 내려다보는 에로스의 게슴츠레한 눈길이 예사롭지 않아 비평가들의 구설수에 오르기도 했다. 그나저나 신화 속 신들의 탄생은 여인의 자궁에서 태어나는 인간의 출생과는 다를 것임을 참작하더라도 이미 성숙한 모습으로 바다에서 탄생하게 된 사연이 궁금하다.

호메로스는 <일리아스>에서 아프로디테를 제우스와 티탄신인 디오네의 딸이라고 했지만, 헤시오도스는 <신들의 계보>에서 우라노스의 딸이라고 했다. 헤시오도스에 의하면 아프로디테는 제우스의 고모뻘인 셈이다. 당최 누구의 주장이 옳다는 말인가, 하지만 진실 여부를 확인하는 것은 불가능하며 논쟁할 이유도 없다. 신화는 전달하는 자의 주관적인 해석이 들어가기 마련이므로 여러 가지 버전이 나올 수밖에 없기 때문이다. 이를 재생산하는 예술가들이 어떤 이야기에 더 많은 영감을 받았는지가 중요할 따름이다. 헤시오도스는 호메로스보다 30년 정도 뒤에 태어났으니 <일리아스>를 읽고 자랐을 것이다. 호메로스의 주장을 충분히 알고 그후에 <신들의 계보>를 정리했을 터이니 우리는 헤시오도스의 설명을 따라가보자.

태초의 여신 가이아는 우라노스, 우레아, 폰토스를 낳았고, 이후에 우라노스와 결혼하여 키클롭스 삼형제와 헤카톤케이레스 삼형제, 티탄 열두 형제를 낳았다. 그런데 가이아가 낳은 자식들의 모습은 기괴했다. 키클롭스 삼형제의 얼굴에는 눈이 하나다. 외눈박이 키클롭스들은 산속에서 주물을 담당하는 대장장이다. 고대 그리스인들은 우르르 쾅쾅 요란한 소리를 내며 화산이 폭발하면 키클롭스들이 거대한 화산 아래에서 망치를 두드리며 주물을 뜨는 것이라고 생각했다. 흔하진 않지만 태아기에 안구가 제대로 발달하지 않아서 눈이 하나인 채로 태어나는 선천성 기형도 있다. 단안구증Cyclopia이라는 안구 결함은 키클롭스의 이름에서 따왔다. 안타깝게도 단안구증을 가진 아기들이 정상적으로 생존하기는 어렵다. 그렇지만 온갖 요상한 모습을 한 신들이 활개를 치는 신화 속에서야 이상한 일도 아니다.

헤카톤케이레스는 얼굴이 50개, 팔이 100개나 달린 백수거신百手巨神이다. 튼튼한 두 다리로 버티고 서 있다고는 하지만 거대한 몸통에 주렁주렁 달려 있을 얼굴과 팔을 상상하기는 쉽지 않다. 어떤 유명 화가도 이들을 제대로 표현하지 않은 것을 보니 신들 중에서도 가장 괴이했던 것 같다.

우라노스는 키클롭스와 헤카톤케이레스의 흉물스러운 모습을 몹시 싫어해서 태어나는 족족 타르타로스에 가두었다. 타르타로스는 죽음의 신으로 대지의 가장 깊은 지하세계를 의미하니 대지의 여신 가이아의 뱃속 깊은 곳에 가두었다고 해석할 수도 있다. 자식이 태어날 때마다 갇히는 신세가 되자 가이아는 이를 더 이상 지켜볼 수 없어 우라노스를 처치하고 감금된 자식들을 구출하기로 결심했다.

가이아는 타르타로스에 갇히지 않은 열두 명의 티탄들에게 물었다.

"너희 중에 내 말에 복종하여, 너희 아버지의 용서받지 못할 만행을 벌할 자가 있느냐?"

이때 막내아들 크로노스가 나섰다.

"제가 그 일을 하겠습니다. 저는 아버지를 존경하지도 않고 부끄럽기 그지없는 야만스러운 행동을 참을 수도 없습니다."

가이아는 크로노스의 용기를 격려하며 땅속에 묻혀 있는 철 성분을 모아 거대한 낫, 스키테를 만들어서 크로노스에게 주었다. 최초의 철기문화를 가진 민족을 스키타이족이라고 부르는 것도 스키테에서 비

조르조 바사리 <크로노스에게 거세된 우라노스> 1560

롯되었다. 조르조 바사리의 <크로노스에게 거세된 우라노스>에서는 낮이 아니라 반달 모양의 칼인 하르페를 들고 있다. 화가가 그리스 신화를 해석하기에 따라 표현이 달라지는 것이니 칼이든 낮이든 그리 중요하진 않다. 기회를 노리던 크로노스는 "거대한 우라노스가 밤과 함께 다가와 욕정에 불 탄 나머지 가이아를 감싸며 자신의 몸으로 그녀를 뒤덮자" 뒤에서 몰래 나타나 스키테로 우라노스를 재빨리 거세하고 남근을 등 뒤로 던져버렸다. 느닷없이 남근이 거세되는 봉변을 당해 놀란 우라노스는 하늘로 뛰어올랐고 다리 사이에서 뚝뚝 떨어진 피는 땅으로 스며들었다. 우라노스의 피가 스며든 곳에서 복수와 징벌의 여신인 에리니에스 세 자매와 멜리아데스라고 불리는 물푸레나무 요정들, 그리고 다리가 뱀으로 된 24명의 거대한 기간테스들이 태어났다. 물푸레나무는 창의 자루를 만드는 데 쓰였기 때문에 호전적인 죽음과 전투를 상징한다.

우라노스의 피 한 방울만으로도 거신巨神이 태어날 정도니 생식기의 위협은 어떠했을까? 떨어져나간 우라노스의 남근은 바다로 빠져

들어갔고, 바다에서는 보글보글 거품이 일면서 여신 하나가 태어났다. 바로 아프로디테가 탄생하여 수면으로 떠오르는 순간이다. 많은 화가들이 이 순간을 포착해서 아프로디테의 탄생을 그렸다.

아프로디테는 '거품 속에서 태어난 아이'라는 뜻이다. 자타가 공인하는 아름다운 여신 아프로디테가 거품에서 탄생했다는 것은 무엇을 의미할까? 거품은 알맹이나 실질적인 내용이 없고 순식간에 사라지는 허상이다. 비주얼 시대를 사는 요즘 세대들에게 아름다움은 재능이 되기도 하지만 외면의 아름다움은 거품처럼 곧 사라지는 덧없음이다. 아름다움을 뽐내다가 여신에게 분노를 사거나 아름다움 때문에 불화가 일어나는 것을 그리스 신화 곳곳에서 찾아볼 수 있다. 이는 내면의 아름다움의 중요성을 노골적으로 시사한다.

많은 사람들이 아프로디테를 여성 속옷 상표 모델인 <밀로의 비너스> 이미지로 기억할 것이다. 밀로의 비너스는 1820년경 밀로스섬에 사는 한 농부가 집수리를 하다가 우연히 발견해서 붙여진 이름이니 정확하게는 '밀로스섬의 비너스'라고 해야 맞다. 그렇지만 언제부터인지 밀로의 비너스라고 부른다.

밀로의 비너스는 팔이 없다. 처음부터 팔이 없었던 것은 아니었을 테니 학자들은 한 손은 옷자락을 그러쥐고, 다른 한 손은 트로이아 전쟁의 원인인 황금사과를 쥐고 있었을 것이라고 추측한다. 하지만 팔의 모양이 어떠했는지는 전혀 중요하지 않다는 듯 완벽한 팔등신 비율을 자랑하는 비너스의 몸매는 아름다움의 기준이 되었다. 오히려 팔이 없는 미완의 신비함까지 더하여 아름다움의 정수로 승화된 듯하다. "사막이 아름다운 건 어딘가에 우물을 숨기고 있기 때문"이라고 일러주는 <어린왕자>의 말을 굳이 인용하지 않더라도 밀로의 비너스에서 아름다움을 발견할 수 있다.

선천성 사지절단증*phocomelia*은 사지가 없거나 부족한 채로 태어나는 것이다. <오체불만족>의 저자 오토타케 히로타다, 목사 닉 부이지치, 스포츠맨 카일 메이나드, 비보이 춤꾼 갭 아담스 등은 선천성 사지절단증으로 태어났으나 자신의 장애를 극복하고 많은 사람들에게 용기와 희망을 주고 있다. 특히 선천적으로 양쪽 팔이 없는 성악가 레나 마리아는 자신이 바로 밀로의 비너스라고 표현하기도 했다. 천상의 목소리로 성가를 불러서 많은 이들의 마음을 움직이고 감동을 주는 마리아야말로 아름다움의 여신이다.

우리나라 배낭여행 1세대로서 40일간 유럽을 여행하며 방학을 보내던 1992년 여름, 런던과 브뤼셀을 거쳐 파리에 도착했을 때, 여느 도시에서처럼 랜드마크 확인을 위해 루브르 박물관을 방문했다. 신화와 예술에 무지했던 어린 시절이라 박물관에서 유명한 작품 몇 점만 눈도장 찍고 후다닥 나오면 된다고 판단했다. 지금 생각하면 어리석기 짝이 없는 발상이었는데, 무엇보다 고혹적인 <밀로의 비너스>의 자태를 눈여겨보지 못했던 것이 몹시 아쉽다. 언젠가 다시 파리에 머물 수 있는 기회가 온다면 매일같이 박물관을 드나들면서 그리스 신들의 몸짓과 시선, 삶의 지혜를 좇으며 신화의 바다에 빠지리라.

#헷갈리는 신들의 이름 #아버지 날 낳으시고 #수중분만 잘 하는 곳
#바다에서 떠오른 여신 #깨끗하게 자신있게 #소중한 것은 눈에 보이지 않아
#여행에 미치다 #신화에 미치다 #루브르 박물관 #신화의 바다

제프리스는 새벽의 여신 에오스의 아들이다. 에오스는 태양신 헬리오스와 달의 여신 셀레네와는 남매이며, 밤하늘과 별과 점성술의 신 아스트라이오스와의 사이에서 바람의 신들을 낳았다. 서풍의 신은 제프리스, 남풍의 신은 노토스, 북풍의 신은 보레아스, 동풍의 신은 에우로스다.

아네모네는 아프로디테가 사랑한 미소년 아도니스가 죽은 자리에서 피어난 꽃이다. 또 다른 이야기로는 꽃의 여신 플로라의 시종인 아네모네를 플로라의 남편인 서풍의 신 제피로스가 눈독을 들이자 화가 난 플로라가 그녀를 꽃으로 만들었다고 한다.

1789년 독일 화학자 클라프로트*Martin Heinrich Klaproth*(1743-1817)는 신금속을 발견하고 '새로운 것'이라는 의미로 우라노스를 따서 '우라늄'이라고 했다. 100년이 지나 1896년 프랑스 물리학자 베크렐*Antoine Henri Becquerel*(1852-1908)은 우라늄을 방치하면 에너지가 생긴다는 것을 발견했다. 이 현상을 우라노스에서 '우'를 빼고 '라노스'를 변형하여 라디오 활동(방사능*radioactivity*)이라고 불렀다. 그때 함께한 제자가 바로 퀴리*Pierre Curie*(1859-1906)였는데, 퀴리는 아내, 딸과 함께 실험을 계속했지만 이 실험은 슬픈 결말로 이어졌다. 퀴리 부인*Maria Skłodowska-Curie*(1867-1934)과 딸이 모두 백혈병으로 사망한 것인데, 방사선*radioactive rays*에 지나치게 노출되었기 때문이다.

그리스 신화를 관통하는 서사의 원형은 파트로크토니아*patroktonia* 즉, 자식이 아버지를 죽이는 친부 살해다. 기성세대는 자신의 틀 속에 자식들을 가두려고 하지만 그리스 신화에서는 가부장의 권력을 과감히 거스르라고 주장한다.

03. 내가 세상의 중심이다

제우스 • 크로노스 • 우라노스

박물관에서 거대한 반달 모양의 낫을 든 신령스러운 노인을 형상화한 조각품이나 그림을 만난다면 십중팔구 크로노스다. 크로노스는 어머니 가이아가 만들어 준 거대한 낫 스키테로 아버지 우라노스를 거세하고 지하세계에 감금되었던 키클롭스 삼형제와 헤카톤케이레스 삼형제를 구출했다. 하지만 막상 꺼내놓고 보니 형제들의 생김새가 괴상한데다 너무나 거대하고 우악스러워 위협을 느낀 나머지 어머니와의 약속도 잊고 그들을 다시 지하세계에 밀어넣었다. 이후 크로노스는 같은 티탄이면서 누이인 레아와 결혼하여 한동안 평화로운 시절을 보내는 듯싶었지만, 자신이 아버지를 친 것처럼 아들도 언제 자신에게 대항할지 모른다는 걱정이 뇌리를 떠나지 않았다. 그도 그럴 것이 우라노스는 크로노스에게 쫓겨나면서 "크로노스, 너 역시 네 아들 중 가장 힘센 자에게 쫓겨날 것이다"라고 저주를 퍼부었던 것이다.

크로노스와 레아는 여섯 아이들을 낳았다. 살림 밑천이 될 부뚜막과 가정의 여신 헤스티아, 곡식과 수확과 풍요를 상징하는 데메테르, 황금 신발을 신은 헤라, 강인한 저승의 신 하데스, 대지를 흔드는 바다의 신 포세이돈, 그리고 지혜로운 제우스다. 훗날 이들이 태어난 순서는 뒤바뀐다. 크로노스가 우라노스의 저주를 곱씹으며 레아가 아이

26

를 낳을 때마다 집어삼키는 엽기적인 만행을 저질렀기 때문이다. 자식들을 삼켜 자신의 뱃속에 가두는 것이 아이들을 계속 감시하거나 다른 곳으로 유배를 보내는 것보다 확실하고 안전한 대책이라고 판단했으리라. 그렇지만 고야나 루벤스의 그림에서처럼 무자비하게 뜯어먹은 것 같지는 않다. 크로노스는 아기를 통째로 삼켰고, 아기들은 삼켜진 순서대로 차곡차곡 크로노스의 뱃속에 쌓였다. 물론 아무리 신화라는 변명을 붙인다 하더라도 아기를 삼켜 먹다니 말도 안 되는 이야기다. 하지만 신화를 합리적으로 이해하려고 하는 것은 착각이자 오류다. 신화를 논리적으로 해석하려는 것 자체가 신화의 메시지를 이해함에 있어 더 큰 모순으로 남게 될 여지가 크다. 이성적인 논리보다 감성적인 포용력을 가질 때에야 비로소 폭넓은 신화의 세계를 향유할 수 있다.

가이아가 우라노스의 행태를 가만히 두지 않은 것처럼 레아도 크로노스의 횡포를 보고만 있지는 않았다. 자신이 낳은 아이 다섯을 크로노스가 모두 삼켜버리자 시어머니인 가이아를 찾아갔다.

"크로노스가 아이가 태어나는 대로 다 잡아먹고 있어요. 너무나 슬프고 속상해서 그대로 둘 수가 없습니다. 도와주세요 어머니."

이런 상황을 모를 리 없었던 가이

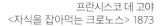

프란시스코 데 고야
〈자식을 잡아먹는 크로노스〉 1873

27

아는 레아의 다음 출산을 보호하겠다고 약속하면서 다시 출산을 하면 아기를 숨겨놓고 크로노스에게는 아기 대신 돌덩이를 먹이라고 일러주었다. 레아는 여섯 번째 아기 제우스를 낳기 위해서 크로노스 몰래 크레타섬에 있는 딕테산의 성스러운 동굴로 갔다.

몇 년 전 여름, 그리스를 여행하며 제우스가 태어났다는 동굴을 방문했었다. 딕테산, 이다산, 혹은 아르카디아로 불리는 그곳을 찾아가는 길은 험했고, 기대가 컸던 동굴은 누추하다는 느낌이 들 정도로 협소한데다 동굴 입구의 관광안내소는 세계적인 명승지의 면모로는 다소 부족했다. 이런 곳에서 제우스가 태어났다니, 헛웃음이 나오며 그리스는 정말 스토리텔링의 강국이라는 생각이 들었다.

레아는 제우스를 낳자마자 동굴에 숨기고 아기만한 크기의 돌덩어리를 강보에 싸서 방금 낳은 핏덩어리인양 크로노스에게 주었다. 크로노스는 이전에도 그랬던 것처럼 추호의 의심도 없이 돌덩어리를 집어삼키고는 만족하며 단잠에 빠졌다. 그러는 사이 딕테산에서는 님프인 아말테이아가 쌍둥이 언니 아다만테아와 동생 멜리사와 함께 제우스를 돌보았다. 아말테이아는 제우스에게 산양의 젖을, 멜리사는 벌꿀을 먹였고, 독수리도 숲속의 열매를 날라다주었다. 이때부터 독수리는 제우스의 신조神鳥가 되었고, 아말테이아는 훗날 가을철 남쪽 하늘을 지키는 산양자리가 되었다. 제우스는 딕테산에서도 천상의 음식을 먹고 누구보다 강력한 힘을 갖출 수 있었는데, 산양의 뿔에는 신들의 음식인 암브로시아와 신들의 음료인 넥타르, 바라는 것은 무엇이든 이루어지게 하는 힘인 코르누코피아가 가득 차 있었기 때문이다. 암브로시아는 '죽지 않는다', 넥타르는 '죽음을 물리친다'는 의미를 가지고 있는데, 이것을 먹는 신들의 몸에는 혈액 대신에 이코르가 흘러 영원히 죽지 않게 된다.

이뿐이 아니다. 많은 요정들이 크레타섬의 동굴에 숨겨진 제우스를 돌보았다. 산이 떠나갈 듯 제우스가 우렁차게 울어댈 때마다 쿠레테스들은 창과 방패를 두드려서 울음이 새어나가지 않게 했다. 제우스를 분만하던 순간 레아는 출산의 고통으로 땅을 움켜쥐었는데 그 손끝에서 크레타섬의 정령들인 쿠레테스들이 태어났다. 크레타섬에서 들려오는 요란한 소리가 신경이 쓰인 크로노스가 섬으로 내려와서 사방을 살피곤 했지만, 그때마다 제우스는 뱀으로, 쿠레테스들은 곰으로 변신하여 크로노스의 눈을 피했다. 베이비시터로 더할 나위 없었던 쿠레테스들은 다양한 운동놀이를 만들어 어린 제우스와 즐겁게 뛰어놀며 근력운동에도 신경을 썼다. 이후 크레타섬의 주민들은 쿠레테스를 청춘의 신으로 섬겼으며 제우스를 위한 제사를 지낼 때 젊은 이들이 농기구를 두들기며 축제를 벌였다.

"한 아이를 키우려면 온 마을이 필요하다"는 격언이 있다. 한 아이가 태어나서 건강하고 건전한 성인으로 자라려면 어머니 한 사람이

니콜라 푸생 <제우스의 양육> 1635-1637

나 가족의 노력만으로는 부족하다는 의미이다. 과거 농번기에는 육아 품앗이가 당연해서 마을 사람들이 돌아가며 아이들을 돌보았다. 핵가족이 보편화되고 개인주의가 만연하지만 현대사회의 독박육아가 오롯이 부부의 문제만은 아니다. 신화를 이야기하면서 굳이 양육지원 정책을 거론하지 않더라도 한 아이를 좋은 어른으로 성장시키기 위한 지역 프로그램에 관심을 가져볼 수는 있다. 제우스 역시 크레타섬의 많은 요정들의 정성어린 돌봄 덕분에 리더십을 갖춘 신들의 신이 될 수 있었을 테니까.

딕테산에서 무럭무럭 자라 청년이 된 제우스는 동굴에서 나오자마자 크로노스를 제거할 지혜를 얻기 위해 고모인 메티스를 찾아갔다. 메티스는 대양ocean의 신 오케아노스와 강과 바다의 신 테티스Tethys 사이에 태어난 3천 명의 오케아니스 중 하나이며 지혜로운 여신이다. 메티스는 크로노스가 삼켜버린 아이들을 토해낼 수 있도록 구토제를 조제해 주었다. 제우스는 어머니 레아의 도움으로 천상으로 올라가 호시탐탐 기회를 노렸는데, 다행히 크로노스는 제우스를 알아보지 못했다. 제우스는 크로노스의 시중을 드는 체하면서 적당한 때를 타서 크로노스에게 구토제를 먹였다. 크로노스가 제일 먼저 토해낸 것은 제우스를 대신했던 돌덩어리, 그리고 포세이돈, 하데스, 헤라, 데메테르, 헤스티아의 순이었다. 이로써 크로노스의 뱃속에 켜켜이 쌓여 있던 제우스의 형제자매들이 출생 순서와는 반대로 세상의 빛을 보게 되었다. 복통으로 괴로워하는 크로노스는 지하세계에 가두었다.

세상에 영원히 절대적인 강자는 없다. 자신의 권력을 위해 천륜도 쉽게 끊어버리는 신들이지만 결국은 권력자도 때가 되면 자리에서 내려오는 게 이치다. 크로노스도 우라노스처럼 아들의 손에 처치되었고 지하 깊은 곳인 타르타로스에 갇혀서 신화의 뒤안길로 사라졌다. 영원히 살 것처럼 지금 내 손에 쥐어진 권력을 휘두르는 어리석은 군주들의 비참한 최후는 신화가 아닌 역사 속에서도 쉽게 발견할 수 있다. 이는 비단 한 나라의 왕이나 한 국가의 위정자뿐만 아니라 우리가 속한 크고 작은 조직에서도 마찬가지다. 자식을 삼켜 먹는 만큼의 만행은 아니라 할지라도 일시적으로 주어진 권력의 만용으로 자칫 돌이킬 수 없는 실수를 저지르지는 않는지 돌아보아야 한다.

봄꽃보다 예쁘게 물든 단풍이 흐드러진 가을산에 운무가 내려앉은 비현실적이고 몽환적인 풍경을 만나면 올림포스 신들이 산다는 천상이 이런 모습일까 상상하게 된다. 세상을 평정하고 올림포스에 거처를 마련한 제우스는 제일 먼저 두 마리의 독수리를 세상의 양쪽 끝으로 날려 보냈다. 그리고는 각각의 끝에 도달한 독수리를 다시 되돌아 날아오게 하여 서로가 만나는 지점을 세상의 중심이라고 선언했다. 그곳이 바로 영험한 정기가 흐르는 파르나소스산 아래 '델포이(현재는 델피)'이다. 제우스는 델포이에 이정표를 세우고 '옴팔로스'라고 이름 붙였다. 일부 신화학자는 크로노스가 집어삼켰던 돌덩이를 옴팔로스라고 보고 제우스가 자신을 대신했던 옴팔로스를 기념비 삼아 세계의 중심인 델포이의 파르나소스산에 올려놓았다고도 한다. 기원전 3-4세기경 델포이 사람들은 도리스 양식의 기둥이 아름다운 아폴론 신전을 짓고 옴팔로스를 보관했다. 지금도 델피에 가면 아폴론 신전 근처에서는 고깔 모양의 옴팔로스를, 델피 박물관에서는 양각이 멋스럽게 새겨진 옴팔로스를 확인할 수 있다.

그리스 반대편인 호주의 거대한 바위 울룰루도 세상의 중심이라는 수식어가 붙어 있는데, 쿄이치 카타야마의 소설 <세상의 중심에서 사랑을 외치다>에 등장해서 더욱 유명해진 곳이다. 이뿐 아니라 페루의 쿠스코, 칠레의 이스터섬도 세상의 중심이라고 부른다. 사실 델포이든 쿠스코든 이스터섬이든 지정학적 위치를 따질 필요는 없다. 내가 있는 곳이 바로 세상의 중심이니까 말이다. 중고등학생의 교복자율화가 시행되었던 1980년대에 유니섹스 캐주얼웨어 '옴파로스'가 등장했다. 청소년들이 주도적이고 건설적인 태도로 세상의 중심이 되기를 기원하는 기업의 바람이 반영되었을 것이다.

세상의 중심이 되라는 것이 자신을 중심으로 세상을 보라는 의미는 아니다. 다른 사람들과 잘 어울리지 못하고 자기 세상에 갇히는 것, 모든 현상을 지나치게 자기 위주로만 판단하는 자기과시는 '옴팔로스증후군omphalos syndrome'이다. 자기만 특별하고 자신을 중심으로 세상이 돌아간다고 생각하는 유아기적 사고인 옴팔로스증후군을 멀리하고 자기를 둘러싼 세상을 깨고 밖으로 나와 세상의 중심이 되어야 한다.

싱클레어에게 들려준 <데미안>의 충고를 상기해보자.

"새는 알에서 나오려고 투쟁한다. 알은 세계이다. 태어나려는 자는 하나의 세계를 깨뜨려야 한다."

제우스에게 알은 동굴이자 크로노스의 세계였다. 그 세계를 파괴했기 때문에 제우스의 다섯 형제자매가 세상의 빛을 볼 수 있었고 제우스가 세상의 중심이 될 수 있었다. 지금 나의 알은 무엇인가? 나의 꿈과 대치되는 부모의 기대, 친구나 직장동료의 조직적인 압박, 쉽게 무시할 수 없는 사회의 따가운 시선, 나도 모르게 발을 들여놓은 어두운 그늘, 좀처럼 극복할 수 없는 나약한 의지, 꿈이나 삶의 목적을 찾지 못한 나태함……. 어쩌면 이 모든 것은 비겁한 변명일지도 모른다. 결국 자신만이 해결해야 하는 문제이고, 나 자신만이 나의 알을 깨치고 나올 수 있다. 세상의 중심이 되기 위해 무엇을 파괴해야 할지 고민해볼 일이다.

#먹방의 신 #영원한 권력은 없다 #가정상비약 구비 #산양유 제조
#세상의 중심에서 외치다 #새는 알을 깨고 나온다

산양유는 자아넨*Saanen*이라는 품종의 흰 염소가 만든다. 산양유는 젖소의 젖보다 인간의 모유와 더 비슷해서 소화가 쉽고 우유에 비해 칼로리는 적고 단백질, 지방, 알부민 성분이 포함되어 있어 영양가가 높은 편이다. 산양유는 흔히 치즈나 버터, 요구르트 등의 유제품의 원료로 사용되며, 우유 알레르기*cow's milk allergy*가 있는 영아에게 좋다고 알려져 있다. 하지만 우유 알레르기가 있다면 알레르기를 일으키는 단백질을 가수분해하여 특수 조제한 알레르기 전용분유를 먹이는 것이 바람직하며 소아과 전문의의 상담과 관리를 받아야 한다.

메티스가 제우스에게 조제해준 약은 위속의 유해물질을 제거하기 위한 구토*emesis*를 유발하는 구토제*emetics*다. 과거에는 가정상비약으로 비치해 두기도 했지만 요즘은 토사물이 오히려 식도를 손상시킬 수 있기 때문에 함부로 구토제를 사용하지 않는다. 입덧*emesis gravidarum*은 임신했을 때 과도하게 구토가 날 것 같은 증상을 말한다.

신체의 중심인 배꼽도 옴팔로스*omphalos*다. 장기의 일부가 배꼽을 통해 복근을 뚫고 돌출하는 것을 배꼽탈장*Omphalocele*이라고 한다. 배꼽탈장은 신생아가 울거나 힘을 줄 때 잘 나타나고, 탈장이 되었을 때 볼록 튀어나온 부분을 가만히 마사지해 주면 다시 복원되기도 한다. 하지만 탈장된 장이 복원되지 않고 배꼽에 불룩하게 머물면 장이 괴사될 수 있으므로 수술이 필요하다.

04. 기회를 잡아라

크로노스 • 아이온 • 카이로스

서울에서 뉴욕까지 가는 가장 빠른 방법은 무엇일까? 무정차 항공기를 탈까? 아니다, 애인과 함께 가면 된다. 아무 곳도 경유하지 않는 여객기에 탑승한다고 했을 때 비행기 안에 갇혀 지루할 수밖에 없는 13시간도 사랑하는 사람과 함께라면 13분처럼 느껴질 것이다. 어쩌면 영원히 멈추기를 바랄지도 모른다. 순간순간이 아쉬운 연인만이 느낄 수 있는 시간이다.

카를로 로벨리는 <시간은 흐르지 않는다>에서 "온 세상의 시간이 똑같이 흐르는 것 같지만 실제로는 그렇지 않다"며 양자물리학의 측면에서 시간의 본질에 대해 기술했다. 그는 "시간은 산에서는 더 빨리, 평지에서는 더 느리게 흐른다"고 전제하고, 정밀하게 측정할 수 있는 시계를 구할 수 있다면 누구라도 책상 위에 올려둔 시계와 책상 아래 놓인 시계의 시간의 차이를 확인할 수 있다고 주장한다. 하지만 어떤 정교한 시계로도 개인이 인지하는 개별적인 시간의 길이를 정확하게 측정하기란 불가능하다는 것을 우리는 이미 알고 있다. 어떤 일이 벌어졌느냐에 따라 시간이 눈 깜짝할 순간으로 느껴질 때도 있고 결코 끝나지 않을 영원처럼 느껴질 때도 있다. 결국 시간은 가치의 단위이고 그 가치를 결정하는 것은 우리의 마음이라고 미하엘 엔데의

<모모>도 이야기하지 않았던가. 시간은 바로 삶이고 삶은 그 사람의 마음속에 있다. 그러므로 카를로 로벨리의 주장을 증명하려는 시도나 아인슈타인이 제창한 시간의 상대성을 이해하려는 노력보다는 이 땅에 태어나 주어진 시간 동안 어떻게 살 것인가에 대한 철학적인 고민을 하는 것이 더욱 중요하다.

카오스로부터 시작된 가이아의 자손은 티탄신이지만 고대 밀교인 오르페우스 종교에서는 카오스에서 갈라져 나왔으나 티탄에 속하지 않는 태고의 신을 프로토게노이라고 하였다. 프로토게노이는 생산의 여신 파네스, 시간의 신 크로노스, 생애의 신 아이온, 운명의 여신 아난케 등이고, 닉스의 자녀들이 포함된다. 시공간 같은 추상적인 개념을 의인화한 태초의 신들의 정통성에 대한 논쟁은 오늘날에도 계속되고 있지만, 고대 그리스인들은 시간을 크로노스의 시간, 아이온의 시간, 카이로스의 시간으로 나누는 것에는 일치된 의견을 가졌다.

크로노스Cronos는 '흐르다'는 뜻으로 출생에서부터 죽음까지 주어진 삶의 길이는 다르지만 살아있는 동안 일정한 속도와 일정한 방향으로 흐르는 시간을 의미한다. 누구에게나 하루 24시간, 일 년 365일 동일하게 주어지는 물리적이고 기계적인 시간이며 객관적으로 측정 가능한 시간이다. 사실 권력을 빼앗길까봐 두려워서 자식이 태어나는 대로 삼켜먹었던 크로노스에게는 '시간'이라는 뜻은 없지만 발음이 유사하여 어원이 같을 것이라는 해석이 있다.

그런데 정확한 어원을 따지기에 앞서 만성질환chronic disease이라는 단어는 지하세계의 크로노스를 연상하게 하여 무척 불만스럽다. 오랜 시간 동안 치료를 요하며 회복이 쉽지 않은 상태를 의미하는 만성질환이 제우스에게 권력을 빼앗긴 뒤 타르타로스에 갇혀 숱한 시간을 견디는 크로노스의 처지가 떠오르기 때문이다. 지루한 질병과의 싸움을 시작하는 환자들에게 만성질환이 마치 지하세계에 갇혀 옴짝 달싹 못하고 미래도 보이지 않아서 그저 버틸 수 밖에 없는 암울한 시간과 다르지 않다는 은유처럼 여겨지는 이유에서다.

수전 손택은 <은유로서의 질병>에서 질병을 신비화하는 모든 부정적인 언어를 쫓아내려고 노력했다. 작가 본인이 결핵과 암을 극복하면서 경험한 것은 질병에 대한 낙인이자 불필요한 고통이었다. 수전은 누구나 '건강 왕국의 시민이자 질병 왕국의 시민'이라면서 아무리 좋은 쪽의 여권만 사용하고 싶어도 다른 왕국의 시민으로 살아야할 때가 있다고 했다. 하지만 질병 왕국으로 건너가 살아야 한다고 해서 크로노스처럼 지하세계에 갇히는 것은 아니며 그곳에서 영원히 살아야만 하는 것도 아니다. 더군다나 만성질환은 신의 심판이나 저주가 아니므로 곤혹스러워할 필요가 없다. 오히려 질병은 의료인의 돌봄을 받으며 함께 겪어내야 하는 것이다. 만성질환은 그 기간이 조금 더 길어질 뿐이다. 어떤 질병을 경험하든 고통을 외면하며 그저 참는 것이 아니라 기꺼이 고통을 맞이하며 어떤 순간에도 삶을 포기하지 않고 삶의 의미를 찾아낸다면 정신적인 자유를 누릴 수 있다.

로마 모자이크 <12궁도 안의 아이온> 3세기경

아이온의 시간은 개인이나 사물의 시간이라기보다는 반복하는 사건들의 시간이다. 낮과 밤, 사계절의 순환, 그리고 세대를 이어가는 생명의 순환 같은 것으로 생애의 시간 또는 자연의 시간을 의미한다. 여러 조각상에서 아이온은 뱀에 둘러싸여 있는 청년이나 사자머리를 하고 있다. 기원전 3세기에 제작된 로마의 모자이크에는 아이온과 가이아가 사계절을 상징하는 네 명의 자녀와 함께 있다.

순환과 영원의 상징 때문에 아이온은 종종 우로보로스와 혼동되는데, 수세기에 걸쳐 여러 문화권에서 나타나는 우로보로스는 자신의 꼬리를 물고 있어서 몸을 둥글게 말고 있는 뱀의 형상이다. 자신의 꼬리를 삼키는 것은 시작은 곧 끝이라는 의미로 영원성, 또는 윤회를 상징한다. 허물을 벗는 뱀의 행동에서 낡은 육체를 버리고 새로운 생명을 얻는 것처럼 죽음과 탄생을 끝없이 되풀이하는 영원의 시간을 의미한다. 물론 지금의 불행은 전생에 지은 죄에 대한 업보라는 불교식의 윤회사상은 아니다. 고대 그리스의 영웅들은 오히려 현생에서 고귀하고 명예로운 삶을 완성하는 것에 가치를 두었다. 인간의 유한성에 좌절하고 삶을 대충 사는 것이 아니라 현재의 삶을 긍정하고 최선을 다해 행복하게 살아가는 것이다. 필멸의 인간이지만 그들의 명성과 이름은 영원히 남을 수 있다.

개인에게 특별한 의미가 있는 주관적이며 정신적인 시간은 카이로스다. 똑같은 시간인데도 어떤 때는 많이 지난 것처럼 무척 길게 느껴지고 어떤 때는 찰나의 순간으로 느껴진다. 이처럼 상황에 따라 시간의 길이가 다르게 느껴지는 것이 카이로스의 시간이다. 카이로스 *kairos*는 '새긴다'는 뜻을 가지고 있는데, 시간을 새긴다는 것이 기회를 잡는다는 의미로 확대되어 기회의 신이 되었다. 시간의 노예가 아닌 시간의 주인으로서 기회를 포착하여 자신에게 의미를 새겨넣는다는 뜻으로 해석할 수 있다. 카이로스는 제우스와 행운의 여신 티케의 막내아들이다. 티케는 카이로스를 통해 인간을 지켜보며 행운을 안겨주기도 하는데 그런 의미에서 행운이 기회가 되기도 한다.

카이로스는 머리모양부터 독특하다. 앞머리는 길고 풍성하며 뒷머리는 머리카락이 없는 대머리다. 뒷부분만 남기고 모두 깎은 뒤 남겨둔 머리를 길게 땋아 내린 옛 몽골의 변발과는 달리 앞머리를 길게 늘어뜨리고 있다. 기회의 신이 다가오더라도 머리카락을 앞으로 내려뜨리고 있기 때문에 알아보기 힘들다. "앗, 기회의 신이닷!" 하고 뒤늦게 깨닫고 잡으려고 하면 뒤는 민머리이기 때문에 잡을 수가 없다. 알아차리기만 한다면 쉽게 붙잡을 수 있지만 지나치고 나면 다시는 붙잡지 못하는 것이 기회다. 기회를 잡아 내 것으로 만들면 소원하던 바를 이룰 수 있겠지만 기회의 신 카이로스는 호락호락하지도 만만하지도 않다. 자신을 알아보지 못하는 자를 비웃으며 지나칠 뿐이다.

카이로스는 왼손에는 저울, 오른손에는 칼을 가지고 있으며 발꿈치에는 날개가 달려 있다. 카이로스의 저울과 칼은 정의의 여신 디케가 들고 있는 양팔 저울과 검의 용도와는 다르다. 왼손에 저울을 가지고 있는 이유는 정확하게 재어서 이것이 기회인지 아닌지 알기 위함이다. 원래 기회는 "내가 기회다"라고 떠벌리고 다니지 않기 때문에 잘 들여다보고 잘 따져보아야 한다. 또한 기회를 포착하기 위해 칼로 쳐내야 하는 삶의 군더더기도 있기 마련이다. 오른손에 칼을 가지고 있는 이유는 저울로 재면서 고민하더라도 단칼에 결정을 내리지 않으면 기회는 순식간에 사라진다는 것을 알려주기 위함이다. 분석력과 단호함은 카이

프란시스코 로시 <카이로스> 1543-1545

로스의 시간을 잡기 위한 핵심역량이다.

　카이로스의 발뒤꿈치에 붙어 있는 날개 역시 헤르메스의 날개 달린 샌들과는 쓰임새가 다르다. 헤르메스는 제우스의 명령을 신속하게 전달하기 위해 축지법의 묘수를 부리는 날개를 샌들에 장착했지만, 카이로스의 날개는 기회를 알아차리지 못하는 어리석은 자들 옆을 휙 지나가 버리기 위함이다. "기회가 날아가 버렸다"고 이야기하는 것도 카이로스의 날개 달린 발을 빗댄 것이다. 기회가 기회인지를 알아보고 기회를 잡는 것은 순전히 나의 몫이다. 뛰어난 감각과 관찰력으로 내게 다가오는 기회를 놓치지 않아야 한다. 그리고 기회가 왔을 때 즉시 포착할수 있도록 늘 준비하고 있어야 한다.

　기회가 주어졌을 때 더 많은 성과를 낼 수 있도록 시간 관리를 잘 하는 것은 능력이다. 하지만 기회를 잡지 못했다고 해서 노심초사할 일은 아니다. 기회를 잡겠다고 허둥지둥 앞만 보고 달려가는 일상에 매몰되어 자칫 소중한 것을 놓칠 수가 있기 때문이다. 오히려 느긋한 마음으로 일상을 보내며 아주 짧은 순간일지라도 구체적인 사건 속에서 놀라운 변화를 체험하거나 삶의 의미를 깨닫는다면 그 순간 역시 카이로스의 시간이다. 슈테판 클라인도 <시간의 놀라운 발견>에서 삶은 결국 선택이라고 했다. 우리는 가끔 기회를 잡지 못할까봐 조바심내면서 중요한 일과 소중한 일 사이에서 잘못된 선택을 하기도 한다.

　학교나 직장에서 당장 해야 하는 중요한 일이 있고, 같은 시간에 예정된 가족 행사가 있다면 무엇을 선택할 것인가? 마음은 소중한 것을 선택해야 한다고 이야기하지만, 몸은 중요한 일을 해결하기 위해 직장에 남는 일이 허다하다. 우리를 바쁘게 하는 일이 중요한 일이라고 착각하기도 한다. 사실 바쁘다는 것은 처리하지 못한 일에 대한 핑계일 뿐이다. 나를 더욱 풍성하고 건강하게 하는 것은 무엇인지, 나에게 의미 있고 소중한 것은 무엇인지, 내가 정말로 무엇을 원하는지, 그것을 얻기 위해서 어떠한 행동을 해야 하는지를 알아야 한다. 그렇게만 할 수 있다면 우리의 남은 생을 소중하고 의미있는 시간으로 채우게 될 것이다.

　세월의 속도는 나이에 비례한다는 말이 있다. 20대는 시속 20km의 속도로 지나가고 50대에는 시속 50km라는 식이다. 실제로 나이에 따라 시간의 흐름을 지각하는 데 분명한 차이가 있음을 증명한 연구는 많다. 도파민 분비 감소로 생체리듬이 느려져서 상대적으로 시간이 빨리 흐른다고 느낀다는 가설을 받아들인다면 나이가 들수록 인생은 허무하다고 단정하며 체념하는 수밖에 없다. 그러나 매일매일이 새로운 발견의 연속이었던 어린 시절이나 낯선 곳으로 여행을 했던 젊은 시절을 상기한다면 그때는 하루가 무척 길게 느껴졌음이 떠오를 것이다. 단조롭게 반복되는 일상은 특별히 기억할 만한 것이 없어서 빨리 지나간다고 느껴지는 반면, 저장해야 할 새로운 정보량이 많아지면 그 시간이 길게 느껴지기 마련이다. 그렇다면 50대가 되고 70대가 되어도 시간이 천천히 흐르게 할 방법이 있다. 즉, 어린아이와 같은 마음으로 모든 것을 새롭게 받아들이고 작은 것에도 감탄하며 특별한 경험으로 만드는 것이다. 나이듦을 변명하지 않고 적극적으로 새로운 것에 도전하고 배우려고 한다면 시간은 천천히 지날 것이다. 도전과 학습으로 우리 뇌에 새로운 무언가를 새겨 넣을 수 있다면 카이로스의 시간을 충분히 영위할 수 있지 않을까?

#유행예감 반전변발컷　#이순간이 멈추기를　#놓치지 않을 거예요
#소중하고 의미있는 시간　#행복한 동행　#기회비용　#아직 기회가 많다
#시간의 놀라운 발견　#세월의 속도　#소중함과 중요함

그리스 신화의 카이로스는 로마 신화에서는 템푸스*Tempus*다. 템푸스는 '자르다'라는 의미를 가지고 있다. 템포*tempo*는 속도를 잘라서 측정한 값이며, 온도*temperature*는 열을 잘라서 측정한 값이다. 체온*body temperature*은 맥박, 호흡, 혈압과 함께 인간의 건강상태를 확인할 수 있는 가장 기초적인 활력징후*vital sign* 중 하나이다.

 만성질환*chronic disease*은 발생한 지 3개월 이상의 발생 경과와 회복이 어려운 병리적 상태를 가지며, 후유장애 등으로 장기간의 치료, 관찰 등이 요구되는 질병이다. 특히 세계보건기구*WHO*는 전 세계적으로 질병 부담이 높은 심혈관질환, 당뇨병, 만성호흡기질환, 암을 주요 만성질환으로 지정하여 국가적인 차원의 대책 마련을 권고하고 있다.

 1995년 미국의 심리학자 피터 맹건*Peter Mangan*은 나이에 따라 시간이 흐르는 속도를 어떻게 인지하는지에 대한 실험을 했다. 19-24세 25명, 60-80세 15명의 참가자들에게 3분의 시간을 마음속으로 세어보고 3분이 다 되었다고 생각했을 때 버튼을 누르게 했다. 그 결과 젊은이들은 3초의 오차범위 내에서 제시간에 버튼을 눌렀지만 노인들은 40초가 더 지나서야 버튼을 눌렀다. 노인들은 자신이 3분이라고 생각했던 것보다 실제의 시간이 더 많이 흘렀음을 알게 되었다. 노인들은 하나같이 3분이라고 생각했는데 "언제 이렇게 시간이 많이 지나갔어?"라고 말했다.

05. 사랑과 엄격함으로 다스리라

제우스 • 헤라클레스 • 티탄 • 기간테스 • 티포에우스

어느 시대 어느 민족이든 나라가 세워질 때는 노선의 대립과 분열의 혼란을 피할 수 없다. 조선 초기에 왕위 계승을 둘러싸고 두 차례 왕자의 난이 있었고, 현대에 와서도 기업 경영권 승계를 놓고 보이지 않는 칼부림이 여전히 벌어지고 있다. 월트 디즈니의 <라이언 킹>에서는 교활한 스카의 모략으로 풍요로웠던 무파사의 시대가 종말을 고하고 자연이 잿빛으로 바뀐 후, 무파사의 아들 심바가 프라이드랜드를 되찾기 위해서 스카와의 결투를 피할 수 없었다. 이는 원만한 세대교체가 허락되지 않는다면 혈연이라도 가차없이 선을 그어야 한다는 것을 알려준다.

삶이 곧 전쟁이고 전쟁은 가벼이 다룰 수 없는 일이지만 여기에서는 긴장을 풀고 따뜻한 차 한 잔 마시며 신화 속에서 벌어진 신들의 음모와 반란을 강 건너 불구경하듯 관전해도 좋다.

1차 신들의 대전, 티타노마키아

제우스가 우라노스와 크로노스를 지하세계 타르타로스로 쫓아낸 후 평화롭게 왕권을 확립한 것은 아니었다. 티탄신들은 조카뻘인 제우스가 모든 권력을 거머쥐고 세상을 다스리는 것을 마땅치 않게 여

기고, 오트리스산에 근거를 마련하여 제우스의 지배권을 뺏기 위한 전쟁을 일으켰다. 바로 티탄과 제우스가 한바탕 치러낸 제1차 신들의 전쟁 티타노마키아이다.

별다른 군사력이 없었던 제우스에게 키클롭스와 헤카톤케이레스가 기꺼이 용병이 되어주었다. 우라노스에게 떠밀려 지하의 암흑 속에서 지내던 자신들을 구출한 제우스에게 감사하며 제우스의 편에서 싸웠던 것이다. 신들의 전쟁이라고는 하지만 그저 바위를 던지는 전술이 전부였던 터라 각각 팔이 100개나 되는 헤카톤케이레스 삼형제는 일당백의 전사로서 한꺼번에 바위 300개를 던지는 막강병력이었다. 게다가 천둥, 번개, 벼락의 키클롭스 삼형제는 걸음을 옮기며 움직이는 것만으로도 상당한 위협을 주었다.

제우스는 티탄신들에게도 자신의 편이 되어달라고 도움을 요청했다. 프로메테우스와 에피메테우스 형제가 제우스의 편을 들어주었다. 프로메테우스는 '먼저 생각하는 자'로서 앞으로 어떤 일이 벌어지는지 알 수 있었기에 이 전쟁이 제우스의 승리로 돌아갈 것을 미리 알고 제우스 편에 섰다. 에피메테우스는 '나중에 생각하는 자'로서 일이 벌어지고 나서야 그 일에 대해 생각할 수 있어서 어차피 전쟁의 결과를 알 재간이 없었으므로 형의 결정에 따라 제우스 편에 섰다.

그리스 비극에서 본편이 시작되기 전에 극의 배경을 설명하거나 전체적인 분위기를 잡아주기 위한 도입부를 '프롤로고스'라고 하고, 본편이 끝나고 후일담을 설명하거나 전체를 마무리하는 부분을 '에필로고스'라고 한다. 프롤로고스와 에필로고스는 프롤로그prologue와 에필로그epilogue가 되어 현대의 소설이나 연극, 영화 등에서도 작품의 전후에 덧붙는다.

프로메테우스 형제 외에 스틱스는 자신뿐만 아니라 자식들인 승리의 신 니케, 권력의 신 크라토스, 경쟁의 신 젤로스, 폭력의 신 비아까지도 제우스의 편에 가담하게 하여 적극적으로 도와주었다. 니케가 협력한 덕분인지 10년 동안 계속된 티타노마키아에서 제우스가 승리했다. 제우스는 티탄들을 타르타로스에 가두고 헤카톤케이레스 삼형제로 하여금 지키게 했다.

2차 신들의 대전, 기간토마키아

가이아는 티타노마키아에서 제우스를 응원했지만 제우스가 자신의 또 다른 자식들인 티탄을 타르타로스에 가두자 평정심을 잃었다. 격정과 분노에 휩싸인 가이아는 기간테스들을 부추겨서 지하세계에 갇혀 있는 우라노스와 티탄 형제들을 구출하고 제우스의 무릎을 꿇려야 한다며 전의를 다지게 했다. 그래서 벌어진 기간테스와 제우스와의 전쟁이 제2차 신들의 전쟁인 기간토마키아이다.

코르넬리스 판 하를렘 <티탄족의 몰락> 1596

기간테스는 상반신은 거인의 모습이지만 두 다리는 뱀의 형상을 하고 있었다. 우라노스의 피가 땅에 스며들어 태어났기 때문에 땅에서는 아무리 다쳐도 가벼운 부상만 입고 절대로 죽지 않았다. 그러다 보니 제 아무리 제우스라 할지라도 쓰러졌다가 다시 일어나는 오뚝이 같은 기간테스와의 싸움은 힘겨울 수밖에 없었고, 기간테스가 땅에 발을 딛고 싸움을 벌이는 한 이겨낼 도리가 없었다. 이 싸움에서 이기려면 기간테스들을 땅에서 떼어내어 하늘에서 제거해야 했다. 운명의 여신 모이라이도 "기간테스와의 전쟁에서 이기려면 인간 영웅의 도움이 필요하다"고 예언했다. 가이아는 기간테스가 인간 영웅에게 허무하게 당하지 않도록 약초를 찾아다녔지만, 제우스가 이 예언을 미리 알고 약초를 찾아 없애버렸다. 하지만 약초를 없애는 것은 미봉책일 뿐, 기간토마키아의 팽팽한 균형을 깨기 위해서 기간테스를 한 손으로 들어올릴 힘 센 인간 영웅이 반드시 있어야 했다. 마침내 제우스는 인간 영웅을 낳아줄 여인을 물색해냈다.

미케네왕 엘렉트리온의 맏딸 알크메네에게는 이미 남편 암피트리온이 있었다. 하지만 자신이 목표한 것을 쟁취하기 위해서라면 어떤 변신도 불사하는 승부사인 제우스에게는 문제가 되지 않았다. 더군다나 전쟁에서 이기기 위함이라는 명분도 있으니 면죄부라도 받은 셈이랄까. 제우스는 암피트리온이 전투에 나가서 집을 비운 사이에 남편으로 변신해서 그녀의 침실로 들어갔다. 그리고 달이 뜨면 가라앉히고 달이 다시 뜨면 가라앉히기를 세 차례나 반복하며 인간 영웅 수태를 위한 정성을 다했다. 사실 알크메네는 인간이라고는 하지만 영웅 페르세우스의 손녀이다보니 제우스에게는 증손녀뻘이다. 증조부가 증손녀와 관계를 한다는 것인데, 이렇게 되면 족보도 꼬이지만 얼토당토 않은 시간의 비약이 당혹스럽다. 거듭 언급하지만 논리로 설명할 수 없는 것이 신화의 세계다. 너그러운 마음으로 이 불협화음을 견뎌보자.

알크메네에게서 태어난 영웅 중의 영웅 헤라클레스는 예언대로 신들의 전쟁에 참가하였다. 그리고 기간테스들을 평지 밖으로 유인한 후 화살을 쏘아 전멸시키는 헤라클레스의 맹활약에 힘입어 제우스는 티타노마키아에 이어 기간토마키아까지 승리하게 되었다. 두 차례에 걸친 신들의 전쟁에서 이긴 제우스는 형제들과 함께 그리스 북부 테살리아의 올림포스산에 거처를 정하고 세력을 키워 나갔다. 이 산의 이름을 따서 제우스의 측근을 올림포스 신이라고 불렀고 제우스는 신들의 왕으로 군림하였다. 제우스는 세상을 세 개로 나눈 뒤, 형제들과 함께 제비를 뽑아 자신은 하늘을, 포세이돈은 바다를, 하데스는 지하 세계를 다스리게 했다. 외눈박이 키클롭스 삼형제는 솜씨 좋은 천상의 대장장이가 되어 제우스에게는 번개 아스트라페를, 포세이돈에게는 삼지창 트라이아나를, 하데스에게는 머리에 쓰면 보이지 않는 마법의 투구 키네에를 선물로 주었다.

프란시스코 바이유 수비아스 <올림포스 : 기간테스와의 전쟁> 1764

3차 신들의 대전, 티포에우스와의 전쟁

기간토마키아에서 완패한 기간테스들이 모두 죽자 가이아는 또다시 복수를 계획했다. 가이아는 어둠의 신 타르타로스와 관계하여 코리코스라는 동굴에서 엄청난 괴물 티포에우스를 낳았다. 티포에우스는 기간테스보다 훨씬 더 무시무시하고 강력했는데, 어깨에는 뱀의 머리가 100개나 솟아있으며 똑바로 서면 머리가 하늘에 닿을 정도로 몸집이 컸다. 게다가 한 발짝 걸으면 올림포스산이 무너질 듯 흔들렸고 목소리는 천둥보다 요란했으며 눈에서는 불꽃이 뿜어져 나와 언뜻 보기에는 거대한 용과 같았다.

드디어 제3차 신들의 전쟁인 티포에우스와 올림포스 신들과의 전쟁이 시작되었다. 초반부터 기선을 제압할 줄 알았던 올림포스 신들도 티포에우스의 위협적인 모습에 부랴부랴 몸을 숨기기 바빴다. 티포에우스가 찾지 못하도록 헤파이스토스는 황소, 아레스는 물고기, 헤르메스는 따오기, 아폴론은 까마귀, 아르테미스는 고양이, 디오니소스는 염소로 변신했다. 산양으로 변신한 제우스는 티포에우스에게 붙잡혀 팔과 다리를 잘리고 동굴에 갇히는 굴욕적인 흑역사를 남기기도 했다. 헤르메스와 판에게 가까스로 구조되어 본래의 모습을 되찾은 제우스는 올림포스로 돌아가서 전력을 재정비하고 티포에우스를 재공격했다.

한층 강력해진 제우스에게 쫓기게 된 티포에우스는 에리니에스에게 전략을 구했다. 에리니에스는 우라노스의 생식기가 잘렸을 때 땅에 떨어진 피에서 기간테스와 함께 태어난 복수와 저주의 여신들이다. 티포에우스는 에리니에스가 자신의 편이 되어줄 것으로 믿었지만, 여신들은 이미 제우스에게 포섭되어 '인간의 음식을 먹으면 힘이 강해질 것'이라는 거짓 정보를 일러주었다. 이것을 곧이곧대로 믿은 티포에우스는 앞다투어 인간의 음식을 먹었지만, 식도를 넘기는 순간부터 음식은 독이 되어 온몸으로 퍼졌고 그 결과는 참혹했다.

제우스는 티포에우스가 무력해진 때를 틈타 독수리같이 힘차게 날아올라 천둥과 벼락과 번개를 던져 일격을 가하며 최후의 결전을 펼쳤다. 게다가 번개를 피해 꽁무니를 빼며 도망가는 티포에우스를 향해 이탈리아 앞바다의 섬 하나를 던져 눌러버렸는데 그 섬이 바로 시칠리아다. 섬에 깔려버린 티포에우스는 시칠리아섬 동부의 에트나산에 갇혀 분기를 토해내었는데, 에트나산은 오늘날까지도 유럽의 가장 높은 활화산으로 그 불길을 뿜어내고 있다. 제우스에게 패배한 티포에우스의 대단했던 위상은 태풍*Typhoon*이라는 천재지변과 과거 수세기 동안 대량의 인명을 앗아간 어마무시한 질병 티푸스*Typhus*로도 남아 있다. 이로써 3차에 걸친 신들의 전쟁은 끝이 났다. 우라노스와 크로노스, 전쟁에서 패한 티탄, 기간테스, 티포에우스까지 모두 타르타로스에 갇혔고, 신화의 기억 속에도 거의 사라졌다.

마키아벨리는 <군주론>에서 군주는 무장한 예언가가 되어야 한다면서 "예언가란 비전을 심어주는 자, 백성들로 하여금 비전을 믿게 해주는 자"라고 했다. 또한 "자신의 군대로 능력을 획득한 군주는 적으로부터 자신과 백성의 안전을 지키고 동맹세력을 만들며 사랑과 두려움의 대상이 되어야 함"을 강조했다. 제우스는 명실공히 올림포스의 군주가 되었다. 이때부터 제우스를 중심으로 한 올림포스의 신들은 천상과 지상을 오가면서 인간들과도 교감을 나누었으며, 사랑과 질투, 배신과 복수의 사랑과 전쟁의 역사가 시작되었다.

#라이언킹 #신들의 전쟁은 돌싸움 #프롤로그 #에필로그 #헤라클레스의 탄생
#시칠리아섬 #분노의 화산 #에트나 화산 #마키아벨리 군주론 #무장한 예언가

마블 코믹스에서 제작한 영화 <아이언맨>과 <앤트맨>의 멋진 기능성 슈트는 티타늄*titanium* 합금으로 만들어진다. 티타늄은 티탄신에서 이름을 가져왔는데, 아주 단단한 금속으로 알려져 있지만 순수 티타늄은 강철보다는 강도가 약하다. 그래서 보다 가볍고 단단한 물질인 티타늄 합금을 사용하는 것이다. 보통 티타늄 합금은 우주선, 잠수함 제작에 사용되고 의료 분야에서는 인공관절처럼 인공적인 신체보형물에 사용한다.

 거인증*Gigantism*은 뇌하수체에서 분비되는 성장호르몬이 비정상적으로 과다분비되어 거인처럼 신체가 커지는 질병이다. 성장판이 닫히기 전에 발병이 되면 거인증이 되지만 성장판이 닫힌 후에 성장호르몬이 과다분비되면 말단비대증*Acromegaly*이 된다. 장신의 운동선수들을 보면 거인증인 경우가 있고, 거인증인 사람은 성인이 된 후 말단비대증 증상을 함께 보이는 경우도 있다.

 태풍*Typhoon*은 티포에우스에서 유래되었으며 파괴적인 폭풍우를 표현하기 위해 16세기에 프랑스와 영국에서 사용하기 시작했다. 풍속이 빠른 열대성 저기압인 태풍은 태평양에서 발생하기 때문에 동양권에서는 한자어 태풍颱風으로도 뜻이 통하지만, 지역에 따라 이름이 다르다. 대서양에서 발생하면 허리케인*Hurricane*, 인도양은 사이클론*Cyclone*, 호주에서는 윌리윌리*Willy -willy*다. 특히 사이클론은 태풍의 모양이 둥글다 하여 키클롭스에서 유래하였다. 바람이 거세게 불면 폭풍이라고 하고, 풍속이 매우 강한 회오리바람은 토네이도*Tornado*라고 한다.

06. 선택한 길을 묵묵히 가라

헤라클레스 • 아마조네스

1971년에 시작된 전국 우량아 선발대회는 분유 판매 촉진을 위한 분유회사의 마케팅 전략이었다. 첫 대회에서 우승한 16개월 된 우량아는 체중이 13kg이었다. 돌 무렵에야 출생시 체중의 3배 정도가 되는 것이 표준 발육이니 오히려 영아 비만을 우려해야 하지 않을까 싶지만, 경제적으로 어려운 시절이었던 1970년대 부모들은 건강미를 자랑하는 토실토실한 아기들을 우량아 선발대회에 출전시켰다.

우량아 선발대회는 1983년에 막을 내렸지만 2000년대에 들어서자 지자체들은 '건강한 모유수유아 선발대회'라는 이름으로 아기들을 다시 불러모았다. 우량아 선발과는 취지가 다른, 모유수유의 중요성을 강조하고 실천을 도모하기 위한 장이다. 모유의 효능은 그리스 신들도 익히 알고 있었던 것 같다. 헤라 여신의 유방에서 분비된 유즙이라면야 말해 무엇하랴. 제우스는 인간 여인에게서 얻은 헤라클레스에게 헤라의 젖을 먹이려고 무던히 애를 썼다. 이때만큼은 제우스에게서 <효녀 심청>의 아버지 심학규의 마음도 엿보인다.

성품이 곱고 정숙한 부인을 유혹하기 위해 남편으로 변신하는 비열함도 마다하지 않았던 제우스와 동침한 알크메네는 열 달이 지난 후에 헤라클레스와 이피클레스 쌍둥이를 낳았다. 알크메네의 아이들

중 하나가 제우스의 씨앗임을 알아차린 헤라는 아기 요람에 몰래 독사를 집어넣었다. 아기의 울음소리가 나서 알크메네가 달려가보니 이피클레스는 자지러지게 울고 있고 헤라클레스는 두 마리 뱀의 목을 잡고 있는 것이 아닌가. 헤라클레스가 독살되었을 것이라는 헤라의 기대는 여지없이 무너졌고, 알크메네와 암피트리온에게는 이 아기가 범상치 않음을 알아채는 계기가 되었다.

신의 아들을 키우는 것이 부담스러웠던 암피트리온은 헤라클레스를 황야에 버렸다. 아테나는 제우스의 부탁을 받아 헤라클레스를 구한 뒤 곧장 헤라에게 데리고 가서 아기가 부모에게 버림받은 고아라며 자애를 구했다. 비에 젖은 파랑새를 딱하게 생각할 정도로 본심은 여리고 착한 헤라가 아니던가. 버려진 아기가 헤라클레스인지를 알아보지 못한 헤라는 아기에게 젖을 먹였다. 이탈리아의 화가 틴토레토는 아테나가 아니라 제우스가 직접(또는 헤르메스가) 헤라클레스를 데리고 가서 잠들어 있던 헤라의 젖을 빨게 했다는 버전에 따라 <은하수의 기원>이라는 장면을 재연했다. 헤라의 젖을 빠는 헤라클레스의 힘이 얼마나 셌던지 헤라는 심한 통증을 느끼고 아기를 내팽개쳤다. 그때 헤라의 유방에서 뿜어져 나간 젖들이 하늘로 튀어올라 작은 별들로 변하여 은하수Milky Way가 되었다. 은하수를 갤럭시Galaxy라고도 하는데, 이 또한 그리스어 우유gala에서 비롯된 것이다.

흔히 최선을 다하라는 의미로 '젖 먹던 힘'을 강조한다. 아기가 엄마 젖을 빨 때는 머리 뒷부분이 흠뻑 젖을 정도로 땀을 흘리고, 젖을 다 먹은 후에는 지쳐서 이내 잠에 빠져드는데, 그 정도로 사력을 다하라는 뜻이다. 아기가 젖을 빠는 수개월 동안 어머니는 젖꼭지가 찢어지고 피가 나는 아픔을 감수해야 한다. 그럼에도 불구하고 내 아기에게 좋은 것을 주려는 어머니의 마음으로 모유수유를 중단하지 않는다. 유방은 생명의 근원이면서 어머니의 상징이다.

그런데 여성으로서 유방을 과감히 포기한 종족도 있으니 바로 아마존이다. 아마존은 전쟁의 신 아레스의 자손으로 코카서스에서 사는 여성 중심의 종족이다. 아마존의 여성들을 아마조네스라고 불렀는데, 이들은 종족 보존을 위해 매년 축제를 벌여 남자들을 데려와 잠자리를 같이했다. 축제가 끝나면 남자들은 거세시켜 노예로 부렸고, 남자 아이가 태어나면 죽이거나 다른 나라로 보내고 여자 아이만 살려서 강한 전사로 키웠다. 아마존의 여전사들은 창은 남근을 상징한다고 여겨 사용하지 않았고, 활과 화살, 그리고 양날이 달린 도끼와 초승달 모양의 방패를 들고 다녔다. 게다가 활쏘기에 걸리적거린다고 하여 어릴 때 오른쪽 유방을 도려내었고 그래서 얻게 된 이름이 가슴mammo이 없다a는 뜻의 아마존Amazon이다.

야코포 틴토레토 <은하수의 기원> 1575

헤라의 젖을 먹는다는 것은 불사의 힘을 얻을 뿐 아니라 누구도 함부로 없앨 수 없다는 의미다. 헤라클레스의 원래 이름은 알키데스였지만 유아기를 지나면서 헤라에게 잘 보이기 위해 '헤라의 영광'이라는 뜻의 헤라클레스로 개명했다. 하지만 이미 헤라에게 밉보였던 헤라클레스는 여신의 비호를 받기는커녕 열두 가지 과업을 비롯하여 온갖 시험을 당하게 된다. 헤라클레스의 열두 과업 중 상당 부분은 괴물을 생포하거나 퇴치하는 것이었다. 그가 처치한 것들은 네메아의 사자, 거대한 물뱀 히드라, 지하의 문지기 케르베로스, 케리네이아의 암사슴, 에리만토스의 멧돼지, 스팀팔로스의 새, 크레타의 황소, 디오메데스의 야생마, 게리온의 황소 등 모두 나열하기도 쉽지 않은 괴물들이다.

헤라클레스의 과업 중에는 아마존 여왕 히폴리테의 허리띠를 훔쳐오는 것도 있었다. 헤라클레스가 아마존에 도착하자 히폴리테는 지금껏 만나온 남자들과는 다른 헤라클레스의 늠름한 모습에 반해버렸다. 헤라클레스가 히폴리테에게 허리띠를 요구했을 때에도 순순히 허리띠를 건네주면서 그를 닮은 여전사를 낳고 싶다며 헤라클레스를 유혹할 정도였다. 헤라클레스가 히폴리테와 하룻밤을 지내며 손쉽게 과업을 완수하는 것이 마땅치 않았던 헤라가 아마조네스 중 하나로 변신하여 "여왕이 납치되었다"는 거짓 정보를 퍼뜨렸다. 아마조네스가 여왕을 구하기 위해 헤라클레스를 쫓아가자, 상황 파악이 제대로 되지 않은 헤라클레스는 히폴리테가 모의한 계략에 빠진 것으로 생각하여 그녀를 죽이고, 쫓아오는 아마조네스도 모두 처치하고 허리띠를 챙겨 아마존을 떠났다.

헤라클레스의 또다른 과업은 저녁별의 신 헤스페로스의 딸들인 헤스페리데스가 사는 정원의 황금사과를 따오는 것이었다. 제우스와 헤라가 결혼할 때 가이아는 헤라에게 황금사과나무를 선물로 주었다. 황금사과가 열리는 나무는 머리가 100개 달린 용 라돈이 지키고 있었다. 헤라클레스는 헤스페리데스의 정원이 어디에 있는지 도저히 찾을 수가 없어 코카서스산에 묶여 독수리에게 간을 쪼아 먹히고 있던 프로메테우스를 찾아갔다. 헤라클레스는 "독수리를 처치해 주겠으니 헤스페리데스 정원의 위치를 가르쳐 달라"고 요청했다. 헤라클레스의 도움으로 포박에서 풀려난 프로메테우스는 "헤스페리데스 정원에는 티탄신만 들어갈 수 있으니 직접 찾아다니느라 시간을 허비하지 말고 아틀라스를 찾아가라"고 일러주었다.

아틀라스는 티타노마키아에서 제우스의 반대편에 섰던 탓에 지구를 떠받치고 있는 벌을 받는 중이었다. 헤라클레스는 아틀라스에게 "지구를 대신 떠받치고 있을 테니 황금사과를 찾아서 가져와달라"고 부탁했다. 천하장사 헤라클레스는 순식간에 아틀라스의 어깨에 닿을 만큼의 돌단을 쌓아 그 위에 올라가서 왼쪽 어깨로 지구를 짊어졌다. 아틀라스는 만면에 희색을 띠며 반나절도 안 되어 황금사과를 가져왔다. 그렇지만 자유를 만끽한 아틀라스가 다시 지구를 맡을 리가 없다. 돌단 위에서 낑낑대며 지구를 짊어지고 있는 헤라클레스를 조롱하며 아틀라스가 떠나려 하자, 헤라클레스는 체념한 듯 부탁했다.

"좋다, 지구는 내가 맡겠다. 그렇지만 계속 짊어지려면 가죽을 어깨에 대고 제대로 자세를 갖추어야 하니 잠깐만 도와 달라"고 했다. 또는 "나는 오른손잡이니 왼쪽 어깨에서 오른쪽 어깨로 옮겨 메도록 도와 달라"고 요청했다고도 한다.

여하간 소소한 부탁을 모른 척 할 수 없었던 순진한 아틀라스는 잠깐 거들어주기로 했다. 그러자 그 사이에 꾀 많은 헤라클레스는 얼른 빠져나왔다. 지금까지도 아틀라스는 지구를 어깨에 메고 있다.

헤라클레스는 켄타우로스 종족인 케이론에게 훈련을 받았다. 케이론은 지혜로운 자로서 아킬레우스, 이아손, 오르페우스, 아스클레피오스의 스승이기도 하다. 포르밍크스라는 현악기도 잘 다루어서 제자들에게 무술과 함께 예술도 전수했으니 케이론이야말로 전인적이고도 융복합적인 인물로 교육하는 훌륭한 스승이다. 하지만 켄타우로스 종족이 모두 지혜로운 것은 아니어서 이 중 네소스는 음탕하고 난폭했다. 네소스는 헤라클레스의 아내인 데이아니라에게 물살이 거센 강을 무사히 건네주겠다며 등에 태워 납치했다가 헤라클레스가 쏜 화살에 맞아 죽었다. 네소스는 죽으면서 데이아니라에게 자신의 피를 받아 두었다가 헤라클레스의 마음이 식은 것 같으면 그 피를 묻힌 옷을 입히라고 일러주었다. 훗날 헤라클레스는 오이칼리아를 정복하고 공주 이올레를 데려오는 바람에 여지없이 그 옷을 입게 되었고 극심한 고통을 견디느니 차라리 죽는 게 낫다며 불길에 뛰어들어 유명을 달리했다.

헤라클레스는 육신은 사라졌지만 제우스의 아들이면서 헤라의 젖을 먹었으므로 신급의 대접을 받았고, 제우스의 명령으로 올림포스까지 올라갔다. 올림포스에서는 운명의 여신 모이라이의 예언대로 기간토마키아에 투입되어 제우스 편에서 싸웠으며 전쟁을 승리로 이끌었다. 이 공로로 헤라와도 화해를 하고 헤라의 딸인 청춘의 여신 헤베를 아내로 맞아 신이 되는 영예를 누렸다.

지혜와 재능이 뛰어나고 용맹해서 보통 사람으로는 도저히 불가능한 일을 탁월하게 해내는 자를 영웅英雄이라고 한다. 아무런 어려움 없이 처음부터 완전한 삶을 영위했을 것 같은, 그래서 신으로 등극하는 게 마땅했을 것 같은 영웅 중의 영웅 헤라클레스의 삶은 사실 핍진했다. 이 땅 위에 부족함이 없는 존재는 없고 인생에서 시련이나 고난을 겪지 않는 자는 없다. 다만 어려움을 대하는 태도가 다를 뿐이다.

장성한 헤라클레스가 어떻게 살 것인가를 고민할 때, 두 여인이 헤라클레스 앞에 나타났다. 한 연인은 젖과 꿀이 흐르는 땅으로 함께 가자고 했고, 다른 여인은 험하고 거칠긴 하지만 그래도 당신을 필요로 하는 사람들이 있는 곳으로 가자고 했다. 헤라클레스는 후자를 선택한 탓에 무수한 장애물을 넘고 가파른 비탈길 오르기를 반복해야 했다. 때때로 무모한 결정이 아니었는지 후회가 밀려왔겠지만 강인함을 장착하고 앞으로 나아갈 수밖에 없었다.

　　시인 로버트 프로스트는 노란 숲 속의 두 갈래 길 앞에서 <가지 않은 길>을 노래했다. 프로스트는 두 갈래 길 모두가 아름답지만 사람의 발자취가 적어 풀이 더 많은 길, 사람들이 많이 가지 않은 길을 선택했다. 헤라클레스와 프로스트가 닮은 것은 아무나 쉽게 내딛지 않은 거친 길을 선택한 것이다. 훗날 한숨을 쉬는 일이 생기더라도 자신이 가지 않은 길에 대한 아쉬움이나 동경에 함몰되지 않고 자신이 택한 길을 묵묵히 나아갔다는 것이다. 생명의 탄생을 지키고 아픈 몸과 마음을 치유하며 돌보는 의료인의 길 역시 그리 수월하지도 화려하지도 않다. 이 길을 선택한 것은 자신의 의지라기보다는 신의 부르심召命, 신의 선물이라고 믿으며 자신을 필요로 하는 사람들과 희로애락을 함께 하며 최선을 다할 뿐이다. 그것을 알기에 이 시대의 진정한 영웅의 길을 걷는 의료인을 응원하며 '덕분에'라는 감사를 전한다.

#우량아선발대회　#엄마젖이 최고　#모유수유아선발대회　#은하수
#원더우먼 아마조네스　#네소스의 셔츠　#숲속의 두 갈래 길　#가지 않은 길
#영웅의 길은 험하고도 외롭다　#덕분에 챌린지

남아메리카를 가로지르는 6,400km의 아마존강은 16세기경 스페인 탐험가 프란시스코 오레야나*Francisco de Orellana*(1511-1546)가 발견했다. 오레야나는 강 근처에 이르렀을 때 원주민들의 무리 중에 머리가 길고 이상한 옷차림을 한 여자들을 보고 여전사 아마조네스를 떠올려 강의 이름을 아마존이라고 불렀다.

보건복지부의 한국마더세이프*www.mothersafe.or.kr*에서는 모유의 장점을 101가지로 정리하였다. 모유는 아기에게 유익한 완전식품이며 모유수유는 어머니 측면의 장점도 많다. 모유는 조제유에 비해 소화흡수가 잘 될 뿐 아니라 면역물질을 포함하고 있어서 아기의 면역력을 키워주고 어머니의 산후회복을 도우며 수유하는 동안 모아애착관계가 형성된다. 유니세프*Unicef*와 세계모유수유운동연합*world alliance for breastfeeding action*은 생후 6개월 동안은 완전모유수유를 권장한다.

유방 조영술*mammography*은 X-ray를 이용하여 유방조직을 검사하여 유방암을 조기에 발견하기 위한 검진방법이다. 최근에는 디지털 유방촬영장치*DR Mammo*를 활용하여 유방암 조기검진을 실시하기도 한다. 여성이 임신 가능성이 있거나 모유 수유중이라면 유방 촬영술보다는 유방 초음파*Breast Sonography*로 검진한다.

헤베는 제우스와 헤라 사이에 태어난 딸이라고도 하고 헤라가 혼자 낳은 딸이라고도 한다. 헤베는 청춘의 여신으로 젊음과 아름다움을 회복시켜 주는 능력이 있다. '헤베의 마음'이라는 뜻의 헤베프레니아*Hebephrenia*는 어린아이의 정신상태가 되었다는 의미다. 긍정의 뜻은 아니고 파괴형 정신질환의 일종이다.

네소스의 피가 묻은 셔츠를 입은 헤라클레스는 온몸이 타들어가는 고통을 느끼고 끝내 죽게 되었다. 마치 메데이아가 선물한 드레스를 입은 글라우케 공주가 몸을 파고드는 고통을 느끼다 죽은 것처럼 말이다. 네소스의 셔츠*a shirt of Nessus*는 무심히 받은 선물이 종국엔 파멸을 초래하는 치명적인 선물이라는 뜻으로 쓰인다.

07. 약속을 할 때는 신중하라

프로메테우스 • 스틱스 • 세멜레

논공행상論功行賞이란 공적의 크고 작음을 논하여 그에 합당한 상을 준다는 뜻이다. 제우스는 누구보다 논공행상이 분명한 신이었다. 제우스는 신들의 전쟁인 티타노마키아를 앞두고 프로메테우스 형제에게 용병이 되어줄 것을 요청했다. 프로메테우스는 제우스의 승리를 내다보고 에피메테우스와 함께 기꺼이 도왔다. 신들의 전쟁을 승리로 이끈 뒤 제우스는 그들의 공로를 치하하면서 프로메테우스에게는 세상의 모든 생물체를 만들도록 했고, 아우 에피메테우스에게는 형이 만든 생물체에 특별한 기능이나 재주 한 가지씩을 부여하도록 했다.

프로메테우스와 에피메테우스는 창조의 기쁨을 함께 나누는 좋은 파트너였다. 프로메테우스가 상상력을 총동원하여 네 발 짐승과 하늘을 나는 새, 온갖 물고기와 벌레를 만들면, 에피메테우스가 그에 어울리는 능력을 부여했다. 단순히 기능과 효율만 생각하며 만든 것은 잉여가 되거나 독이 될 수 있겠지만 에피메테우스는 꽤 합리적이었다. 예를 들면, 사자에게는 날카로운 발톱을, 부엉이에게는 밤에도 볼 수 있는 눈을, 박쥐에게는 미세한 소리도 감지할 수 있는 귀를, 물고기에게는 물속에서도 숨을 쉴 수 있는 능력을 주는 식이었다.

프로메테우스는 마지막 날에 흙으로 인간을 빚고 그 코에 생기를 불어넣었다. 자신의 형상과 성상대로 만들어진 인간이 그보다 먼저 만들어진 여러 동물들과 함께 어울려 살아가는 것을 상상하며 얼마나 흐뭇했을까? 천지창조가 기록된 <창세기>에도 하느님이 피조물을 만들고는 매번 "보시기에 좋았더라"고 전한다. 제우스가 프로메테우스와 에피메테우스에게 준 상은 참으로 탁월하다. 세상의 모든 생물을 창조하는 특권이라니, 그 어떤 상보다도 값지고 감동적이지 않은가?

어머니들은 첫 아이를 낳고 세상 그 무엇과도 바꿀 수 없는 벅찬 감정을 경험한다. 어린아이들은 서툰 솜씨지만 조립형 장난감을 완성하거나 인형의 옷을 지을 때 자기가 창조해낸 대상에 대단한 가치를 부여한다. 예술가들은 자신의 예술적 상상이 구현되는 순간의 희열을 만끽하며 창작의 열의를 끊임없이 불태운다. 최근 1인 미디어 크리에이터의 수가 가파르게 증가하는 것도 많은 창작자들이 자신만의 콘텐츠를 세상에 내놓는 기쁨을 포기하지 못해서 일 것이다.

콘스탄틴 한센 <흙으로 인간을 창조하는 프로메테우스> 1845

제우스의 논공행상에 빠질 수 없는 공신은 강의 여신 스틱스다. 스틱스는 크로노스가 삼킨 제우스의 형제들을 토해내도록 도와준 메티스와는 자매지간이다. 스틱스의 남편인 팔라스는 기간토마키아에서 티탄 편에 섰다가 아테나에게 가죽이 벗겨지는 참사를 당했다. 그렇지만 스틱스는 남편과는 반대의 길에 섰고 자식들까지도 가담시켰다. 제우스는 '누구라도 스틱스강에 맹세를 하면 반드시 지켜야 한다'는 것과 '스틱스강에서 목욕한 자는 어떤 무기도 뚫을 수 없는 강철의 몸을 가진 불사신이 된다'는 무소불위의 힘과 명예를 주었다. 때문에 반인반신半人半神인 아킬레우스는 스틱스강에 몸을 담가 영생불사를 얻었다. 강물이 묻지 않은 발뒤꿈치가 유일한 약점이 된 것을 제외한다면 말이다.

약속의 중요성을 언급할 때 스틱스강과 관련된 에피소드를 들려주는 것만큼 효과적인 것은 없다. 일반적으로 누군가에게 단언할 일이 있을 때 성경에 손을 얹거나 가슴에 십자가를 긋거나 부모님의 이름이나 자신의 명예를 걸고 맹세를 한다. 하지만 그리스 사람들은 오래전부터 스틱스강에 맹세를 했다. 이것은 어느 누구도 어떠한 경우라도 절대로 어길 수가 없음을 의미한다. 신들도 예외는 아니었다. 스틱스강에 맹세를 하고도 지키지 않은 신은 1년 동안 목소리가 나오지 않고 신들의 음식인 암브로시아나 넥타르를 입에 댈 수도 없다. 게다가 9년 동안 올림포스에서 추방되어 신들의 회의에 참석할 수 없다. 신들의 왕인 제우스조차 스틱스강에 맹세했다가 낭패를 당한 적이 있는데, 그 사연을 한번 보자.

테바이의 왕 카드모스와 하르모니아에게는 아름다운 공주 세멜레가 있었다. 아름다운 여인을 가만히 둘 리가 없는 제우스는 세멜레를 꾀어 살림을 차렸다. 이 사실을 알고 분노한 헤라는 감히 남편을 다그치지는 못하고 늙은 유모 베로에로 변신하여 세멜레에게 접근했다.

오랜만에 유모를 만난 세멜레는 반가움과 사랑에 빠진 여인의 호들 갑을 감추지 못했다. 유모로 변신한 헤라는 산전수전을 다 겪은 노파의 촉이라는 게 있는 양, "지금 함께 사는 자가 신을 사칭한 사기꾼이기라도 하다면 낭패가 아니겠냐"며 그에게 신이라는 증거를 하나라도 보여달라고 해보라며 부추겼다. 상황이 이쯤 되자 세멜레도 판도라처럼 마음 한구석에서 스멀스멀 기어오르는 호기심과 의심을 감출 수 없었다. 세멜레는 어떤 방법이 있겠냐며 유모에게 지혜를 구했다.

"신들은 천상에 올라가면 신의 옷을 입는대요. 한 번만이라도 신의 옷을 입고 오라고 해봐요. 뭘 보여줘야 믿을 수 있잖아요, 그렇지 않겠어요?"

다음 날 제우스가 왔을 때 세멜레는 호기심을 애써 감추며 소원 하나만 들어달라고 매달렸다. 인간 여자의 소원이 얼마나 대단하랴, 하늘의 별인들 못 따주랴 싶어서 제우스는 부탁을 듣기도 전에 어떤 소원이든 들어주겠다고 했다. 그러자 세멜레는 먼저 스틱스강에 맹세하라고 했고 제우스는 그렇게 했다. 제우스가 스틱스강에 맹세할 때는 보다 신중해야 했다. 맹세가 끝나기가 무섭게 세멜레는 유모가 시킨 대로 신의 옷을 입고 한 번만 내려와달라고 부탁했던 것이다.

신의 옷은 너무나 휘황찬란해서 인간의 맨눈으로 보았다가는 타죽을 수도 있었다. 제우스는 당황해 하며 인간에게는 위험하니 절대로 안 된다고 손사래를 쳤지만, 이미 스틱스강에 맹세한 후여서 약속을 지킬 수밖에 없었다. 하릴없이 천상으로 올라가 가장 허름하고 빛이 바랜 신의 옷을 골라서 입고 다시 내려온 제우스를 마주한 세멜레는 눈앞이 뜨거워지는가 싶더니 온몸에 불길이 타올랐다. 세멜레의 참을 수 없는 호기심과 제우스의 신중하지 못한 맹세로 벌어진 참사였다. 세멜레의 뱃속에는 이미 생명이 자라고 있었다. 제우스는 신속하게 핏덩어리를 끄집어내어 자신의 허벅지에 집어넣었다. 이것이 아마도 최초의 인큐베이터가 아닐지. 제우스의 허벅지에서 열 달을 마저 채우고 태어난 아기가 디오니소스다. 디오니소스는 '제우스의 아들' 또는 '두 번 태어난 자'라는 뜻인데 어머니 뱃속에서 꺼내진 다음에 아버지의 허벅지에서 태어났으니 두 번 태어난 셈이다.

약속은 신뢰를 바탕으로 하기 때문에 흔히 약속을 잘 지키는 자를 믿을 만하다고 평가한다. 그리스 영웅들의 모험담을 다룬 <플루타르코스 영웅전>을 즐겨 읽은 나폴레옹 보나파르트는 "약속을 지키는 최선의 방법은 약속을 하지 않는 것이다"라고 할 만큼 약속을 할 때에는 신중해야 함을 강조했다. 세상을 살아가면서 크고 작은 약속을 피할 수는 없다. 하지만 지킬 수 있는 약속만 하고, 약속한 것은 반드시 지킨다는 신조를 가지는 것이 중요하다.

윌리엄 커닝햄, 잡지 The Cosmographical Glasse 표지
<하늘을 떠받치고 있는 아틀라스> 1559

제우스는 상을 주는 만큼 벌도 확실하게 내렸는데, 티타노마키아에서 제우스를 향해 바위를 던지던 아틀라스는 상상도 할 수 없는 큰 벌을 받았다. 제우스는 티탄 중 누구보다도 건장하고 힘이 센 아틀라스에게 세상의 서쪽 끝에 가서 지구를 떠받치도록 했다. 아틀라스는 너무 힘이 들면 왼쪽 어깨에 있던 지구를 오른쪽 어깨로 옮기기도 했는데 지진이 발생하면 그리스 사람들은 아틀라스가 지구를 옮겨 메는 중이라고 생각했다.

철학자 플라톤은 서쪽 큰 바다에 문명이 번성했던 한 대륙이 어느 날 갑자기 사라졌다면서 그 대륙이 아틀라스의 땅, 즉 아틀란티스 *Atlantis*라고 생각했다. 사람들은 아틀란티스를 찾아 지브롤터 해협 부근까지 바다 끝을 향해 탐험했지만 아틀란티스를 발견하지는 못했다. 대신에 아프리카 북서부에서 동서로 길게 뻗은 산맥을 발견하고 이것을 아틀라스가 변한 바위라고 생각했다. 페르세우스가 가져온 메두사의 머리를 쳐다본 아틀라스가 거대한 바위로 변했다는 것이다. 그래서 모로코와 알제리에 걸쳐 있는 이 산맥을 아틀라스 산맥이라고 이름 지었다. 아틀라스 산맥은 열두 과업을 수행하던 헤라클레스가 아예 두 동강을 내어 지금은 물길이 나 있다. 바로 지브롤터 해협이고 두 동강 난 산맥이 만들어 낸 기암괴석은 '헤라클레스 기둥'이라고 부른다. 그리고 아틀라스 산맥 바깥쪽의 바다를 아틀라스의 바다*Atlantic Ocean* 또는 서쪽의 큰 바다, 대서양大西洋이라고 한다.

지리와 지구과학에 흥미를 느끼지 못하고 학창시절을 보냈더라도 신화에 깃든 이름을 곳곳에서 발견하고, 신화의 메시지가 우리의 삶에 스며들어 있음을 확인하는 일은 즐겁다. 제우스가 선택한 상과 벌의 의미를 되새기며 신화의 메시지에 귀기울여보자.

#손가락 걸고 맹세하기 #소원을 말해봐 #지진의 비밀 #최초의 인큐베이터
#약속지키기 #아틀란티스 #아틀라스 산맥 #대서양

아틀라스*Atlas*라는 이름의 배터리와 에너지 초코바가 있어서 아틀라스는 매우 익숙하다. 보건의료계열의 학생들이 제일 먼저 만나는 해부학 책도 아틀라스다. 이는 네덜란드의 지리학자 메르카토르*Gerardus Mercator*(1512-1594)가 지도책을 펴내면서 아틀라스를 표지 모델로 한 것에서 유래한다. 이후 아틀라스는 지도책의 대명사가 되었고 인체의 해부조직과 같이 어떤 물체를 설명하는 그림이나 도표, 도감 등을 모두 아틀라스라고 부른다.

 아틀라스 해부학에서 학생들이 맨 처음 배우는 뼈의 이름도 아틀라스*atlas*다. 인간의 두개골 바로 아래에서 시작하는 목뼈는 7개의 뼈로 이루어져 있는데, 제1목뼈는 두개골을 지탱하고 있어서 마치 아틀라스가 지구를 메고 있는 모습과 비슷하다고 하여 아틀라스라고 부른다. 제1목뼈 아틀라스는 머리를 아래위로 끄덕거릴 수 있도록 동그란 모양이므로 환추遷推라고도 하며, 제2목뼈는 아틀라스의 구멍에 끼워져 있어 아틀라스가 좌우전후로 회전할 수 있게 해준다.

 플루타르코스*Lucius Mestrius Plutarchus*(46-120)는 고대 그리스의 철학자, 정치가이자 작가이다. 그가 쓴 <영웅전>은 23쌍으로 짝지어진 위인전과 4개의 전기로 구성되어 있다. 카이사르, 알렉산드로스 대왕, 폼페이우스 등 고대 영웅들의 전쟁과 정치 역사를 통해 도덕과 정의를 기술했다.

08. 할 일을 했다면 고통은 감내할 수 있다

프로메테우스 • 시시포스

동서양을 막론하고 인간창조설화는 비슷해서 조물주가 등장하여 인간을 만들고 생명을 부여한다. 천둥의 신 토르가 등장하는 북유럽 신화에서는 오딘과 그 형제들이 물푸레나무로 남자를 만들고 느릅나무로 여자를 만들어 생명을 불어넣었다. 중국 신화에서는 창조의 여신 여와女媧가 진흙으로 사람을 만들어 숨결을 불어넣었는데, 여와가 한땀 한땀 정성스럽게 만든 인간은 귀한 사람이 되고 나중에 일이 점점 귀찮아서 밧줄로 진흙을 휘젓거나 뿌려가며 대충 만든 인간은 미천한 사람이 되었다. 그리스 신화에서는 하느님이 흙으로 인간을 빚어 그 코에 생기를 불어넣었다는 <창세기>의 내용과 거의 같아서 프로메테우스가 흙으로 사람을 만들고 생명을 불어넣었다. 그런데 안타깝게도 프로메테우스와 에피메테우스 형제의 합작품이 되어야 할 인간은 에피메테우스의 부주의로 완성도가 떨어졌다.

에피메테우스는 프로메테우스가 만든 온갖 생명체에 저마다의 능력을 하나씩 부여했지만 마지막 날 창조된 인간에게 줄 것이 아무것도 남아있지 않았다. 더군다나 인간은 태어나서 스스로 걸음마를 하기까지 1년 이상 걸릴 정도로 성장이 느리고 제 몸 지킬 것 하나 없이 나약한데 말이다. 프로메테우스는 깊은 고뇌 끝에 제우스의 번개에서 불을 훔쳐서 인간에게 주어 생활의 편리를 도모하게 하였다.

불을 사용한다는 것은 동굴생활과 수렵채집을 하던 인간이 몸을 따뜻하게 보호하고 음식을 익혀 먹기 시작했음을 의미한다. 날것을 먹으면 음식을 씹고 소화시키는 데 대부분의 에너지를 쓰게 되지만 음식을 익혀 먹으면 소화시간이 빠를 뿐만 아니라 몸에 부담도 줄어들어 결과적으로 뇌에 여유가 생긴다. 자, 이제 주변 사물을 관찰하고 본격적으로 생각하는 힘이 커지지 않겠는가? 마침내 인간은 먹다 버린 과일의 씨가 땅에 떨어져 싹을 틔우고 자라나 열매를 맺는다는 것을 알게 되었다. 그래서 씨를 모아 땅에 뿌리고 숱한 시도와 실패를 반복한 끝에 열매를 수확하는 농경사회의 기틀을 마련할 수 있었다. 농경사회가 시작되자 농작지의 확보와 함께 일할 노동력이 필요하고, 이로 인해 늘어난 가족의 생존을 위해 생산량을 더욱 높여야 했다. 그러다보니 다양한 생산도구가 개발되고 대규모 농사가 가능해져서 많은 사람이 모여 사는 도시를 형성하게 되었다.

이러한 일련의 과정을 거쳐 자연을 이용하고 다스리는 지혜를 터득하게 된 인간은 스스로의 힘으로 먹을 것을 해결하게 되자 자만이라는 탑을 쌓아 신을 숭배하는 일에 소홀해졌다. 이런 불경한 태도는 제우스를 분노하게 했고 이 모든 일의 시초가 인간이 불을 사용함으로써 생긴 일이므로 프로메테우스를 벌하는 것은 당연해졌다.

그 즈음 제우스는 테티스*Thetis*에게 흑심을 품고 있었는데, "테티스의 아들이 그 아버지의 힘을 능가한다"는 예언을 프로메테우스가 제우스에게 알려준 일이 있었다. 원래 나쁜 소식 자체도 몹시 기분이 상하지만 이를 전해 듣게 되면 전하는 자에게도 빈정 상하기 마련이라 이래저래 프로메테우스는 제우스의 형벌을 피할 수가 없었다.

제우스는 힘의 신 크라토스와 폭력의 신 비아를 시켜 프로메테우스를 잡아오게 해서 헤파이스토스가 만든 단단한 쇠사슬로 코카서스

산자락에 묶어두었다. 그것으로도 모자라 독수리가 매일같이 간을 쪼아먹게 했다. 제아무리 신이라도 참을 수 없을 만큼의 극심한 고통을 겪었지만 하룻밤이 지나면 간은 도로 멀쩡해졌다. 다시 간을 쪼아먹히고 다음날이면 어김없이 회복되기를 3천 년을 반복했다. 물론 여기에서 3천 년은 의미 없는 기간이다. 어디 신들의 시간이 인간의 시간처럼 흐르던가, 무한 시간 동안 제우스에게 괴롭힘을 당했다고 이해하면 된다.

고대 그리스인들은 간이 인체에서 재생력이 가장 좋은 장기라는 것을 어떻게 알았을까? 손상된 간의 재생력도 뛰어나지만 간은 절반을 떼어내더라도 2-3개월 후에는 원래의 크기로 회복된다. 심지어 간 기능이 멈춘 환자에게 건강한 사람의 간을 70%까지 떼어내어 이식해주어도 6개월 후면 기증자의 간은 원래대로 재생된다. 생체 간이식이 가능한 것은 이처럼 왕성한 간의 재생력 때문이다.

테오도르 롬보츠 <프로메테우스> 1597-1637

제우스는 헤르메스를 시켜 프로메테우스를 회유하기도 했으나 그는 잘못을 인정하지도 타협하지도 않았다. 오랜 시간이 지나 황금사과를 가져오는 과업을 수행중이던 헤라클레스가 나타나서 화살을 쏘아 독수리를 죽인 후에야 그 지독한 형벌에서 벗어날 수 있었다. 프로메테우스는 자신이 벌을 받은 것을 기억하기 위해 코카서스산에 있던 돌을 집어 쇠고리에 달아 손가락에 끼웠다. 그런 일이 있은 후 인간들 역시 부당한 고통을 묵묵히 견디는 프로메테우스의 고결한 정신을 기리기 위해 작은 돌을 물린 고리를 손가락에 꼈는데 이것이 반지의 유래다. 지금은 더 작고 반짝이는 돌을 선호하지만 말이다.

코카서스산의 프로메테우스를 닮은 신화가 있으니 시시포스 이야기다. 시시포스는 바람의 신 아이올로스의 아들로 그리스의 고대도시 코린토스 왕국을 세웠다. 시시포스는 머리가 좋고 교활하기로 유명했다. 그러나 이것은 신들의 입장에서 보았을 때 그렇다는 것이고, 호메로스도 말했듯이 시시포스는 인간 중에서 가장 현명하고 신중한 자였다.

어느 날 시시포스는 제우스가 독수리로 변신하여 강의 신 아소포스의 딸 아이기나를 납치하는 모습을 목격했다. 시시포스는 사라진 딸을 애타게 찾아다니는 아소포스에게 다가가서 아이기나의 행방을 알려줄 테니 그 대가로 샘물을 하나 만들어달라고 요청했다. 코린토스는 지대가 높아서 물을 얻기가 쉽지 않아 시민들이 애를 먹고 있었다. 개인의 욕심을 채우기보다는 시민을 먼저 생각하는 현명하고도 신중한 위정자라는 면모가 증명되는 순간이다.

아소포스는 딸을 만날 수 있다는 생각에 지체하지 않고 코린토스에 페이레네샘을 만들어 주었다. 이로써 딸의 행방을 알게 된 아소포스는 제우스와 아이기나가 있는 곳을 급습했고, 이에 화가 난 제우스는 아소포스를 향해 번개를 던졌다. 번개를 이런 때 쓰려고 애지중지한 것인지, 안타깝게도 제우스에게서 성군聖君의 모습을 찾아보기는 어렵다. 게다가 아이기나 납치 사건이 한낱 시시포스 따위에게 폭로된 것이 불쾌했던 제우스는 그를 죽음의 신 타나토스에게 보내버리기로 했다. 그러나 시시포스는 제우스가 자신을 벌할 것을 예상하고 집 근처에 숨어 있다가 타나토스가 데리러 오자 준비해 두었던 쇠사슬로 묶어 지하실에 가두어 버렸다. 제우스도 예상하지 못한 시시포스의 치밀한 계획이었던지라 타나토스는 꼼짝하지 못했다. 죽음의 신 타나토스가 시시포스에게 잡혀 있으니 그때부터 지상에는 어떤 인간도 죽지 않게 되었다. 더 이상 죽는 자가 없으니 저승의 신 하데스, 전쟁의 신 아레스, 운명의 여신 모이라이는 당혹스러웠다. 그들은 제우스에게 항의했고 결국 제우스는 아레스를 시켜 타나토스를 구출하게 하고 시시포스를 다시 저승으로 보냈다.

어쩔 수 없이 타나토스를 따라 저승으로 가게 된 시시포스는 집을 떠나기 전에 아내에게 절대로 자신의 장례식을 치르지 말라고 당부했다. 당시 그리스 사람들은 장례식을 치르지 않으면 저승으로 갈 수 없다고 믿었다. 이 때문에 저승의 입구에서 시시포스를 더 이상 저승 안으로 들여놓지 못하게 되자, 하데스는 시시포스에게 "왜 아직도 장례식이 치러지지 않았느냐?"고 호통을 쳤다. 그러자 시시포스는 반성문을 어떻게 써야 하는지 잘 아는 맹랑한 학생처럼 모든 것은 자신의 불찰이며 자신도 무척 난감하다는 듯 천연덕스럽게 대꾸했다.

"제 아내가 오만하여 신들을 희롱한 것 같습니다. 저를 잠시 이승에 보내주시면 아내에게 엄하게 죄를 물은 뒤 곧바로 장례를 치르게 하겠습니다."

영악한 시시포스는 미리 하데스의 아내 페르세포네를 포섭해 두었다. 그는 지하세계에서는 흔하지 않은 비단과 그녀의 어머니 데메테르에게 줄 선물을 건네며 하데스를 설득하도록 만들었던 것이다. 하데스는 시시포스가 미심쩍으면서도 장례를 치르자마자 즉시 돌아온다는 공증도 없는 말만 듣고 그를 지상으로 보내줄 수밖에 없었다. 그렇지만 시시포스가 누구던가, 순순히 말을 들을 자가 아니었다. 일단 지상으로 올라간 시시포스는 지하로 내려가지 않았다. <별주부전>에서 병든 용왕님께 간을 빼앗길 뻔한 토끼가 꾀를 내어 지상으로 올라온 후 "세상에 자신의 간을 빼놓고 다니는 동물이 어디에 있느냐?"며 순진하고 멍청한 거북이를 조롱하듯이, 시시포스는 어리석은 하데스를 비웃으며 코린토스 시민들과 오래도록 함께 살았다.

시시포스가 천수를 누린 후에 명이 다하여 지하세계로 내려갔을 때, 하데스는 기다렸다는 듯이 지금까지 두 번이나 죽음을 거부한 죄를 물어 혹독한 형벌을 내렸다. 지하세계에서부터 그리스에서 가장

티치아노 베첼리오 <시시포스> 1548-1549

높은 파르나소스 산꼭대기까지 커다란 바위를 힘겹게 올려놓도록 한 것이다. 하지만 꼭대기에 다다른 바위는 다시 지하로 굴러 떨어져서 시시포스는 매일매일 이 힘겨운 일을 반복해야 했다.

알베르 카뮈는 <시시포스의 신화 : 부조리에 대한 시론>에서 시시포스의 반복되는 고된 형벌에 비유하며 인생의 부조리함을 피력했다. 다만 이 부조리를 한탄하며 절망감에 빠지거나 막연한 기대를 좇으며 인생을 회피하지는 말라고 당부했다. 부조리를 인정하고 그것을 출발점으로 삼아 직접 경험하고 느끼면서 뚜벅뚜벅 나아가라는 것이다. 세상은 그리 아름답지 않고, 인생은 그리 자유롭지 않으며, 삶은 그리 녹록지 않다. '그리고 행복하게 잘 살았습니다'라는 디즈니적인 동화를 현실에서 찾아보기란 어렵다.

카뮈에 의하면 환상과 착각의 형이상학적인 세상에서 살 것인지, 부조리한 현실 속에서 저항하며 진짜 인생을 살 것인지 선택해야 한다. 그것은 어쩌면 영화 <매트릭스>에서 2199년 인류를 구할 네오에게 빨간 약과 파란 약 중에 하나를 고르라는 모피어스의 주문과도 같다. 파란 약을 선택하면 태어나자마자 전혀 눈치채지 못한 채로 로봇이 프로그래밍한 세상에서 정해진 삶을 살게 되고, 빨간 약을 선택하면 로봇에게 지배되는 현실을 직시하게 된다. 파란 약은 진실을 외면한 채 믿고 싶은 것만 믿으며 사는 것이고, 빨간 약은 목숨을 거는 싸움을 시작해야 함을 의미한다. 카뮈식이라면 주저 없이 빨간 약을 골라야 한다.

<매트릭스>에서처럼 23세기 미래 사회가 아니더라도 우리 개개인에게 비슷한 주문이 주어지기도 한다. 전공을 선택하고 직업을 결정할 때도 마찬가지다. 슈바이처나 이태석 신부처럼 숭고한 정신으로 의료인이나 성직자의 길을 택했더라도 반복되는 과로한 업무로 인해

그 삶이 그다지 고상하지 않다는 것을 이내 깨닫게 될 것이다. 병원 현장은 드라마 세트장처럼 깨끗하지도 명확하지도 않다. 한순간의 실수도 허락되지 않는 숨 막히는 긴장감이 모든 의료진을 옥죄는 곳이다. 환자의 침상에 앉아 그들의 고통을 공유하며 손을 잡아주고 함께 눈물을 흘릴 수 있는 시간조차 허락되지 않는다. 공감과 감정이입은 무리한 요구다. 이러한 부조리를 간파한 카뮈는 현실을 직시해야 비로소 자유로울 수 있다고 했다. 모순과 독설 같지만, 현실과 부딪치며 고통과 좌절을 경험하면서도 그 속에서 무엇을 해야 하는지를 발견할 때만이 나의 의지에 따른 주도적인 행동과 주체적인 삶이 가능하다.

프로메테우스가 가진 최고의 능력이 미래를 내다보는 것인데, 인간에게 불을 가져다주면 그 벌로 오랜 기간 동안 간이 쪼아먹히는 고통을 받게 될 것을 알지 못했을 리가 없다. 그러나 프로메테우스는 자신의 창조물인 인간을 극진히 사랑해서 그 고통을 감수하고서라도 불을 가져다주기로 결심했다. 시시포스 역시 제우스에게 벌을 받을 것을 알면서도 자신이 돌보고 아껴야 할 시민들에게 샘물을 주기 위해 고자질과 거짓말 같은 비루한 짓을 마다하지 않았다. 시시포스가 매일 커다란 바위를 산 위로 반복해서 올리면서도 "그래도 난 해야 할 일을 했다"고 되뇌지 않았을까?

#인류의 아버지 프로메테우스 #공들여 빚어주세요 #자나깨나 불조심
#다람쥐 쳇바퀴 도는 인생 #빨간약 줄까 파란약 줄까 #그래도 난 파란약
#힘들지만 괜찮아 #그래도 난 해야 했다

인간의 대부분의 조직과 기관은 활발한 세포분열로 세포수의 균형을 유지한다. 조직세포는 3가지로 구분되는데 불안정세포*labile cells*, 안정세포*stable cells*, 영구세포 *permanent cells*이다. 불안정세포는 탈락과 증식이 반복적으로 이루어져 일생 동안 재생되는 상피세포와 혈액세포가 대표적이다. 안정세포는 세포가 손상되더라도 적당한 자극이 가해지면 핵분열을 일으켜 증식이 일어나 재생이 가능하며, 간, 신장 등이 포함된다. 영구세포는 신경세포와 심장근이 대표적이며, 재생능력이 없어서 일단 손상이 되면 재생은 불가능하다.

신체의 재생능력은 기관마다 다르다. 간은 5개월 주기로 재생되는 반면 폐의 바깥 부분 세포들은 2-3주 간격으로 재생되고, 산소 교환을 담당하는 세포는 재생에 1년 이상 소요되기도 한다. 심장은 재생능력은 없지만 일생에 3-4번 정도 원기를 회복하며, 뇌는 나이와 함께 노쇠한다. 뇌에서 후각을 담당하는 부분과 학습을 담당하는 해마 부위에만 재생 능력이 있다. 피부는 2-4주 간격으로 지속적으로 재생되고 뼈의 완전한 재생에는 10년의 세월이 소요된다.

간이식 수술은 1967년 미국에서 처음으로 성공했고, 우리나라는 1988년부터 시작되어 지금은 전 세계 의료진들이 배우러 올 정도로 기술이 매우 뛰어나다. 건강한 사람의 간을 통상 50%까지 절제해서 간질환 환자에게 이식해주면 환자의 생명을 구하고 동시에 기증자도 한 달 이내에 건강을 회복할 수 있다.

09. 희망을 새로 쓰다

에피메테우스 • 판도라 • 헤파이스토스

2020년 3월 세계보건기구는 신종코로나바이러스감염증COVID-19에 최고경보단계인 '판데믹'을 선언했다. 판데믹은 판데모스에서 유래한 말로 '모든pan 인류demos에게 범유행한다'는 뜻이다. 세계보건기구의 판데믹 선언은 1968년 홍콩독감과 2009년 신종플루에 이어 세 번째다. 이런 상황은 신이 내린 벌이거나 인간의 부주의로 발생하는 것은 아니며 세계적으로 유행할 것인지 아닌지를 예측하기도 어렵다. 그저 전 인류가 이를 극복하기 위해 지혜를 모으고 협력해야 할 뿐이다.

고대 그리스인들은 질병, 고통, 재난 등의 나쁜 것들은 제우스가 내린 벌이라고 생각했다. 제우스는 인간에게 불을 준 프로메테우스에게 간을 쪼아 먹히는 형벌을 주었지만 그 정도로는 분이 풀리지 않았다. 그래서 에피메테우스에게도 벌을 주었다. 형의 죄를 아우에게 묻는 연대책임이나 가족과 후손까지 처벌하는 연좌제의 의미는 아니다. 따지고 보면 프로메테우스가 불을 훔친 데는 에피메테우스의 책임도 있으므로 그 역시 벌을 피하기는 어렵다. 그러나 프로메테우스에게 그랬던 것처럼 감금하거나 신체적인 고통을 가하지는 않았다.

제우스는 주문받은 모든 것을 만들 수 있는 대장장이의 신 헤파이스토스에게 인간 여자를 만들도록 했다. 헤파이스토스는 프로메테우스가 했던 것처럼 흙으로 여자를 빚어 생명을 불어넣었다. 헤파이스토스가 여인을 만드는 것을 관심 있게 지켜보던 신들이 앞다투어 선물을 준비했다. 아프로디테는 여인에게 치명적인 아름다움을 주었고, 헤르메스는 설득하는 힘과 호기심을 주었으며, 아폴론은 음악과 예술을 사랑하도록 흥을 주었다. 신들로부터 온갖 선물을 받은 이 여인이 바로 '모든*pan* 선물*dora*을 받은 여자'라는 뜻의 판도라다.

프로메테우스는 여자를 만든 제우스의 의도를 미리 알고 에피메테우스에게 절대로 그 선물은 받지 말라고 충고했다. 하지만 에피메테우스는 아름다운 판도라를 보자마자 첫눈에 반한 나머지 형의 말은 귓등으로 듣고 결혼까지 강행했다. 사랑에 빠진 다음에야 타인의 충고라는 게 무슨 소용이랴. 제우스는 모든 상황이 의도한 대로 전개되자 흐뭇해하며 판도라에게 그녀의 탄생과 에피메테우스와의 결혼을 축하한다면서 항아리 하나를 선물해 주었다. 흔히 '판도라의 상자'라고 알려져 있지만 항아리가 맞다. 제우스는 항아리를 주면서 "뚜껑을 절대로 열어서는 안 된다"고 경고했다. 그렇지만 이미 헤르메스로부터 호기심을 부여받은 판도라는 궁금증을 참지 못하고 기어이 항아리 뚜껑을 열고야 말았다.

뮤지컬과 영화로 더 유명한 가스통 르루의 소설 <오페라의 유령>은 오페라극장 지하에 사는 천재 음악가 에릭의 극장 무용수 크리스틴을 향한 집착에 가까운 사랑을 그린 작품이다. 반쪽짜리 가면으로 얼굴을 가리고 유령처럼 실체를 드러내지 않는 에릭은 프리마돈나가 된 크리스틴을 납치하여 자신의 지하왕국으로 데려간다. 에릭이 잠시 한눈을 파는 사이 크리스틴이 그의 가면을 벗겨버리자 에릭은 경악하며 소리친다.

"너를 저주한다, 몰래 훔쳐보는 판도라여!"

판도라는 최초의 여자이면서 호기심 많은 여자의 대명사다. 판도라처럼 호기심을 참을 수 없었던 크리스틴은 흉측하게 일그러진 에릭의 얼굴을 보고 만다. 그러는 사이 크리스틴의 연인 라울이 그녀를 찾아 헤매다 오페라극장의 지하에 갇히게 된다. 모든 것이 얽혀 절망스러운 상황에서 크리스틴은 에릭의 얼굴을 감싸며 진심어린 동정의 입맞춤을 해준다. 마침내 에릭은 집착과 광기를 내려놓고 크리스틴과 라울을 풀어주고 그들은 유령의 손아귀에서 벗어난다.

판도라가 열어버린 항아리 안에는 온갖 욕심, 시기, 질투 같은 부정적인 감정, 페스트, 콜레라, 천연두 같은 각종 질병이 들어 있었고, 항아리의 뚜껑이 열리는 순간 세상 곳곳으로 빠져나왔다. 깜짝 놀란 판도라가 급하게 뚜껑을 닫았지만 이미 그 속에 들어 있었던 대부분이 세상으로 흩어졌고 오직 희망만이 빠져나가지 못했다. 그때부터 인간이 살아가는 세상엔 한줄기의 희망도 없이 사악하고 불온한 것들이 활개를 치게 되었다. 많은 작가들은 판도라의 항아리에 희망이 남아 있어서 희망을 간직하게 되었다고 해석한다. 희망을 잃지 않게 되었다고. 하지만 희망도 나왔어야 했다. 희망이 함께 나왔어야 온갖 불의의 것들 속에서도 희망을 찾을 수 있을 테고, 그랬다면 사는 게 좀 더 수월할 수도 있지 않았을까? 이것이 제우스가 에피메테우스와 인간에게 내린 최고의 벌이 아닐까? 판도라의 항아리에서 희망이 빠져나오지 못해 삶이 힘든 것인지도 모르겠다.

헤시오도스조차 <일과 노동>에서 절망적인 상황에서 인간이 가지는 쓸데없는 희망, 눈에 보이지 않는 헛된 희망이 마지막 재앙이라고 했다. 니체도 "희망은 모든 악 중에서 가장 나쁜 것"이라고 했다. 손에 잡히지 않는 불확실한 희망을 부여잡고 이 힘겨운 세상에서 그럭저럭 살아가는 것, 그것은 희망고문이다. 그렇지만 희망고문이 부담스럽다고 희망을 단념하는 것은 어리석다. 회복할 가능성이 없어 보이는 환자들, 반복되는 실패로 나락인 듯 느껴지는 수험생들, 재기불능의 위협으로 암담한 소상공인들, 그들에게도 꼭 필요한 것이 희망이기 때문이다. 신체적인 통증과 경제적인 부담과 미래를 알 수 없는 절망감을 떨쳐낼 수는 없지만 여전히 희망이 간절하다. 그러니 이제 희망은 다시 정의되어야 한다. 어느 순간에도 혼자가 아닐 거라는, 모두가 협력하며 최선을 다해 도울 거라는 진심 어린 응원과 적극적인 배려가 곧 희망의 새로운 정의다.

에피메테우스와 판도라 사이에 딸 피라가 태어났고, 피라는 프로메테우스의 아들 데우칼리온과 결혼했다. 데우칼리온은 신에게 제사도 잘 지내고 코카서스산에서 고통받고 있는 프로메테우스에게도 매일 찾아가 식사를 챙겨주는 등 성심을 다했다.

어느 날 프로메테우스는 홍수가 일어날 것을 미리 알게 되어 데우칼리온에게 큰 방주를 만들라고 했다. 아들은 아버지의 지시를 따랐다. 프로메테우스의 예언대로 아흐레 동안 큰 비가 내렸다. 문명 이전의 고대인들은 다양한 언어의 신화를 통해 하나의 역사적인 사건을 자신들이 이해하는 방식으로 전달했다. 최초의 신화 <길가메시 서사시>에 기록된 고대 메소포타미아를 비롯해서 마야, 바빌로니아, 중국, 한국에도 방종한 인간을 벌하기 위한 홍수 설화는 있다.

가장 유명한 것은 '노아의 홍수'다. <창세기>에는 40일간 비가 내렸다고 기록했지만 그리스 신화에서는 9일 밤낮 동안 내렸다는 차이가 있다. 노아의 방주가 아라랏산에 멈춘 것처럼 데우칼리온의 방주는 파르나소스산에 멈추었다. 노아는 방주에 함께 탔던 온갖 동물들과 세 아들 내외까지 가족이 모두 살아남았지만 데우칼리온과 피라의 상황은 달랐다. 홍수는 판도라를 포함해서 이 땅의 모든 인간을 휩쓸어버렸고 데우칼리온과 피라, 단 둘만 남았다. 황망해진 데우칼리온은 법의 여신 테미스에게 어떻게 하면 좋을지 물었다. 테미스는 "커다란 어머니의 뼈를 등 뒤로 던지라"는 수수께끼 같은 답을 주었다. 커다란 어머니는 '대지'를 뜻하고 뼈는 '바위'라고 해석한 데우칼리온은 근처의 바위를 주워 어깨 너머로 던져보았다. 그러자 바위는 인간의 모습으로 바뀌었다. 데우칼리온이 던진 것은 남자가, 피라가 던진 것은 여자가 되어 세상은 다시 인간들로 번성하게 되었다.

데우칼리온과 피라는 테살리아 지방에 정착하여 헬렌과 암피크티온 형제를 낳았다. 특히 헬렌은 아이올로스와 도로스, 크수소스 세 아들을 낳았는데, 아이올로스는 아이올리안의 조상이 되었고, 도로스는 도리아인의 조상이 되었다. 막내 크수소스는 아카이아인의 조상인 아

지오바니 마리아 보탈라 <데우칼리온과 피라> 1635

케오스와 이오니아인의 조상인 이온을 낳았다. 흔히 그리스인을 '헬레네스'라고 하는데 이는 데우칼리온과 피라의 장남인 헬렌의 후손이라는 뜻이며, 헬레니즘은 알렉산드로스 대왕의 동방원정 후, 동양의 문화와 융합된 찬란한 그리스 문화를 일컫는다.

신종 감염병의 세계적인 범유행과 세상을 집어삼키는 대홍수는 분명히 커다란 위협이다. 과학기술의 발달로 날씨를 예측하고 댐을 건설하여 홍수에 대비하지만 날씨는 여전히 인간이 다룰 수 있는 범주를 벗어나 있다. 판데믹 상황에서의 감염병은 걷잡을 수 없는 전파 속도로 인간을 무력하게 만든다. 그럼에도 불구하고 판도라의 항아리에 아직도 희망이 남아있듯이 이를 극복할 수 있으리라는 희망이 있다. 2020년 봄, 대한민국은 이 희망을 현실로 바꾸었으며 전 세계인이 깜짝 놀란 '코로나19' 극복의 모범이 되었다. 그리고 그 현장에는 의료인이 있었다. 판데믹의 최전방에서 헌신한 의료인에게 감사와 존경의 마음을 표현하기 위해 건축물마다 푸른빛 조명을 밝히는 블루라이트 캠페인을 진행하기도 했다. 푸른빛 조명은 전세계인의 마음에 푸른 희망으로 기억되었다.

#희망고문금지   #노아의 방주   #홍수설화   #소돔과 고모라   #불로 세상을 심판하라
#물로 세상을 심판하라   #세계가 한국 주목   #블루라이트 캠페인

루시*Lucy*는 1974년 미국의 인류학자 도날드 요한슨*Donald Carl Johanson* (1943~) 박사가 에티오피아 하다르 계곡에서 발견한 318만년 전 직립보행했던 최초의 여성인류화석이다. 발굴 당시 유행했던 비틀즈의 <Lucy in the sky with diamonds>에서 이름을 따와 '루시'라고 명명했고 멸종된 인류의 조상 오스트랄로피테쿠스 아파렌시스*Australopithecus Afarensis*로 여겨졌다. 이후 인류의 기원을 설명할 수 있는 화석들이 계속 발견되고 있지만 루시는 상징적인 의미에서 인류의 조상으로 남아 있다. 물론 판도라를 루시와 연결지어 상상할 필요는 없다. 신화는 신화일 뿐 설명하려 들지 말자.

 판에는 '모든'이라는 뜻이 있다. "감기 조심하세요~"라는 광고문구로 유명해진 감기약 판피린은 모든*pan* 열*pyrexia*을 잡는다는 의미가 있다. 감기의 여러 증상을 완화시키는 해열 진통 소염의 효능이 있으며 편의점에서도 살 수 있는 안전상비약 중의 하나다.

2019년 명동예술극장에서는 한국 초연 30주년 기념으로 사무엘 베케트*Samuel Barclay Beckett*(1906-1989)의 연극 <고도를 기다리며>를 무대에 올렸다. 스토리는 단순하다. 두 남자, 블라디미르와 에스트라공은 매일매일 나무 밑에서 고도를 기다린다. 고도를 기다리는 두 남자는 아무런 변화가 없이 똑같이 반복되는 일상에서 권태와 무력을 느꼈을지도 모른다. 죽음을 시도해보지만 그것조차 쉬이 허락되지 않는다. 그래도 그들은 매일 고도를 기다린다. 블라디미르와 에스트라공이 기다리는 고도는 무엇일까? 희망일까? 작가 사무엘 베케트조차 사람들이 고도가 무엇이냐고 묻는 질문에 "고도를 알면 내가 썼지. 나도 고도가 뭔지 모른다"고 대답했다. 누구나 자기만의 고도가 있다. 단언할 수 없는 미래, 막연한 희망, 고도가 올 것이라는 믿음, 우리는 희망을 부여안고 고도를 기다리며 오늘을 살아간다.

10. 자격과 책임을 갖추어 질주하라

히페리온 • 헬리오스 • 클리티아 • 파에톤

고대인들에게 태양은 숭배의 대상이자 신앙의 대상이다. 그리스 신화에서도 태양은 세대를 거듭하며 최고의 권좌를 유지했는데 처음 태양의 신은 히페리온이다. 히페리온은 '높은 자'라는 뜻이다. 양이나 수치가 높음을 의미할 때 하이퍼*hyper*를 쓰는 것도 히페리온에서 유래했다. 고혈압*hypertension*이나 과민증*hypersensitivity* 같은 것들이다. 히페리온은 가이아와 우라노스에게서 태어난 열두 명의 티탄 중 한 명이다. 히페리온은 남매지간인 테이아와의 사이에서 세 자녀, 해의 신 헬리오스, 달의 여신 셀레네, 새벽의 여신 에오스를 낳았다. 이들의 로마식 이름은 우리에게는 좀더 익숙한 솔, 루나, 오로라다.

히페리온에게서 태양을 다스리는 권한을 물려받은 헬리오스는 매일 네 마리의 백마가 끄는 마차를 타고 동쪽에서 출발해서 서쪽으로 돌아오는 것이 그의 일상이자 의무였다. 오케아노스의 아내인 테티스가 태양마차를 보내주고 계절의 여신 호라이가 백마에게 말고삐를 채우면 헬리오스가 태양마차에 올라탔다. 태양마차가 하늘 꼭대기에 다다르면 헬리오스는 잠시 멈추어 주위를 둘러보는데 그 시간이 태양빛이 가장 뜨거운 정오다. 헬리오스의 신조神鳥는 수탉이다. 헬리오스가 동쪽에 나타나면 수탉은 목청껏 울어 태양마차의 출발을 알렸다. 코페르니쿠스의 지동설이 나오기 훨씬 전 신화의 세계이니 해가 동쪽에서 떠서 서쪽으로 지는 것을 이보다 적절하게 묘사할 수는 없을 것이다.

제우스는 사촌인 헬리오스를 무척 좋아해서 섬 하나를 선물했다. 헬리오스는 그 섬을 로도스라고 불렀다. 로도스는 그리스 남동쪽에 위치하고 있어 터키와 매우 가까운데, 헬레니즘 시대에는 각종 교육 시설이 밀집해 있었고 동지중해 교역의 중심지였다. 안티파트로스의 <세계 7대 불가사의>에는 기원전 300년경에 로도스의 수호신인 헬리오스에게 봉헌된 거상인 '로도스섬의 거대한 청동상'이 포함되어 있다. 안타깝게도 헬리오스상은 100년을 지탱하지 못하고 지진으로 무너져서 지금은 볼 수 없다.

제우스가 왕이 되면서 아들 아폴론이 태양신의 계보를 이었다. 가끔 헬리오스와 아폴론이 혼동되기도 하지만 정확하게 누구라고 따질 필요는 없다. 태양신을 오매불망하던 클리티아, 아버지가 태양신이라는 것을 등에 업고 오만방자하게 행동하던 파에톤을 기억하면 충분하다.

클리티아는 헬리오스를 사랑한 물의 요정으로 오케아노스와 테티스의 딸이다. 헬리오스도 처음엔 클리티아에게 관심을 가졌지만 얼마 지나지 않아 바빌론의 공주인 레우코데아를 사랑하게 되는 바람에 더 이상 그녀를 마음에 두지 않았다. 레우코데아에게 밀린 클리티아는 헬리오스를 뺏기지 않으려고 애를 썼지만 무심한 그를 돌이키지 못했다. 질투심에 분별력을 잃은 클리티아는 바빌론의 오르카모스왕을 찾아가 "딸의 행실이 좋지 못하다"며 레우코데아를 모함했다. 딸의 방종이 위대한 제국 바빌론의 명성에 오점을 남긴다는 이유로 오르카모스왕은 레우코데아의 해명은 들은 체도 않고 딸을 산 채로 매장했다.

클리티아는 레우코데아가 사라지면 헬리오스로부터 애정의 지분을 가질 것으로 기대했지만 현실은 그렇지 않았다. 헬리오스는 레우코데아가 매장된 곳으로 달려가 슬퍼하기만 했고, 레우코데아의 무덤 위에 암브로시아를 뿌리면서 못다한 사랑을 안타까워할 뿐이었다. 레우코데아가 묻힌 자리에서는 유향나무가 자랐고 유향은 아기 예수의 탄생을 축하하는 동방박사의 예물 중 하나가 될 만큼 신성하고 귀한 나무가 되었다.

상황이 예기치 않게 흘러가자 클리티아는 상심하여 아무것도 먹지도 않은 채 하루 종일 바위 위에 서서 황금마차를 타고 동쪽에서 서쪽으로 지나가는 헬리오스만 바라보았다. 망부석이 될 만큼의 시간이 흘러 클리티아의 다리는 땅 속에 박혀 뿌리가 되었고, 얼굴은 동쪽에서 서쪽으로 지나가는 헬리오스만 바라보는 헬리오트로프*Heliotrope*가 되었다. 헬리오트로프는 짙은 보라색을 띤 작고 예쁜 꽃인데 훗날해를 향하는 특성이 강렬한 해바라기로 대체되었다. 사실 해바라기는원산지가 멕시코라서 그리스에는 16세기에나 소개되지만 끝내 이루지 못한 클리티아의 안타까운 짝사랑은 해바라기의 이미지와 꼭 맞아떨어진다. 열심히 사랑하는 것만으로 모든 사랑이 완성되는 것은 아니지만 그 사랑이 방향을 잃지 않을 때는 아름다운 해바라기가 된다는 것으로 클리티아의 고독한 사랑을 위로하면 어떨까.

클리티아를 외면한 헬리오스는 오히려 클리티아의 동생 클리메네에게 더 관심이 있었고 심지어 클리메네와의 사이에서 많은 아이들을두었다. 그렇지만 정식으로 결혼을 한 것은 아니어서 클리메네는 혼자서 헬리오스의 아들 파에톤과 딸 다섯을 키웠다.

클리메네의 외아들 파에톤은 아버지를 본 적도 없지만 자신이 태양신 헬리오스의 아들임을 공공연하게 떠벌리고 다녔다. 친구 키크노스만이 파에톤을 지지해줄 뿐 어느 누구도 그의 말을 믿어주지 않고 허풍쟁이라고 놀리며 조롱했다. 친구들의 비웃음에 약이 오른 파에톤은 어머니에게 아버지가 헬리오스인 증거를 보여달라고 졸랐다. 클리메네는 아들에게 직접 아버지를 찾아가라고 했고, 파에톤은 아버지를 찾아 동쪽으로 향했다. 마치 고구려의 유리가 아버지 주몽을 찾아가듯이, 아테네의 영웅 테세우스가 아버지 아이게우스를 찾아가듯이. 어느덧, 파에톤은 동쪽 끝에 있는 헬리오스의 궁전에 이르렀다. 헬리오스는 주몽이나 아이게우스와는 달리 어떤 증표가 없어도 아들을 금방 알아본 것 같다. 그는 자신을 만나러 먼 길을 찾아온 아들을 흔연스럽게 맞이하며 어떤 소원이든지 들어주겠다고 했다. 영악한 파에톤은 아버지에게 먼저 스틱스강에 맹세하라고 했다.

자, 우리는 이미 스틱스강의 위력을 알고 있다. 조금 더 신중했다면 좋았겠지만 아들에게 무엇이라도 해주고 싶었던 헬리오스는 곧바로 스틱스강에 맹세했다. 파에톤의 소원을 들은 헬리오스는 천상의 옷을 입고 내려와달라는 세멜레의 소원을 듣고 기겁을 했던 제우스만큼이나 당황했다. 다름 아닌 태양마차를 직접 몰게 해달라는 것이었다. 헬리오스는 그것만은 안 된다고 손사래를 쳤지만 이미 스틱스강에 맹세한 후였다. 결국 운전면허증도 없는 풋내기 파에톤은 호기롭게 태양마차에 올랐다.

세발자전거도 처음 탈 때는 헛발질하기 마련이고, 아무리 자전거 타기에 능숙해도 원동기장치자전거는 운전면허가 있어야 탈 수 있다. 요즘 같은 자율주행 승용차도 아니고, 더군다나 백마를 조련해 보지도 않고 마차에 오를 생각을 하다니, 분별없는 파에톤의 질주의 끝은 불을 보듯 뻔하다. 마차는 고삐 풀린 망아지처럼 제멋대로 움직이기 시작했다. 마차가 폭주하기도 하고 하늘로 치솟기도 하자 인간 세상에는 혼란이 일어났다. 마차가 땅 가까이 내려가면 그 땅은 불바다가 되어 사람들의 피부와 머리카락을 까맣게 태워버렸고, 땅에서 멀어지면 그곳은 순식간에 얼어붙었다. 꼬리에 불이 붙은 들개마냥 천방지축 날뛰는 태양마차를 보고 분노한 제우스는 마차를 향해 번개를 날렸다. 번개를 피할 수 없었던 파에톤은 별똥별처럼 긴 불꽃의 꼬리를 그리며 에리다누스강에 추락했다.

파에톤이 죽자 강물에 흩어져 있을 아들의 유해를 찾으러 클리메네가 달려왔다. 키크노스도 친구를 찾기 위해 강물에 머리를 밀어넣기를 반복했다. 신들은 키크노스의 우정에 탄복하여 그를 아름다운 백조로 만들었는데, 지금도 백조는 강가에 살면서 겁 없이 물속에 머

장 카렐 반 에이크 <파에톤의 추락> 1649

리를 집어넣곤 한다. 결국 키크노스는 파에톤의 죽음을 슬퍼하다가 그를 따라 에리다누스강에 빠져 죽었다. 신들은 이번에도 그 우정을 기리어 밤하늘의 별자리로 만들어 주었다. 키크노스는 백조자리가 되어 은하수처럼 긴 에리다누스강 위를 날고 있다. 파에톤의 다섯 누이들도 모두 달려와 눈물을 흘리며 슬퍼했는데, 그들은 모두 강가의 포플러 나무가 되었고, 그들이 흘린 눈물은 강물에 떨어져 호박琥珀이 되었다.

요즘도 자신의 실력보다는 부모가 가진 권력을 자기 것처럼 휘두르며 호가호위狐假虎威하는 파에톤 같은 2세들이 벌인 사건사고와 관련된 뉴스를 종종 접하게 된다. 눈살을 찌푸리게 만드는 일은 비단 정치인이나 재벌에 국한된 문제는 아니다. 자신이 다루고 싶은 것이 일정 기간 수련을 하고 정당한 자격을 갖추어야 하는 것은 아닌지 마음을 삼가며 돌아보아야 한다. 운전을 할 때는 운전면허증이 필요하듯이 전문기술이 필요한 일은 반드시 면허증을 가진 자가 수행해야 한다. 면허免許라는 것은 일반인에게는 금지되어 있는 어떤 특정한 일을 할 수 있도록 행정기관이 허가하는 것이다. 글자 그대로 '금지된 일을 면제하여 허가한다'는 뜻이다.

국민의 안전과 생명을 최우선으로 생각해야 하기에 무면허 의료행위는 엄격하게 금지하고 있다. 이로 인한 피해는 고스란히 환자에게 돌아갈 수밖에 없다. 파에톤의 무면허 운전으로 인한 폐해로 어떤 대륙은 불바다가 되고 어떤 대륙은 얼음산이 되었듯이. 나쁜 의도는 아니었겠으나 자칫 참사를 낳을 수 있는 무면허 의료 행위를 근절할 수 있도록 자각과 감시를 소홀히해서는 안 되겠다.

\#세계 7대 불가사의   \#해바라기의 전설   \#백조자리   \#폭주족 퇴출
\#느그 아부지 모하시노   \#무면허운전자 집중단속   \#무면허시술 대량검거
\#뿌린 대로 거둔다

고혈압*Hypertension*은 혈압이 정상 범위(120/80mmHg)보다 높은 만성질환인데, 고혈압 상태가 계속되면 혈액 순환에 무리를 가져와서 심근경색, 협심증 등의 심장질환을 일으킬 수 있다.

일사병*Heliosis*과 햇빛공포증*Heliophobia*은 햇빛에 의해 발생하는 병적 장애인 일사성질환*Heliopathia*이다. 히포크라테스는 치료와 건강을 위해 햇빛을 활용하는 것을 일광요법*heliotherapy*이라고 했다. 해를 향한 향일성*heliotropism*, 태양분광기*helopscope* 등의 용어도 헬리오스에서 파생된 단어다.

안티파트로스*Antipatros*(BC 397-BC 319)는 필리포스 2세*Philippos II*(BC 382-BC 336)와 알렉산드로스 3세*Alexandros III*(BC 356-BC 323)를 보좌한 마케도니아 왕국의 장군이자 시인이다. 그가 지은 시에 고대의 '세계 7대 불가사의'가 언급된다. 이집트의 대피라미드, 바빌론의 공중정원, 알렉산드리아의 등대, 에페소스의 아르테미스 신전, 마우솔로스의 영묘, 올림피아의 제우스상, 로도스의 거상 등이다.

로마에서 태양은 솔*Sol*이고 달은 루나*Luna*다. 파라솔*parasol*은 햇빛을 피한다는 뜻이고, 일광욕을 위해 벽을 유리로 만든 공간을 일광욕실*solarium*이라고 한다. 정신병동을 무대로 한 루나틱*Lunatic*이라는 뮤지컬의 제목은 '미치광이'라는 뜻이다. 고대인들은 사람들이 기괴한 행동을 하는 이유가 달의 영향이라고 생각했다.

어린 시절 성장과정에서 겪은 애정 결핍으로 지나치게 부모나 주변 사람들에게 인정받고 싶어하는 강박증을 파에톤 콤플렉스*Phaethon complex*라고 한다. 이런 사람들은 소심한 성격을 보이면서도 충동적인 애정욕구가 있고 조바심으로 인해 자기파괴에 이르기도 한다.

chapter **2**
올림포스 주신

11. 있는 모습 그대로 사랑하라

제우스 • 헤라 • 레다 • 가니메데스

    그리스 신화는 서양의 문화를 이해하기 위한 첫걸음이자 예술의 깊이를 더하기 위한 필독서임에도 불구하고 아이들에게 읽히기가 조심스럽다. 정의롭고 용감한 영웅과 지고지순한 사랑과 우정에 대한 기대가 무색하게 폭력과 패륜이 난무한다. <그리스 신화 죽이기>를 쓴 박홍규 교수는 그리스 신화는 남성 중심 가부장사회의 기록이며 제국주의적인 성격을 노골적으로 드러낸다고 비판하면서 그리스 신화를 절대로 읽지 말라고까지 한다. 아닌 게 아니라 윤리나 도덕을 찾아보기는 어렵다. 심지어 권선징악勸善懲惡의 교훈도 없다.

    홀로그램적인 발상의 천지창조로 시작하여 개연성과 설득력이 부족한 신들의 전쟁이 뒤를 잇는다. 목적 달성을 위해서라면 야비한 변신도 당연하고, 부모됨의 준비가 되어 있지 않은 상태에서 자식을 낳고, 자식의 외양이 흉측하다 하여 매몰차게 내친다. 지옥불에 떨어져야 마땅한 이들이 엘리시온 같은 낙원에서 뻔뻔스럽게 지내기도 한다. 불사의 생명을 가지기 때문에 죽음에 대한 두려움이 없어 신들에게 전쟁은 체스 게임과 다름없겠으나 권력쟁취를 위해서는 파멸을 불사한 전쟁을 일으키기도 한다.

    사랑은 또 어떤가. 그 시작이 언제인지 분명하게 의식하지 못한 채

일단 빠져버리면 서로의 일상을 간섭하고, 안 하던 짓을 하거나 하던 짓을 안 하게 되는, 많은 '처음'을 경험하는 것이 사랑일진데, 그리스 신들의 사랑은 그런 설렘과 그리움을 생략하고 격정과 탐닉으로 점철되어 있다. 욕망을 사랑으로 치환하는 파렴치함, 상식이나 통념으로 이해되지 않는 비루한 질투와 집착, 파멸에 이르는 애증의 민낯을 드러내는 신들의 사랑에서 품위를 찾아보기는 어렵다.

그렇다고 해서 그리스 신화가 무조건 외면해야 할 대상은 아니다. 신화는 인간의 역사와 별반 다르지 않은 사랑과 전쟁의 기록이다. 신화 속 이야기를 자신의 가치관에 따라 재해석하고 선택적으로 수용한다면 충분히 흥미롭고 유익한 의미를 찾을 수 있다. 태초의 신들의 전쟁이야기는 이미 살펴보았으니 이제 사랑을 중심으로 올림포스 주신들의 이야기를 살펴보자.

소설가 이승우는 <사랑의 생애>에서 사랑은 기생충이라고 했다. 사랑은 부지불식간에 인간의 몸에 침투하고, 사랑의 숙주가 된 남녀는 사랑이 그 생을 다할 때까지 이리 휩쓸리고 저리 휩쓸리면서 살 수밖에 없다. 이승우의 사랑에 대한 정의가 제우스의 바람기를 변명해줄 수 있을지 모르겠지만, 신과 인간, 님프를 가리지 않고 총 57명과 관계를 맺은 제우스는 카사노바다. 인간 세계에서는 가당치도 않을 근친상간이 비일비재했고, 일단 찜한 여인이라면 남편의 존재 여부는 염려거리조차 되지 않았다. 지나간 사랑을 봉인하는 재주가 탁월한 제우스는 이전의 연인은 잊고 다음 상대를 차지하기 위해 맞춤형 변신의 기회를 엿보았다. 오죽하면 오비디우스는 <변신 이야기>라는 제목으로 제우스의 변신을 폭로했겠는가.

헤라를 꾀어낼 때는 비에 흠뻑 젖은 처량한 뻐꾸기 코스프레를 했다. 헤라도 결혼 전에는 순수한 마음을 가진 청순가련형의 여신이었던지라 비 맞은 뻐꾸기를 가엾게 여기고 아무런 의심도 없이 품에 안고 방으로 데리고 왔는데 그 순간 제우스는 본색을 드러냈다. 헤라는 처음엔 강하게 저항했으나 정실부인의 자리를 인정받기로 한 뒤 제우스의 아내가 되었다. 하지만 아무리 여신이라도 "나의 연인이 남과 함께 즐거워한다고 질투하지 말고 그의 기쁨이라 여겨 함께 기뻐하라"는 만해 한용운의 <인연설> 경지에 이를 수는 없다. 소크라테스의 아내 크산티페가 악처의 아이콘이 되었듯이 바람둥이 제우스의 아내로 마음고생이 많았을 헤라가 질투의 화신으로 불리게 된 것은 당연해 보인다.

알랭 드 보통은 <낭만적 연애와 그 후의 일상>에서 마음의 울림에 따라 이끌린 두 남녀가 지극히 낭만적인 사건으로 여겼던 순간들 즉, "무언의 직관, 순간적인 갈망, 영혼의 짝에 대한 믿음" 같은 것들은 두 사람의 관계를 유지하는 데 오히려 방해가 된다고 했다. 부부의 연을 맺은 이후에는 가슴 떨리는 낭만적인 시간보다는 치열하고 가혹한 현실의 고통으로 불만과 후회, 번민의 시간이 찾아오기 마련이다. 알랭 드 보통이 중년 부부의 삶에서 통찰한 것처럼 헤라는 제우스의 바람기로 인한 상처를 극복하고 동료애로 살아가야 했다.

스파르타의 왕 틴다레오스의 아름답고 정숙한 부인 레다를 정복하기 위해 제우스는 헤라를 유혹했던 수법으로 접근했다. 호시탐탐 기회를 노리던 중 레다가 물놀이를 하고 있을 때 백조로 변해서 물속으로 뛰어들었던 것이다. 깜짝 놀란 레다가 하늘을 보니 독수리가 주변을 돌면서 백조를 위협하고 있었다. 아름다운 얼굴만큼 마음도 고왔던 레다는 궁지에 몰린 백조를 감싸안고 궁전으로 들어갔다. 독수리는 제우스의 부탁을 받아 변신한 헤르메스였다. 충실한 헤르메스의 협조로 레다를 품에 안은 제우스는 만족스러운 시간을 보냈다. 열 달이 지나자 레다는 커다란 두 개의 알을 낳았다. 아무리 백조로 변신했기로서니 유전학적으로나 생리학적으로 포유류인 인간이 알을 낳는 것은 불가능하지만 태생부터 비범했음을 강조하는 난생설화는 동서양에서 공통적으로 나타난다. 레다가 낳은 두 알은 각각 제우스와 틴다레오스의 씨앗이어서, 제우스의 알에서는 헬레나와 폴리데우케스가, 틴다레오스의 알에서는 카스트로와 클리타임네스트라가 태어났다. 남자 아이들의 이름은 이내 잊혔지만 여자 아이들은 트로이아 전쟁과 엮이면서 그리스 신화에서 한 획을 긋는 인물이 되었다.

제우스는 여신이나 여인, 님프 등 여성만 공략했던 것은 아니다. 뻐꾸기, 백조에 이어 조류로서는 세 번째인 독수리로 변신해서 아름다

가브리엘 페리에르 <가니메데스의 납치> 1874

운 청년 가니메데스를 납치하기도 했다. 아름다운 소년, 미소년을 뜻하는 단어는 카타밋*catamite*인데, 발음이 가니메데스와 많이 닮았다.

　가니메데스가 사냥 후 목이 말라 물을 마시려고 연못에 엎드렸을 때 짧은 키톤 사이로 드러난 근육질의 허벅지가 제우스의 눈길을 사로잡았다. 가니메데스의 꿀벅지에 반한 제우스는 변신 본능을 발휘하여 거대한 독수리로 모습을 바꾼 뒤 가니메데스를 낚아챘다. 독수리의 발끝에 매달려 올림포스 신전까지 올라간 가니메데스는 암브로시아와 넥타르를 관리하는 일을 맡게 되었다. 원래 올림포스 신전에서 신들에게 술을 따르는 것은 청춘의 여신 헤베의 임무였는데 헤베가 헤라클레스와 결혼해서 마침 그 자리가 비어 있던 참이었다. 가니메데스가 술을 따르는 모습이 어찌나 아름다웠는지 제우스는 훗날 물병자리의 별로 영원히 남겨두었다.

　제우스의 가니메데스에 대한 특별함은 남색男色이라기보다는 고대 그리스에서 어린 남자를 애인으로 두는 것에 거부감이 없었던 시대상을 반영한 것으로 볼 수 있다. 그리스에서는 건장하고 능력 있는 남자가 미소년을 애인으로 두는 것이 미덕이었다. 지혜로운 철학자가 젊은 청년에게 자신의 지혜를 전수하는 것은 기쁨이자 소임이기도 했다. 흔히 플라토닉 러브*platonic love*라고 이야기하는 것이 이것이다. 고대 그리스 철학자 소크라테스에게도 그를 따르는 미소년들이 많았다. 잘 알려진 소크라테스의 연인 알키비아데스는 당대 철학자들이 모여 토론을 하는 심포지엄에 소크라테스와 함께했었다. 플라톤의 <향연 *Symposium*>은 일곱 명의 철학자가 그리스 희곡경연대회에서 1등을 한 아가톤의 집에 모여 소크라테스를 중심으로 '사랑'에 대해 토론한 내용을 기록한 것이다. 작품을 보면 알키비아데스와 아가톤은 서로 소크라테스의 옆자리에 앉기 위해 묘한 신경전을 벌이며 소크라테스의 애제자임을 인정받으려 한다.

<향연>에서 가장 재미있는 대목은 뮤지컬 <헤드윅>에서도 소개된 아리스토파네스의 가설이다. 아리스토파네스는 원래 인간은 여자-여자, 남자-남자, 여자-남자의 한몸이었다고 주장한다. 서로 등을 맞대고 붙어 있는 형상으로 커다란 술통처럼 땅위를 굴러다녔다. 당시의 인간들은 한번에 주위를 다 볼 수 있고, 읽으면서 말할 수 있고, 생각과 동시에 행동할 수 있어서 스스로 완전하다고 여겼다. 그러다보니 더 이상 신들에게 제사를 지내지 않았다. 이에 분노한 제우스가 번개를 던져 한몸인 인간을 둘로 나누었는데, 그때부터 인간은 잃어버린 반쪽을 되찾아 완전체로서 예전의 힘과 스스로 번식할 수 있는 사랑을 하고자 했다. 그것이 사랑의 기원*The Origin of Love*이다.

그나저나 사랑을 위한 신들의 변신은 무죄일까? 그 변신이 과연 사랑을 향한 것이었을까? 욕망하는 것을 사랑한다고 착각한 것은 아닐까? 욕망이 충족되고 나면 더 이상 욕망하지 않듯이, 사랑이 아니라 욕망이었다면 더 이상 상대를 돌보지 않는다. 심지어 상대의 상처를 보듬을 의지도 없다. 그래서 바람둥이는 지탄받는 것이다. 그리스 신들의 변신이 안타까운 것은 진정한 사랑의 행태는 아니라는 것이다. 있는 그대로의 서로를 사랑한다면 변신할 이유가 없지 않은가?

그리스 신화에 나타나는 비윤리적인 요소에 대한 지적에는 여전히 자유롭지 않으나, 신들의 변신 현장을 살피며 반면교사反面教師로 삼기로 하고 올림포스 주신들의 흥미진진한 이야기를 들어보자.

"두 개의 바위틈을 지나 청춘을 찾은 뱀과 같이……

인생은 외롭지도 않고 거저 잡지의 표지처럼 통속하거늘……."

박인환의 <목마와 숙녀>의 한 줄을 슬쩍 인용하며, 허물을 벗고 무엇으로든 변신하는 제우스의 옆에서 통속적인 웃음을 준비하자.

#그리스 신화 살리기 #신들의 변신은 무죄 #내로남불 #난생설화 #물병자리
#어디로 갔을까 나의 반쪽은 #헤드윅 #사랑의 기원 #목마와 숙녀

그리스에서는 신들의 전쟁을 승리로 이끌고 올림포스에 근거를 마련한 제우스와 존재감이 확실한 12명의 신을 올림포스의 12주신主神이라고 하여 신전을 짓고 제사를 지내며 숭배했다. 12라는 숫자를 매우 중요하게 생각한 그리스에서는 12명의 신을 '도데카테온Dodecatheon'이라고 불렀는데 도데카dodeca는 12를, 테온theon은 신을 의미한다. 판테온Pan-Theon은 '모든 신'이라는 의미다.

 도데카테온은 제우스 세대와 그 자녀 세대로 이루어지는데, 제우스의 형제자매인 헤스티아, 데메테르, 헤라, 하데스, 포세이돈, 그리고 제우스의 자녀인 아폴론과 아르테미스, 아레스와 헤파이스토스, 아테나와 아프로디테, 헤르메스 등이다. 기록에 따라 도데카테온의 명단은 달라지기도 해서 저승의 신 하데스나 화로의 여신 헤스티아가 빠지는 대신 술의 신 디오니소스가 들어가기도 하고, 올림포스 신전에 살지 않는 바다의 신 포세이돈이나 곡물과 수확의 여신 데메테르가 제외되기도 한다.

 고대 그리스 철학자 플라톤Plato(BC 428-BC 348)이 저술한 <향연>의 원제는 심포지엄symposium인데, 심포지엄은 하나의 주제를 두고 전문가들이 자신의 생각을 발표하고 함께 토론하는 장이다. 비슷한 학술대회로는 컨퍼런스나 포럼, 워크숍, 세미나 등이 있다. 컨퍼런스conference는 굳이 하나의 주제에 얽매이지 않아도 된다. 다양한 주제를 내놓고 자신이 관심 있는 주제를 찾아가서 토의하는 큰 학술대회를 컨퍼런스라고 한다. 포럼forum은 패널들이 무대에 나와 주제 발표를 하고 청중과 토론하는 형태이다. 세미나seminar는 소그룹으로 모여 하나의 주제를 집중적으로 논의하는 것이며, 워크숍workshop은 참가자들이 자주적으로 운영하고 활동하는 집회로 '연수'라고도 부르며 어떤 형태로든 결과물이 나와야 한다.

12. 지혜는 유전되지 않는다

아테나 • 메티스 • 헤파이스토스 • 포세이돈

1970년대 중반, 또래의 아이들을 흑백 TV 앞으로 불러 모으던 인기 프로그램이 있었으니 <부리부리 박사>다. "도토리 세 알에다 장미꽃 한 송이, 달님 속 계수나무 별똥별 하나"로 못 만드는 게 없었던 부리부리 박사는 부엉이였다. 부엉이의 모습이 학사모를 쓴 것과 흡사하니 학자나 발명가의 상징이라고 해도 어색하지 않다. 게다가 독일철학자 헤겔의 <법철학> 서문, "미네르바의 부엉이는 황혼이 짙어지자 날기 시작한다"에 등장할 만큼 부엉이는 지적이고 고상한 동물이다. 여기에서 미네르바의 부엉이는 '지혜'로 등치되어, 이 문장은 어떤사건이 일어난 후 어느 정도 마무리가 되어서야 그 현상이 품고 있는철학적인 의미와 지혜를 파악할 수 있다는 뜻이다.

미네르바는 로마 신화에서 지혜의 여신이고, 그리스 신화에서는아테나다. 원래 아테나의 신조神鳥는 까마귀였는데, 처녀신인 아테나의 비밀을 누설한 덕분에 그 위상을 상실하게 되었다. 사연인즉, 아프로디테와의 결혼생활이 원만하지 않았던 헤파이스토스가 포세이돈의 부추김에 떠밀려 아테나를 겁탈하려다가 실패하고 그녀 앞에서 그만 정액을 쏟아버렸다. 땅에 떨어진 헤파이스토스의 정액은 대지로스며들어 그곳에서 에릭토니오스가 태어났고, 이 아이를 아테나가 거두었다는 것이다. 아테나가 출산을 한 것도 아니고 혈혈단신으로 태어난 에릭토니오스를 딱하게 여겨 아티카의 왕에게 보내어 몰래 키우게 했던 것인데, 소문이라는 것은 광대의 옷을 덧입는 것처럼 기묘하게 변하기 마련이다. 진위에 상관없이 올림포스에는 헤파이스토스와 아테나의 불륜설이 나돌았다. 물론 아테나가 이를 묵인했을 리가 없다. 아테나는 최초의 발설자 까마귀를 여신의 새에서 퇴출시켰다. 동양에서는 삼족오三足烏로 불리며 태양 속에 사는 신령한 동물로 여겨지는 까마귀가 서양에서는 부엉이에게 그 귀한 자리를 내어주었으니 까마귀 체면이 말이 아니다.

아테네를 방문한다면 지역 곳곳에서 만나게 될 아테나의 신조는 부엉이라기보다는 올빼미에 가깝다는 것을 알게 될 것이다. 눈 위쪽으로 각이 진 뿔깃이 달려 있어야 부엉이인데, 아테네에서 확인하게 되는 신조는 머리를 올백으로 넘긴 올빼미다. 사실 부엉이든 올빼미든 크게 중요하진 않다. 둘 다 밤눈이 밝아 어두운 곳에서도 사물을 명확하게 파악하는 야행성 맹금류이기 때문에 어두운 무지의 세계에서 목표를 알고 정확하게 나아가는 지혜를 상징한다.

이제 까마귀의 신조 진위에 대한 논쟁은 그만하고 지혜의 여신 아테나의 탄생을 살펴보자. 크레타섬에서 성장한 제우스가 크로노스가 삼킨 형제들을 구할 방법을 찾기 위해 고모인 메티스에게 도움을 청했다는 사실을 기억할 것이다. 제우스는 메티스가 조제해 준 구토제를 크로노스에게 먹여 형제들을 토해내게 했다. 그 사건 이후 제우스는 헤라에 앞서 메티스를 첫 아내로 맞이했다. 그런데 가이아는 "메티스가 낳은 아들이 아버지를 뛰어넘게 될 것"이라고 예언했고, 프로메테우스도 제우스에게 같은 이야기를 들려주었다. 이 예언이 항상 거슬렸던 제우스는 메티스가 아이를 낳도록 내버려두어서는 안 되겠다고 생각했다. 그래서 아버지 크로노스가 그랬던 것처럼 메티스를 삼켜버리기로 했다. 이런 걸 부전자전이라고 해야 할까?

치밀한 계산과 기획을 끝낸 제우스는 메티스에게 다양한 변신으로 천상의 망중한을 즐겨보자고 제안했다. 알콩달콩 변신놀이가 어느새 경쟁을 하는 지경에 이르자 변신만큼은 누구에게도 뒤지지 않음을 과시하고 싶어진 메티스는 얼마나 작은 동물로 변신할 수 있느냐는 항목에서 그런 정도는 문제도 아니라는 듯 파리로 변신했다. 그 순간을 노렸던 제우스는 메티스를 단숨에 삼켜버렸다. 신들 중에서 가장 지혜로운 여신이었던 메티스를 삼킨 덕분에 제우스는 더욱 지혜로워졌지만 속수무책으로 당한 메티스는 제우스의 뱃속에 갇히게 되었다. 그런데 어쩌랴, 메티스는 이미 임신한 상태였다.

몇 달이나 지났을까, 머리가 깨질 듯이 아팠던 제우스는 헤파이스토스에게 머리를 좀 열어달라고 요청했다. 머리가 얼마나 아프면 도

르네 앙투안 우아스 <아테나의 탄생> 1688

끼로 찍어서 열어달라고까지 했을까? 현대의학으로는 두개골을 절개하고 뇌를 노출시켜서 뇌조직을 진단하거나 수술하는 것이 가능하지만, 그런 기술이 없었을 태고가 아닌가? 그러나 걱정할 일은 아니다. 영생불사의 신은 머리가 깨진들 죽지 않는다. 부탁을 받은 헤파이스토스는 마취도 시행하지 않고 도끼로 제우스의 머리를 단번에 내리쳤다. 머리가 열리자 완전 무장을 한 여신이 튀어나왔다. 바로 메티스를 닮아 지혜의 신이라 불릴 만큼 현명한 아테나다.

아무리 금슬이 좋은 부부라도 자녀의 교육에 대해서는 의견 충돌이 일어날 때가 있다. 아이의 성적표를 확인하며 서로 '나를 닮아 머리가 좋네', '당신을 닮아 머리가 나쁘네' 주장하는데, 그리스 신화를 보면 이런 언쟁은 부질없다. 지혜의 여신 아테나가 어머니에게서 나와 아버지의 머리를 뚫고 태어났으므로 지혜는 어머니와 아버지 모두에게서 나왔다고 할 수 있다. 부모 모두 지혜의 출현에 관여한 것이므로 부모 중 어느 한 쪽의 영향이 우세하다고 할 수 없다.

자녀세대가 부모세대를 닮는 현상을 유전이라고 한다. 난자와 정자가 수정 후 세포분열 과정에서 유전 정보가 있는 DNA를 복제하여 자손에게 넘겨준다. 유전학이 발전할수록 유전자가 많은 역할을 한다는 것이 밝혀지고 있지만 난자와 정자 어느 한쪽의 유전자를 더 많이 받는 것은 아니고, 유전자가 모든 특성을 결정짓는 것도 아니다. 환경과 교육에 의해서도 많은 영향을 받기 때문에 자녀가 지혜롭고 좋은 인성을 갖출 수 있도록 부모가 함께 노력해야 한다.

아테나는 지혜의 여신이자 전쟁의 여신이며, 태어날 때부터 영원히 순결을 지키기로 스틱스강에 맹세한 처녀신이다. 이처럼 냉철하고 이지적인 여신 아테나에게 말랑말랑한 사랑 따위는 없어 보이지만 포세이돈 앞에서는 흔들렸다. 아테나는 조심스럽게 사모하는 마음을 내비쳤으나 포세이돈은 아테나의 감정을 짐짓 모른 체했다. 원래 성품이 거친 편이었던 포세이돈은 포기를 모르는 성격이었다. 마음에 두었던 바다의 님프 암피트리테가 바닷가 바위에 숨어버리자 세상 끝까지 쫓아가서라도 찾겠다는 신념으로 돌고래를 앞세워 기어이 그녀를 찾아 청혼했으니 말이다. 포세이돈은 어렵게 사랑을 이룬 암피트리테에게 완전히 빠져 있었고 그녀에게서 아들 트리톤과 세 딸까지 둔 상태였다. 그러니 아테나에게는 어떤 여지도 주지 않았고 심지어 헤파이스토스를 꾀어 아테나를 겁탈하라고 종용도 했던 것이다.

포세이돈은 아테나를 완전히 단념시킬 요량으로 흰 말로 변신하여 아테나 신전에서 메두사와 사랑을 나누기도 했다. 심한 모욕감을 느낀 아테나는 메두사의 머리카락을 뱀으로 만들고 멧돼지의 이빨, 튀어나온 눈, 뱀의 혀, 비늘로 덮인 목, 청동의 손으로 바꾸고 황금 날개를 달았다. 이에 메두사는 헤스페리데스의 정원으로 도망가서 살게 되었다. 자신의 참담함을 메두사에게 분풀이하는 모양새가 처녀신의 품위를 훼손시키긴 하지만 사랑을 잃은 처지에 품위 따위가 무슨 소용이랴. 포세이돈을 마음에 두었으나 그에게서 철저히 외면당한 아테나는 그 사랑을 그리스 사람들에게로 집중시켰다. 현재 그리스의 수도가 아테네임을 보더라도 아테나는 그리스를 대표하는 신이라고 해도 무방할 만큼 그 입지를 알 수 있다.

아테네는 처음에는 뚜렷한 특징이나 이름이 없는 작은 마을이었다. 마을 사람들은 아테나를 수호신으로 삼을지 포세이돈을 수호신으로 삼을지 논쟁을 벌였다. 아테나와 포세이돈간의 묘한 기류로 인한 마찰은 마을 사람들의 환심을 사려는 자존심을 건 싸움으로 확대되었다. 사람들의 선택을 받기 위해 아테나는 올리브 나무를, 포세이돈은 말을 주겠다고 공약했다.(포세이돈이 제시한 선물은 확실하지가 않아서 샘 혹은 바닷물이라고도 한다.) 마을 사람들은 숙고한 끝에 올리브 나무를 선택했는데, 나무에서 올리브 열매를 수확할 수도 있고, 민둥산을 푸른 숲으로 만들 수도 있으니 확실히 지혜로운 선택이었던 것 같다. 그렇게 해서 마을의 이름도 아테네가 되었다. 하지만 포세이돈은 승복하지 않고 화풀이로 커다란 해일을 일으켜 아테네 연안의 엘레우시스 벌판을 쓸어버렸다. 그러고도 쉽게 마음을 풀지 않자, 제우스가 나서서 포세이돈을 달랬고, 결국 아테네에서는 번갈아가며 아테나와 포세이돈에게 제사를 지내기로 합의하였다.

아테네의 중심 아크로폴리스에는 기둥 끝이 양머리처럼 말린 이오니아 양식의 파르테논 신전이 있다. 파르테논 신전 옆에는 아테나 니케 제단이 있고 제단 주변에는 올리브 나무가 지천으로 심어져 있다. 니케 제단은 페르시아 전쟁 때 그리스에게 승리를 안겨준 아테나 여신에게 감사하며 지은 신전이다. 아테나 니케라고 부르는 것은 아테나 여신이 승리와 함께 한다는 의미일 뿐 스틱스의 딸인 니케 신을 지칭하는 것은 아니다.

제우스는 사리분별력이 뛰어나고 함부로 분노하는 법이 없고 냉정하리만치 평정심을 유지하는 얼음공주 아테나를 총애했다. 그러나 이는 표면적인 이유이고 내심 메티스가 낳은 아이가 아들이 아니라 딸이라서 안도한 것이라는 해석도 있다. 아무려나 지혜와 용기로 무장한 전쟁의 여신 아테나가 지향한 것은 평화였다. 폭력이 난무하는 시대에 지적이고 침착한 아테나가 돋보이는 이유를 찾는 것은 어렵지 않다.

#까마귀는 원래 하얗다   #미네르바의 부엉이   #지혜의 유전자   #얼음공주
#철벽남 포세이돈   #의문의 1패 메두사   #올리브나무   #마라톤의 기원
#페르시아 전쟁   # 파르테논 신전

두통headache은 머리 부분에 발생하는 통증을 일컫는데 과로나 피로, 스트레스나 심리적인 문제로 유발될 수 있다. 두통의 원인이 머리인지(원발성), 아니면 다른 원인이 있는지(속발성) 구분하여 원인을 파악하고 원인을 제거하는 치료가 적용되어야 한다. 속발성의 경우 뇌수막염과 같은 감염이나 뇌출혈과 같은 혈관성 질환이나 혹은 뇌종양이 원인일 수도 있다.

아테나가 가지고 다니는 방패 아이기스Aegis는 헤파이스토스가 제작했는데, 제우스가 아테나에게 주기 위해 특별주문했다고도 하고, 아테나의 탄생 과정을 지켜보던 헤파이스토스가 아테나에게 반해 선물로 주었다고도 한다. 훗날 아테나는 페르세우스에게 아이기스를 빌려주었고 페르세우스가 메두사를 처치한 후 메두사의 머리를 아이기스에 붙여 누구나 두려워하는 강력한 무기가 되었다. 고성능 레이더와 대공미사일을 갖춘 통합전투체계를 이지스 시스템Aegis system이라고 한다. 우리나라는 2009년에 세계에서 한 손 안에 꼽히는 이지스 함대를 보유하게 되었다.

페르시아 전쟁Greco-Persian Wars(BC 492-BC 448)은 기원전 5세기에 그리스 연합군과 페르시아 제국이 3차에 걸쳐 치른 전쟁이다. 페르시아 전쟁 중에 일어난 마라톤 전투Battle of Marathon(BC 490)에서 그리스가 대군 페르시아를 이겼다는 소식을 전하기 위해 그리스 병사 페이디피데스가 당시의 중심 도시였던 아테네까지 42km를 한 달음에 달려왔다는 데서 마라톤 경기가 유래한 것도 잘 알려져 있다. 페르시아의 후예인 이란에서는 마라톤 전투의 치욕을 잊지 않아 1974년 테헤란 아시안게임에서 마라톤 종목을 제외했다.

13. 낳으시고 기르심에 감사하라

아폴론 • 아르테미스 • 레토 • 니오베

　우리나라 민담의 해님달님, 북유럽 신화의 솔과 마니처럼 그리스 신화에도 해와 달은 오누이다. 헬리오스와 셀레네가 해와 달을 관장했지만 제우스가 올림포스를 다스리게 되면서 아폴론과 아르테미스가 해와 달의 주도권을 가지게 되었다.

　아폴론과 아르테미스는 쌍둥이 남매다. 아폴론이 오빠라고도 하고 아르테미스가 누나라고도 하는데, 아르테미스가 출산의 여신이라는 점을 떠올리면 아르테미스가 누나라는 설정이 더 그럴직하다. 아르테미스는 어머니 레토에게서 먼저 태어나 순식간에 소녀로 성장해서 동생 아폴론이 태어나는 것을 도운 후 평생 독신으로 사는 처녀의 신이자 출산의 신이다. 레토는 티탄신인 코이오스와 포이베의 딸이고 별의 여신인 아스테리아와는 쌍둥이 자매다. 제우스가 레토를 아내로 삼게 된 이야기는 잘 알려져 있지 않지만 레토가 아폴론과 아르테미스를 낳는 출산의 과정은 무척 유명하다.

　레토가 제우스의 아이를 임신했다는 사실을 알게 된 헤라는 온갖 방법을 동원해서 레토의 출산을 방해했다. 더군다나 "레토의 자녀가 헤라가 낳은 아이들보다 더 위대해진다"는 신탁을 들었던 터라 괴물

뱀 피톤에게 레토를 공격하도록 사주했다. 헤라의 지령이 아니더라도 피톤은 자신에게 내려진 "제우스의 아들에게 죽임을 당할 것"이라는 신탁을 알고 있었기 때문에 레토의 출산을 막으려고 했다. "누구든지 레토에게 출산할 땅을 제공하면 태양 아래 드러난 그 땅은 물바다로 만들어버리겠다"고 헤라가 호통친 탓에 레토는 해산일이 다가왔는데도 출산할 장소를 구하지 못했다. 제우스는 폭풍의 신 보레아스를 시켜서 출산이 임박한 레토를 오르티기아로 데려가게 했다. 오르티기아는 아스테리아가 몸을 던진 바다에서 솟아오른 섬이다.

사실 제우스는 레토뿐만 아니라 레토의 쌍둥이 동생 아스테리아도 유혹했었다. 아스테리아는 쉽게 넘어가지 않은데다 변신의 재주도 있어서 제우스가 가까이 오면 메추라기로 변해서 달아나곤 했다. 그때마다 제우스는 메추라기를 낚아채기 위해 독수리로 변신했는데, 더이상 제우스의 손아귀에서 벗어나기 어렵다고 생각한 아스테리아는 메추라기의 모습으로 바다로 뛰어들었다. 그리고 그 자리에서 섬이 솟아올랐는데 '메추라기 섬'이라는 뜻의 오르티기아다. 오르티기아는 <천공의 성 라퓨타>처럼 고정되어 있지 않고 바다 위를 떠다녔다.

아스테리아도 헤라의 서슬 퍼런 엄포에 물바다가 될 것이 두려웠으나 언니 레토의 일인지라 조카의 탄생을 기꺼이 돕기로 했다. 뿐만 아니라 테미스 여신의 부탁을 받은 포세이돈이 커다란 파도로 벽을 만들어 오르티기아에 햇빛이 들지 않게 해줌으로써 명목상으로는 헤라가 명시한 태양 아래 드러난 땅의 모양새를 피할 수 있었다.

레토의 출산은 에일레이티이아가 맡을 예정이었다. 에일레이티이아는 제우스와 헤라의 딸인데 그 이름은 '고통을 없애주다'라는 뜻으로 아르테미스가 태어나기 전까지 출산을 관장하고 있었다. 오르티기아에 자리를 잡은 레토가 분만을 시작하자 이번에도 헤라는 온갖 협박과 회유로 에일레이티이아를 막았다. 이 때문에 레토는 무려 7일 동안이나 진통을 겪어야 했다. 건강한 여성이라면 출산에 이르는 진통의 시간이 초산모의 경우 보통 12-18시간, 경산모인 경우 6-8시간 정도이다. 그런데 7일간의 진통이라니, 이를 안타깝게 여긴 테미스는 무지개 여신 이리스를 불렀다. 이리스는 황금날개를 달고 하늘에서 지상으로 내려와 제우스와 헤라의 뜻을 인간에게 전달한다. 이리스는 에일레이티이아에게 금과 호박으로 만든 목걸이를 뇌물로 주면서 레토의 출산을 돕도록 부탁했고, 에일레이티이아는 마침내 산파가 되기로 결단했다. 에일레이티이아가 도착하자 제우스는 섬을 고정시켰고 레토는 무사히 아르테미스와 아폴론을 낳았다. 레토의 고통을 없애준 출산의 여신 에일레이티이아는 로마 신화에서 '빛을 가져다주다'라는 뜻을 가진 출산의 여신 루키나*Lucina*로 불렀다. 지역마다 루시나 산부인과가 유난히 많은 이유를 짐작할 수 있으리라.

마르칸토니오 프란체스키니 <아폴론과 아르테미스의 탄생> 1692-1709

더 이상 물위를 떠다니지 않게 된 오르티기아는 이때부터 델로스로 불렀다. 델로스는 '빛나는 섬'이라는 뜻이다. 해와 달이 모두 이곳에서 태어났으니 그보다 더 빛나는 섬은 없을 것이다. 델로스는 에게해에서 가장 작은 섬이지만 그리스인이 가장 사랑하는 신인 아폴론이 탄생한 곳이라 매우 신성하게 여긴다. 델로스는 오랫동안 국제 정치와 무역의 허브가 되었는데, 예를 들어 기원전 5세기에 페르시아의 반복되는 습격에 대비하여 아테네를 중심으로 에게해의 여러 도시국가가 결성한 델로스 동맹*Delian League*(BC 478)도 이곳에서 이루어졌다. 현재는 사람이 살지 않는 무인도지만 미코노스에서 배를 타고 30분 거리이기 때문에 관광객의 발길이 끊이지 않는다. 수년 전 델로스를 방문했던 때에는 바람이 몹시 불었는데 거친 바람 속에도 아폴론 신전과 고대 부호들의 집터, 아고라 광장과 원형극장에 이르기까지 찬란했던 고대 도시의 위용은 흔들림이 없었다.

아폴론은 태어나자마자 어머니 레토의 한을 풀어주기 위해 제우스에게 무기를 달라고 졸랐다. 제우스는 아폴론이 태어난 지 나흘이 지나자 황금 왕관, 리라, 그리고 백조가 끄는 마차를 주었다. 효심이 남다른 아폴론은 이내 마차를 몰아 델포이로 향했고, 임신 중인 레토를 무던히도 괴롭혔던 피톤을 처단했다. 피톤은 대지의 여신 가이아가 혼자 낳은 자식인데, 데우칼리온과 피라의 대홍수에서도 살아남아 진흙에서 기어나왔다. 가이아는 피톤으로 하여금 델포이에 가서 신탁을 내리도록 했고 아폴론에게 처단당할 때까지 사제로서의 역할을 했다. 델포이의 옛 이름이 '피토'인 것도 피톤에서 비롯되었다. 피톤을 처단한 아폴론은 피톤이 지키던 가이아의 신전을 차지하고, 피톤 대신에 그의 아내였던 암컷 뱀 피티아를 여인으로 탄생시켜 신녀가 되게 했다. 이후 고대 그리스인들은 어떤 중요한 결정을 해야 할 때는 델포이에 가서 피

존 코일러 <피티아의 여사제> 1891

티아를 통해 아폴론의 신탁을 받았다. 파르나소스산 아래에 위치한 델포이에는 유황가스가 배출되고 있어서 실제로 여사제들이 유황가스에 취해 무아지경에 빠져 중얼거리면서 피티아의 말을 옮겼다.

연구자들 사이에 유용하게 사용되는 델파이 기법Delphi method이 신탁이 내려지는 그리스 델포이에서 비롯되었다는 것이 흥미롭다. 델포이의 아폴론 신전 입구의 기둥에는 "너 자신을 알라"는 문구가 새겨져 있다. 흔히 소크라테스가 한 말로 알려져 있지만 그렇지는 않다. 소크라테스가 당대에 자기 자신을 잘 알았던 유일한 현자였던 것은 확실하지만 그의 명언이 아닌 그리스의 오래된 격언이다. 소크라테스는 모르면서 아는 체 얼버무리지 않았고 모르는 것은 모른다고 말하는 용기가 있었다. 어리석은 자들이 쉽게 범하는 오류가 모르면서 아는 체 하거나 자기가 아는 것이 전부라고 생각하는 것이다. 정작 한 치 앞도 모르면서 말이다.

신탁을 받기 위해 델포이로 향하는 사람들과 마찬가지로 첨단과학 시대를 사는 우리도 불안한 미래에 대해 실마리라도 찾기를 기대하며 신묘하다는 역술인을 찾기도 한다. 운세시장이 영화시장보다 규모가 더 크다는 뉴스도 미래에 대한 두려움의 증거인 것 같아 씁쓸하다. 운세에 기대기보다는 자신이 무엇을 좋아하고 무엇을 잘 하는지, 자신의 신념과 자신의 역할이 무엇인지, 델포이의 지혜로운 메시지처럼 먼저 자기 자신을 아는 것이 더 중요하다.

　레토는 피톤이 사라진 이후 올림포스에서 가장 자랑스러운 아들 딸을 두고 잘 살았는데, 니오베가 심기를 긁어 크게 노한 적이 있다. 니오베는 리디아의 왕 탄탈로스의 딸로 테바이의 왕 암피온과 결혼하여 일곱 명의 아들과 일곱 명의 딸을 낳았다. 당시 테바이 사람들은 아폴론과 아르테미스의 어머니인 레토를 숭배했는데, 니오베는 "나는 자녀가 열넷이나 되지만 레토는 고작 둘밖에 안 된다. 그러니 어머니로서는 내가 더 훌륭하다"고 자랑하면서 레토에게 바치는 제물을 제단에서 치워 버렸다. 이에 레토는 아폴론에게 울분을 표현했고, 출산 전부터 한이 많았던 어머니를 애처롭게 여긴 아폴론은 니오베의 아들을 하나씩 활로 쏘아 죽였다. 그러나 오기와 아집만 남은 니오베는 "나에게는 아직 일곱 명의 딸이 남아 있다"고 허세를 부렸다. 그 말을 들은 아르테미스가 남아 있는 니오베의 딸들도 모두 활로 쏘아 죽였다. 자녀 열넷을 모두 잃은 슬픔을 이기지 못한 암피온왕은 자살했다. 돌이킬 수 없는 실수를 하고 혼자가 된 니오베는 고향인 리디아로 돌아가 밤낮으로 탄식하며 울다가 몸이 점점 굳어지며 돌이 되고 말았다.

　이는 자비라고는 눈곱만큼도 없는 아폴론과 아르테미스의 과잉대응으로 보이기도 하지만 실상을 들여다보면 니오베의 다산의 여왕이라는 자기 과시의 대가이다. 올디스 헉슬리의 소설 <멋진 신세계>에는 사람이 아기를 낳지 않는, 모든 인간이 인공수정으로 태어나는 디스토피아가 그려진다. 가까운 미래에 출산이 더이상 여성의 일이 아니게 되는 멋진(?) 신세계가 올는지는 몰라도 고대라고 해서 여성의 출산, 특히 다산을 과시할 것도 없다.

　자녀를 더 많이 가진 자로서 관대할 수도 있었을 텐데 자기보다 적게 가진 자를 깎아내림으로써 으스대고 싶었던 니오베의 내면의 결여는 무엇이었을까? 자기정체성을 완성하지 못한 니오베가 자신의 부족함을 자식자랑으로 대리만족하고 싶었던 것은 아닐까? 자식부자였지만 마음은 가난하고 타인에 대한 공감은 더욱 부족했던 것은 아닐까? 제우스의 비호를 받기는 했겠지만 홀로 남매를 키우는 레토에게는 더 큰 상처가 될 수도 있었을 테니 말이다.

<시를 잊은 그대에게>를 쓴 정재찬 교수는 싱글맘이나 워킹맘의 애환에 초점을 맞추어 '섬집 아기'를 해설하였다. 자장가로 알려져 있는 '섬집 아기'는 바닷가에서 굴을 따며 아기를 키우는 엄마에 대한 노랫말인데 여기에서 주목해야 할 가사는 2절이다.

"아기는 잠을 곤히 자고 있지만 갈매기 울음소리 맘이 설레어

다 못 찬 굴바구니 머리에 이고 엄마는 모랫길을 달려옵니다."

엄마는 굴을 따러 섬 그늘에 갈 때마다 빨리 돌아오려고 조바심을 냈을 것이다. 바구니에 굴을 가득 채우고 싶은 마음이 간절하지만 그렇다고 집에 남은 아기를 잊은 채 마냥 굴을 따고 있을 수만은 없는 노릇이다. 결국 바구니에 굴을 다 못 채우고 모랫길을 허둥지둥 달려오는 엄마에게는 홀로 있는 아기가 꿈이자 희망이자 전부이다.

워킹맘은 능력을 제대로 인정받지 못함, 불공평한 역할 분담이나 제도적인 뒷받침의 부족과 같은 문제는 차치하고 지금도 일과 육아를 병행하며 집으로 돌아갈까, 일을 좀더 하고 갈까, 수없이 고민과 갈등을 반복한다. 어느 하나도 완벽하게 해낼 수 없어 좌절할 때도 있지만 직장에서의 작은 성취와 아기의 미소에 시름을 덜어내는 워킹맘을 응원한다.

#떡 하나 주면 안 잡아먹지 #쌍둥이 출산 #다산의 여왕 #맘스타그램
#자식자랑 팔불출 #히트 자장가 섬집아기 #시를 잊은 그대에게 #워킹맘 파이팅

1961년 소련의 유인우주선 발사 성공에 위기감을 느낀 미국의 제35대 대통령 케네디*John F. Kennedy*(1916-1963)는 달에 인간을 착륙시키려는 원대한 우주개발계획을 세웠다. 1969년 7월, 마침내 미국의 아폴로 11호가 달에 착륙했으며 닐 암스트롱 *Neil Alden Armstrong*(1930-2012)은 달에 첫발을 내디딘 최초의 인류가 되었다. 아폴로*Apollo*는 아폴론의 로마식 이름이다. 하필 이 시기에 미국에서는 전국적으로 눈병이 유행했고, 아폴로 11호의 달착륙 시기와 맞물려 아폴로 눈병이라고 이름 붙여졌다. 정확한 질병명은 급성 출혈성 결막염*acute hemorrhagic conjunctivitis*이다. 안구를 감싸고 있는 결막에 바이러스가 감염되면 이물감, 통증, 눈물, 충혈, 결막부종, 결막하출혈 등의 증상이 있다. 개인위생을 잘 지키고 10일 정도 지나면 대부분 자연 치유된다.

무지개 여신 이리스*Iris*는 예쁜 여자 아이 이름 '아이리스'로 흔히 쓰인다. 무지개가 일곱 가지 색깔을 가지고 있듯이 인간의 눈동자도 다양한 색깔을 가지고 있기 때문에 눈동자의 색깔을 결정하는 홍채도 아이리스라고 한다.

전문가의 경험적 지식을 통해 문제를 해결하거나 미래를 예측하는 것을 델파이 기법*Delphi method*이라고 한다. 델파이 기법은 연구문제를 규명할 때 대규모 설문조사나 실험을 거치지 않고 전문가들의 의견을 취합하는 전문가 합의법이다.

그리스 신화에는 같은 이름이 가끔 나오는데, 자녀를 14명이나 둔 니오베 외에도 제우스가 가장 먼저 사랑한 여인의 이름도 니오베이다. 오케아노스의 아들이자 강의 신인 이나코스의 손녀인 니오베는 제우스와의 사이에서 펠라스고스와 아르고스라는 아들을 낳았다. 아르고스는 제우스의 최초 아들인 셈이다. 아르고스는 펠로폰네소스 지역의 왕이 되는데, 자신의 이름을 따서 왕국의 이름을 '아르고스'라고 지었다. 이 아르고스는 눈이 백 개 달린 괴물 아르고스는 아니다. 암소로 변신한 이오를 감시했던 눈이 백 개 달린 아르고스는 제우스의 아들 아르고스가 에우아드네와 결혼해서 얻은 자식 중 에크바소스의 손자다. 그러니까 아르고스 왕국의 아르고스는 괴물 아르고스의 고조할아버지쯤 되는 것이다. 끝말잇기 놀이도 아니고, 이런 세세한 족보까지 알 필요는 없다. 단지 따져 묻기 좋아하는 독자를 위한 친절이다.

14. 사랑을 기억하다

아폴론 • 히아킨토스 • 키파리토스 • 다프네

올림포스 신들을 그린 그림에서 춤을 추는 여인들 가운데 리라를 켜는 남자가 있다면 빛나는 태양신 아폴론이다. 아폴론은 학문과 의술, 음악과 예술 등 다방면에서 뛰어나기도 했거니와 궁술도 뛰어나 요즘 시대에 주목받는 다학제적인 인재라 할 수 있다. 아폴론은 자신이 관장하는 학문과 문화 예술을 분야별로 나누어 므네모시네와의 사이에서 태어난 아홉 명의 딸들에게 위임했다. 므네모시네는 티탄 열두 신 중 막내로 기억의 연못을 관장하는 여신이다. 죽은 사람이 레테의 강물을 마시면 전생의 기억을 모두 잃지만 므네모시네 연못의 물을 마시면 전생의 기억까지도 되살아난다. 이렇듯 생생한 기억을 간직하기 때문에 제우스는 신들의 전쟁 승리 축하연에서 므네모시네에게 자신의 활약과 신들의 무용담을 노래하게 했다.

역사는 승자가 기억하고 싶은 것만 기록하기 마련이며, 기억은 얼마든지 재구성되고 조작될 수 있다. 더군다나 인류의 역사는 "부정확한 기억이 불충분한 문서와 만나는 지점에서 빚어지는 확신"이라고 줄리언 반스가 정의하지 않았던가. 심지어 역사학자 개인의 해석에 따라 허구가 사실이 되기도 한다. 승리자의 기록이 되어버린 역사에는 누군가의 고통이 배제되어 있음을 간과해서는 안 된다. 반스는 소설 <예감은 틀리지 않는다>에서 왜곡된 기억이 한 인간의 삶을 얼마만큼 비참하게 만들 수 있는가를 보여준다. 그러니 우리도 '잊지 말자'고 다짐한 날들을 오래도록 정확하게 기억하도록 므네모시네가 함께하기를 빌어보자.

아폴론과 므네모시네의 딸인 무사 역시 제우스를 찬양하고 그 업적을 칭송하는 역할을 맡았다. 영어로는 뮤즈muse라고 하는데, 특히 예술가들에게 창의력을 샘솟게 하고 삶의 의지를 불태우게 하는 여인도 뮤즈라고 부른다. 이는 예술가들이 자신의 특별한 경험을 기억하고 반추하는 과정에서 창작의 영감을 떠올리는 것과 무관하지 않다. 무사가 사는 신전이자 예술의 집결지를 '무사이온'이라고 하며, 로마에서는 '무사에움'이다. 1539년 이탈리아인 지오비오가 처음으로 자신의 소장품을 '무사에움'이라고 명명했고 이후 박물관이나 미술관을 지칭하는 뮤지움museum이 되었다.

기억의 여신 므네모시네는 로마 신화에서는 모네타라고 한다. 모네타는 기억과 함께 경고의 뜻도 포함하고 있는데, 기억이 경고와 밀접한 관계가 있다고 생각한 것 같다. 아마도 과거의 경험을 기억해서 오늘을 경계하라는 의미이리라. 중환자실에 입원한 환자 관리의 가장 중요한 것 중 하나는 추적이나 관찰, 감시를 통해 환자의 상태를 모니터링monitoring하는 것이다. 모니터monitor 역시 모네타에서 나온 단어다. 죽음 가까이에서 고군분투하는 환자를 돌보는 간호사는 항상 눈과 귀를 열어놓고 모니터가 알려주는 활력징후에 주의집중하고 시시각각 변하는 환자의 위험증후를 모니터링한다.

신들에게 결점을 찾을 수 있다면 더 이상 신이 아니겠지만 그리스 신들은 다르다. 어딘가 허술하고 부족함이 있어서 더 친근하게 느껴진다. 아폴론은 지성미 넘치고 모든 분야를 넘나드는 완벽한 신이지만 번번이 사랑은 실패했다. 아폴론이 사랑했던 소년소녀들은 하나같이 죽음을 맞이했으며 죽은 후에야 히아신스, 사이프러스, 월계수처럼 꽃이나 나무로 변신해서 아폴론의 기억에 아로새겨졌다.

히아킨토스는 스파르타의 왕 아미클라스와 디오메데스의 아들로 건강하고 활기차고 아름다운 청년이었다. 여신들은 말할 것도 없고 남신들도 그를 사랑했는데, 아폴론과 서풍의 신 제피로스도 그러했다. 다만 제피로스가 아폴론의 연적이 되기엔 역부족이어서 히아킨토스를 사이에 둔 결투는 시시하게 끝났다. 가뿐하게 승리한 아폴론은 온갖 시중을 들면서 히아킨토스를 왕처럼 모셨다. 사랑하면 기꺼이 노예가 되는 법이다. 하지만 아폴론과 히아킨토스가 노닥거리는 모습이 고까웠던 제피로스는 질투심에 사로잡혔다. 신들에게 별 의심을 받지 않고 복수할 순간만을 기다려오던 제피로스는 어느 날, 아폴론과 히아킨토스의 원반던지기 놀이를 유심히 바라보다가 아폴론이

던진 원반을 향해 서풍을 살짝 불었다. 그러자 원반은 날아가던 방향을 바꾸어 히아킨토스의 반듯한 이마를 찍고 말았다. 아폴론이 미처 손을 쓸 틈도 없이 히아킨토스는 그 자리에 쓰러지며 피를 흘렸고 마침내 눈을 감았다.

슬픔에 빠진 아폴론은 히아킨토스의 피를 땅바닥에 뿌리며 "내가 너를 기억할게. 나

장 브록 <히아킨토스의 죽음> 1981

114

의 탄식을 품은 꽃으로 태어나라"며 통곡했다. 히아킨토스의 피가 뿌려진 땅에서 붉은 히아신스가 피어났다. 히아신스의 꽃말은 '기억'이다. 히아신스의 꽃잎을 보면 꽃잎의 주름이 마치 AIAI처럼 보이는데, 이것은 "아이아이" 하고 우는 아폴론의 탄식이 새겨진 것이다.

히아킨토스를 보내고 얼마 뒤 아폴론은 키파리소스라는 미소년을 마음에 두었다. 아폴론은 키파리소스를 자신의 거처로 데려와서 히아킨토스에게 못다 준 사랑까지 쏟아부었다. 키파리소스는 아폴론과 함께 있는 시간들이 모두 좋았지만 아폴론의 정원에서 님프들이 키우는 사슴 돌보는 일을 가장 좋아했다. 키파리소스는 사슴을 위해 풀을 관리하고 사슴에게 풀을 뜯게 하면서 아폴론에게 받은 사랑을 사슴에게 베풀었다.

강렬한 햇살이 내리쬐던 어느 날, 키파리소스가 애지중지하던 사슴 하나가 햇살을 피해 나무 그늘에 숨었다. 키파리소스는 울창한 나무 밑에서 바스락거리는 소리가 들리자 사냥감이 숨어든 줄 알고 나무숲을 향해 화살을 날렸다. 화살이 목표물을 빗나가지 않았다는 확신에 들뜬 키파리소스는 사냥감을 확인하러 한달음에 달려갔는데, 눈앞에 펼쳐진 모습을 보고 그만 아연실색했다. 화살에 맞아 쓰러진 것은 다름 아닌 가장 사랑하는 사슴이었던 것이다. 키파리소스는 사슴을 죽였다는 죄책감으로 식음을 전폐하고 그 자리를 떠나지 않고 지내다가 점점 피폐해져 몸이 굳어버렸다. 아폴론은 주검이 된 키파리소스를 사이프러스로 변신시켰다. 아폴론이 연인을 기억하는 방식대로 키파리소스도 나무로 바꾼 것이다. 그때부터 사이프러스는 '비탄'의 상징이 되었다.

기독교 문화에서 그리스 신화를 배척하는 이유 중 하나는 바로 신화 곳곳에 보이는 동성애 코드 때문일 것이다. 하느님의 창조 섭리에 위배된다는 뜻이겠으나 사랑의 본질을 생각한다면 동성애를 그렇게 터부시할 일은 아니다. 특히 그리스 사람들은 특별한 신뢰와 동지애로 엮인 성인 남성과 미소년의 사랑이 이성과의 사랑만큼 숭고한 가치를 지닌다고 생각했다.

　스물넷 청년과 열일곱 소년의 첫사랑을 다룬 안드레 애치먼의 소설 <그해, 여름 손님>을 만났을 때의 신선함을 잊을 수가 없다. 사람에게 마음을 빼앗긴다는 것, 사랑에 빠진다는 것은 그 대상이 누구든 나를 온전히 던져버리는 것이다. 그것이 사랑의 본질이 아닐까? 이 작품은 <콜 미 바이 유어 네임*Call Me by Your Name*>이라는 제목으로 루카 구아다니노 감독에 의해 영화가 되었는데, 영화 제목이기도 한 "너의 이름으로 나를 불러줘, 나의 이름으로 너를 부를게"라는 대사는 사랑하는 연인이 서로를 기억하는 게임처럼 보인다. 아폴론은 히아킨토스와 키파리소스를 영원히 생장하는 꽃으로 나무로 바꾸어 모든 사람들이 그의 이름을 기억하고 부르도록 했다. 그것이 아폴론이 사랑하는 방식이다.

　아폴론이 미소년만 사랑했던 것은 아니다. 괜히 에로스를 약오르게 했다가 여성과의 사랑에서 비련의 주인공이 된 사건도 있었으니 바로 다프네와의 러브스토리다.

　아폴론은 빼어난 활솜씨로 어머니 레토를 괴롭혔던 괴물 뱀 피톤을 죽인 후, 자신의 화살 위력을 자랑하며 에로스의 화살을 얕보았다. 평소에도 꼬마라고 놀림당하기 일쑤였던 에로스는 가뜩이나 부아가 치밀었는데 이런 무시를 당하고는 더 이상 가만히 있을 수 없었다. 에로스는 무력보다 강한 것이 사랑의 힘이라는 것을 모르는 아폴론에게 따끔한 맛을 보여주기 위한 계획을 세웠다. 에로스는 먼저 황금화살을 쏘아 아폴론을 맞추었다. 에로스의 황금화살은 화살을 맞고 처음

본 대상을 무조건 사랑하게 하는 힘이 있다. 황금화살을 맞은 아폴론은 강물의 신 페네이오스의 딸 다프네를 보는 순간 사랑의 포로가 되었다. 황금화살의 무소불위 힘 앞에 항거란 가당치 않다. 차라리 무모한 저항을 포기하는 편이 낫다.

사랑에 빠진다는 것은 무기력하고 불가항력적인 조건에 놓인다는 뜻이다. 사랑은 사랑할 만한 자격을 갖추고 나서야 찾아오는 것이 아니다. 사랑은 예고 없이 훅 덮치는 쓰나미와 같아서 무방비상태로 사랑의 파도에 빠져 허우적거리게 된다. 아폴론은 에로스의 화살을 맞은 이상 속수무책으로 다프네에 대한 사랑앓이를 해야만 했다. 약이 제대로 오른 에로스는 황금화살을 날린 것에 그치지 않고 다프네가 아폴론을 알아보기 전에 그녀에게는 납화살을 쏘았다. 에로스의 납화살은 황금화살과는 반대로 화살을 맞고 처음 본 대상을 싫어하고 경멸하게 만드는 힘이 있다. 사랑의 횡포다.

이때부터 아폴론과 다프네의 쫓고 쫓기는 사랑의 술래잡기가 시작되었다. 아폴론은 사랑이 없으면 살 수 없는 지경이지만 다프네는 사랑할 수 없었다. 분명 납화살의 위력이었으나 다프네의 입장에서는 사랑에 대한 두려움이었는지도 모르겠다. 사랑을 갈망하지만 위대한 신과의 사랑을 시작하는 것이 두려워, 신을 사랑했다가는 언젠가 보잘것없는 자신의 모습에 실망하고 떠나지 않을까 하여, 싫어하고 경멸하는 척했을지도…….

사랑의 모양은 정형화될 수는 없지만 서로 방향이 다른 사랑의 결말은 언제나 비극이다. 술래잡기에 지친 다프네는 점점 거리를 좁혀오는 아폴론을 뒤에 두고 아버지 찬스를 썼다. 페네이오스에게 자기를 좀 구해달라고 기도했던 것이다. 어느 아버지가 딸의 아픔과 눈물을 모르는 척 할 수 있을 것인가? 강물의 신 페네이오스는 다프네를 강가에 세워 월계수로 변신시켰다. 다프네가 달음질을 멈추었을 때 아폴론은 안심했는지도 모른다. 그렇지만 자신의 눈앞에서 연인의 몸이 뻣뻣해지고 팔이 나뭇가지로 변하고 이파리가 돋아나는 것을 목격해야 한다면 그것은 억장이 무너진다는 정도로는 표현이 안 될 것이다. 월계수로 변하는 다프네를 바라보던 아폴론은 결코 그녀를 포기할 수가 없어서 다급하게 월계수 이파리들을 따다가 관을 만들었다. 마치 판이 눈앞에서 갈대로 변한 시링크스를 잊지 못해 피리를 만들어 허리춤에 매달고 다녔듯이 말이다.

어떤 사랑은 죽음 후에야 완성되고, 죽음 후에야 영원히 함께한다. 아폴론은 이때부터 월계수로 만든 관을 항상 쓰고 다녔다. 그 전에는 올림피아 경기에서 우승한 자에게 올리브관을 씌워주었으나 이후로

코르넬리스 드 보스 <아폴론과 다프네> 1630

는 월계수관으로 바뀌었다. 월계수는 그리스어로 다프네다.

아폴론과 연관된 에피소드를 하나 더 덧붙이기로 하자. 누군가의 기억 속에 오래 남는 것은 의미 있는 일이겠으나 그저 무탈하게 오래오래 살고 싶었던 여인도 있었다. 바로 아폴론의 마음에 들어온 시빌레다. 나폴리 서쪽에 위치한 쿠마이의 시빌레는 무척 아름다웠다. 아폴론은 시빌레에게 자신의 사랑을 받아준다면 무슨 소원이든지 들어주겠다고 약속했다. 웬 행운인가 싶었던 시빌레는 모래를 한 움큼 쥐면서 모래알의 수만큼 수명을 선물해 달라고 했다. 곱고 아름답게 나이들 수만 있다면, 그리고 살아온 경험만큼 지혜가 쌓일 수 있다면 장수는 축복이다. 그러나 미처 거기까지 생각하지 못한 시빌레의 욕심은 무용했다. 그토록 길게 살아갈 동안 젊음도 유지할 수 있도록 요구했어야 했는데 그걸 놓쳤고, 막상 선물을 받고는 마음이 변해서 아폴론의 구애를 받아들이지도 않았다. 화가 난 아폴론은 약속한 수명은 주었지만 그냥 늙어가도록 내버려두었다. 시빌레는 천 년 가까이 살면서 늙고 몸은 점점 줄어들어 급기야 동굴의 천장에 매달리는 지경이 되었고, 어서 빨리 죽고 싶은 소원만 남게 되었다. 아폴론은 시빌레가 비록 짧은 생을 살더라도 곱고 점잖게 나이 들어감을 축하하고 좋았던 기억을 오래도록 간직할 수 있기를 바랐을 것이다. 그러나 증오의 기억만 남긴 채 추하고 길게 살았던 시빌레의 어리석음이 안타깝다. 기억은 머리로 하는 것이 아니라 마음이 하는 것이다.

#메모리 용량 무한대 #박물관 #활력징후 #사랑의 본질 #그해 여름 손님
#나를 잊지 말아요 #올림픽 우승자 월계관 #모래알만큼의 수명
#히아신스 꽃말 기억 #사이프러스 꽃말 비탄 #기억상실증

아폴론의 아홉 딸들의 이름은 칼리오페(서사시, 웅변), 우라니아(천문), 클레이오 (역사), 에우테르페(서정시, 음악), 탈리아(희극), 멜포메네(비극), 에라토(연애시), 폴리힘 니아(찬양), 텔프시코레(가무)이다.

 뮤즈에게 영감을 제공하는 마르지 않는 원천수의 이름은 히포크레네. 페르세 우스의 칼에 메두사의 목이 베어지면서 그 피에서 순백색의 천마 페가소스가 태어났다. 오비디우스에 의하면 페가소스가 발굽질을 할 때마다 물줄기가 터져 나왔는데, 특히 무 사이가 노래 경연을 하는 헬리콘산에 만들어진 샘은 마르지 않았다. 그 샘을 '말의 샘'이 란 뜻으로 히포크레네라고 불렀고, 무사이는 히포크레네 주위를 돌며 경쾌하고 아름다 운 춤을 추었다. 무사이가 노래를 할 때 헬리콘산이 기쁨에 들떠 하늘을 향해 부풀어오 르면 포세이돈의 뜻에 따라 페가소스가 산꼭대기를 발굽으로 차서 산이 더 이상 팽창하 지 않도록 했다.

 기억mnesia이라는 단어에 부정접두어a가 붙으면 기억이 없다는 뜻의 기억상실 증amnesia이 된다. 뮤지컬 <넌센스>에는 기억을 상실한 수녀 암네시아가 등장한다. 기 억상실증은 건망증과는 다르다. 건망증은 기억장애이지만 그 자체가 질병은 아니고 하나 의 증상으로서, 바이러스나 알코올 등으로 뇌가 손상되어 발생하며 치매의 주요 증상이기 도 하다. 의식상태가 좋지 않으면 기억력 증진술mnemonics을 권고한다.

15. 옳음보다 친절을 택하라

아르테미스 · 파이드라 · 히폴리투스 · 오리온

걸 크러시*Girl Crush*는 여성이 다른 여성에게 환호하고 지지하는 현상을 지칭하는 신조어다. 1990년대 미국에서 퀴어 여성들의 감정을 표현하면서 시작된 이 단어는 같은 여자가 봐도 멋진 여성에게 강한 호감을 느끼거나 동경하는 것을 의미한다. 올림포스 여신 중에서 걸 크러시는 누가 뭐래도 아르테미스다. 아테나도 반할 만하지만 아르테미스가 훨씬 더 인기가 있다. 다만 독신자들의 수호신인 아르테미스는 독신을 맹세한 자가 여자든 남자든, 자의든 타의든, 순결을 지키지 못할 경우에는 어떤 자비도 베풀지 않았다.

커플메이킹 호텔에서 45일 안에 짝을 찾지 못한 이들은 동물로 변한다는 기괴한 설정의 영화가 있다. 요르고스 란티모스 감독의 <랍스터>이다. 영화에서 커플을 포기한 솔로들은 사랑이 금지된 외톨이숲에서 집단생활을 하게 되는데, 외톨이숲의 대장은 무자비한 아르테미스를 닮았다. 그녀는 외톨이들에게 가벼운 접촉조차 금하는 철저한 개인주의 생활을 강요하고, 커플메이킹 호텔에 몰래 들어가 커플 깨기 작전을 펼치기도 한다. 극단적인 설정과 그로테스크한 분위기 때문에 섬뜩해지는 이 영화를 보며 아르테미스가 떠올랐던 건 그리스 출신 란티모스 감독의 의도적인 연출 때문일 것이다.

아르테미스가 독신자들을 수호하는 반면 아프로디테는 독신자들을 몹시 싫어했다. 마치 짝짓기에 혈안이 된 커플메이킹 호텔 지배인 같다고나 할까. 이 즈음에서 아르테미스를 숭배하고 아프로디테를 홀대하다 억울하게 죽은 히폴리투스를 만나보자.

이지적이고 아름다운 청년 히폴리투스의 아버지는 테세우스다. 테세우스는 크레타에서 반인반수半人半獸 미노타우로스를 처치하고 아테네로 돌아오는 길에 아마존의 여왕 히폴리테를 만나 아들 히폴리투스를 낳았다. 안타깝게도 히폴리테는 아홉 번째 과업을 수행하던 헤라클레스에게 죽임을 당했다. 이후 히폴리투스는 아테네에서 왕위를 계승한 아버지 테세우스와 함께 살게 되었지만 평생 독신으로 지내기로 맹세했다.

테세우스는 아테네와 크레타의 불편해진 관계를 개선할 목적으로 크레타의 공주 파이드라와 재혼했다. 사랑이 없는 결혼으로 마음 붙일 곳을 찾지 못했던 파이드라는 히폴리투스를 발견하고 사랑에 빠졌다. 히폴리투스가 매력적이긴 했지만 이 위험한 사랑에는 다른 이유가 있었다. 모태 솔로인 듯 행세하는 히폴리투스가 마땅치 않았던 아프로디테가 에로스를 시켜 파이드라에게 황금화살을 쏘게 했던 것이다. 화살을 맞은 파이드라가 히폴리투스에게 열렬히 구애했음은 뻔한 일이다. 그러나 아르테미스에게 순결을 맹세한 히폴리투스는 그 사랑을 받아주지 않았다.

사랑이 이루어질 기미가 없자 상심한 파이드라는 자살이라는 극단적인 선택을 했다. 그런데 죽음의 현장은 진실과 다르게 연출되었다. 남편이 없는 틈을 타서 자신을 겁탈한 전처소생의 아들에게 수치심을 느껴 죽음을 선택할 수밖에 없었다는 파이드라의 거짓 유서만이 유일한 증거였다. 테세우스는 상황을 제대로 파악하지도 않고 포세이돈에게 이 파렴치한 패륜아를 죽여달라고 부탁했다. 자신에게 어떤 일이 벌어지는지 전혀 알지 못하고 평소처럼 전차를 몰던 히폴리투스는 포세이돈이 보낸 괴물소를 피하다가 바위에 부딪쳐 죽고 말았다. 사실 여부에 상관없이 패륜설에 연루된 히폴리투스에게 베풀어줄 아르테미스의 보호나 동정 따위는 없었다.

이 비극적인 서사는 영화, 연극, 오페라로 계속 변주되어, 계모 혹은 중년여성이 아들뻘의 소년을 사랑하는 것을 페드라 콤플렉스 *Phaedra Complex*라고 부른다. 영화 <페드라>는 파이드라와 히폴리투스의 이야기다. 에우리피데스의 원작과는 달리 페드라와 알렉시스 두 주인공의 불륜으로 각색되어, 새어머니 페드라와의 이루지 못할 사랑에 괴로워하며 알렉시스가 자살을 선택한다는 줄거리다. 가파른 해안도로를 질주하는 스포츠카의 굉음, 긴장을 고조시키는 음악 <바흐의

로렌스 알마-타데마 <히폴리투스의 죽음> 1860

123

토카타와 푸가>, "페드라"를 외치는 알렉시스의 마지막 절규, 결국 스포츠카는 트럭과 부딪치고 알렉시스는 스포츠카와 함께 벼랑 아래로 추락한다. 결코 용납될 수 없는 사랑을 하는 자들은 사랑의 투사가 되고, 사랑을 지키는 것보다 소중한 것은 없다는 생각으로 모든 것을 내던지는 그들의 무모함에 관객들은 눈물을 훔친다.

철의 여인 아르테미스에게도 마음을 흔들어 놓은 단 한 명의 남성이 있었다. 히리에우스의 아들, 오리온이다. 히리에우스는 죽은 아내와의 약속을 지키기 위해 자식도 없이 홀로 지내고 있었다. 어떤 버전에서는 사별한 독거노인이 아니라 노인 부부로 나타나기도 하고, 어떤 버전에서는 히리에우스가 코린토스 동북쪽 보이오티아 지방에서 왕위를 넘겨줄 아들이 없는 왕으로 묘사된다. 히리에우스왕의 버전에서는 오리온의 신분이 평범한 노인의 아들이 아닌 왕자로 격상된다.

어느 날 제우스와 헤르메스, 포세이돈은 나그네로 변장해 히리에우스를 찾아갔다. 이전에도 제우스와 헤르메스는 암행어사처럼 인간 세상에 내려와 비밀 감찰을 하곤 했는데, 이때는 포세이돈도 함께했다. 노인은 가난했지만 그들을 극진히 대접했다. "옳음과 친절 중에서 하나를 택해야 한다면 친절을 택하라"는 영화 <원더Wonder>의 명대사가 있다. 가난한 히리에우스는 거지꼴의 나그네를 문전박대하지 않고 친절을 베풀었다.

신들은 융숭한 대접을 받은 보답으로 마당에 나가 땅을 판 다음 세 명의 신이 합동으로 오줌을 눈 뒤 소가죽을 땅 속에 파묻어두라고 이르고 길을 떠났다. 그 일이 있은 후 아홉 달이 지나자 소가죽을 묻은 자리에서 청년이 솟아나왔는데 그는 점점 자라 순식간에 거인이 되었다. 몸집이 어찌나 컸던지 깊은 바다에서도 상체가 수면 위로 드러날 정도였다. 히리에우스는 아이가 오줌ouria에서 태어났다고 하여 우리온이라고 불렀는데 언젠가부터 오리온으로 개명되었다.

오리온은 시데라는 여인과 결혼했으나 시데는 헤라와 아름다움을 겨루다가 여신의 분노를 사서 타르타로스에 갇히는 신세가 되었다. 여신과 아름다움을 견주면 그 결과는 명백한 파멸이다. 오리온은 아내를 잃은 후 곧 키오스섬 오이노피온왕의 딸 메로페와 사랑에 빠졌다. 덩치만 큰 홀아비 오리온이 딱히 마음에 들지 않았던 오이노피온은 메로페와 결혼을 하려면 섬 안의 야수를 퇴치해야 한다는 조건을 내걸었다. 오리온은 손쉽게 야수를 퇴치해 버렸다. 그런데 결혼의 조건을 달성했음에도 여전히 결혼 허락을 받지 못하자 화가 난 오리온은 술을 좋아하는 오이노피온왕의 술 창고에서 술을 퍼마시고는 메로페를 강제로 겁탈해버렸다. 이에 분노한 오이노피온은 오리온을 장님으로 만들었다.

장님이 된 오리온은 "수평선 동쪽으로부터 솟아오르는 태양에게 눈을 돌리면 눈을 뜰 수 있다"는 신탁을 받았다. 이는 태양신 아폴론의 도움을 받으라는 의미이기에 오리온은 신탁에서 이르는 대로 동쪽으로 향했고, 태양이 떠오르는 동쪽 끝에서 아폴론을 만났다. 아폴론 신전에서 시력을 회복하던 오리온은 눈을 고치면 곧바로 오이노피온에게 가서 복수를 하려고 했지만 그런 결심은 무딘 창이 되었다. 그곳에서 새벽을 열던 에오스와 사랑에 빠지기도 하고, 아폴론의 누이 아르테미스의 마음도 빼앗았던 것이다.

오리온을 간병하던 아르테미스는 그와 시간을 보내면서 이전에는 몰랐던 행복한 충만함을 느꼈다. 오리온과 아르테미스는 사냥을 좋아한다는 공통점이 있어 부쩍 가까워졌고 둘은 크레타섬으로 가서 함께 사냥을 즐기기도 했다. 남들이 알아채지 못하게 눈짓손짓으로 소통을 하더라도 재채기와 사랑은 감출 수가 없듯 아르테미스의 핑크빛 변화를 아폴론이 감지하게 되었다. 아르테미스가 바람둥이 오리온을 좋아하는 것이 마땅치 않았던 아폴론은 전갈Scorpion을 보내어 오리온의 발꿈치를 물어서 죽게 했다. 아르테미스가 죽은 오리온 때문에 극심한 슬픔에 빠지자 아폴론은 오리온과 전갈 모두를 별자리로 만들어 주었다. 다만 오리온과 전갈이 만나지 못하도록 겨울철에는 오리온자리가 여름철에는 전갈자리가 나타나게 했는데 이 때문에 "전갈이 뜨면 오리온이 숨는다"는 속담이 생겨났다.

토머스 불핀치의 <그리스 신화>에는 전갈이 나오지 않는다. 불핀치는 오리온과 아르테미스의 이야기를 보다 극적이고 애처로운 러브 스토리로 묘사했다. 처녀신을 자처한 누이가 연애하는 모습이 보기 싫었던 아폴론은 오리온을 처치할 방법을 모색했다. 어느 날 아폴론은 아르테미스에게 무술 연마에 소홀함을 책망하며 작전의 시동을 걸었다. 아르테미스가 자신의 활솜씨는 녹슬지 않았다며 샐쭉거리자 "아무리 활을 잘 쏘아도 바다 끝에 떠있는 움직이는 물체를 맞출 수

다니엘 세이터 <오리온의 주검 위의 아르테미스> 1685

야 있겠느냐"며 그녀의 승부욕을 자극했다. 그깟 일은 식은 죽 먹기라며 호탕하게 웃는 아르테미스와 아폴론은 함께 바닷가로 나갔다. 과연 수평선 가까이에 움직이는 둥글고 작은 물체가 있어 아르테미스는 화살을 겨누어 명중시켰다. 의기양양함도 잠시, 표적은 다름 아닌 바다를 걷고 있던 오리온의 머리였음을 알게 된 아르테미스는 망연자실했다. 아르테미스는 의술의 신 아스클레피오스에게 달려가 오리온을 살려달라고 애원했지만 제우스가 이를 제지했고 대신에 오리온을 별자리로 만들어 주었다. 오리온이 사냥할 때마다 데리고 다녔던 사냥개 시리우스와 프로키온도 큰개별자리와 작은개별자리가 되었다. 요즘은 밤하늘에서 별자리를 찾아보기 어렵다고 하지만 겨울밤 남쪽 하늘에서 별 세 개가 나란히 있는 오리온의 허리띠는 쉽게 찾을 수 있다. 오리온을 너무나 그리워하는 아르테미스를 위해 가장 잘 보이는 곳에 두었기 때문이다.

우주의 비밀을 풀고 달과 별에 가고자 하는 인간의 욕망은 우주선을 개발하였고, 이미 50여 년 전에 달에 인간을 착륙시켰다. 우주비행사들은 좁은 우주선에서 소변을 해결할 때 전용 소변기를 사용하는데, 깔때기처럼 생긴 소변기는 압력으로 소변을 빨아들인 다음 우주로 분사시킨다. 우주 밖으로 분사된 소변 방울은 즉시 결정체가 되어 우주 공간에 흩어져 날게 되는데, 이것은 마치 별처럼 보여서 유리온자리라고 부른다. 소변*urine*과 오리온*Orion*의 합성어로 '유리온'이라니, 얼마나 깜찍하고도 천재적인 작명인가?

#걸크러시 #외톨이숲의 대장 #커플메이킹 호텔 #영화 원더 #페드라 콤플렉스
#초코파이는 오리온 #노상방뇨금지 #오리온자리 #전갈자리 #유리온자리

소변urine은 혈액이 신장을 통과하면서 체내에서 재사용 가능한 단백질이나 전해질은 보존하고 노폐물은 걸러서 방광에 모였다가 배출되는 액체이다. 소변분석urinalysis은 건강상태나 각종 질병 여부를 선별할 수 있는 중요한 방법이다. 먼저 육안으로 소변의 색깔, 혼탁한 정도와 냄새를 검사하고, 현미경을 이용해 적혈구, 백혈구, 세균 및 각종 결정을 관찰한다. 또 화학 검사를 통해 소변과 함께 배출된 당, 단백, 잠혈 등을 검출하고 산성도를 파악한다. 검사 목적에 따라 검사용 소변컵을 사용하거나 도뇨관을 통해 무균적으로 채뇨한다.

 유로키나제Urokinaje는 사람의 소변을 정제해서 만든 의약품으로 뇌졸중 환자나 뇌경색, 말초혈관의 혈전증 등에 유효한 혈전용해제이다. 국내에서는 1974년에 (주)녹십자에서 생산을 시작하여 해외수출도 꾸준히 늘었다. 그런데 사람의 소변을 원료로 만들다 보니 '의약품 등의 안전에 관한 규칙'상 의약품 제조 및 품질관리기준을 충족하기가 어려워 녹십자에서는 2018년에 유로키나제 생산을 중단했다

 아르테미스는 독신자들의 죽음을 외면하면서까지 그들에게 순결을 강요하는 것만큼 자신의 순결에도 지나치게 엄격했다. 예를 들면, 테바이의 카드모스왕의 외손자인 악타이온이 친구들과 사냥개 50마리를 끌고 숲을 돌아다니며 사냥을 즐기는 도중, 우연히 아르테미스가 목욕하는 장면을 목격했다. 아르테미스는 자신의 알몸을 보았다는 이유로 그를 무자비하게 처치했다. 표면적으로는 자신의 영역에 무단으로 침입했다는 이유를 내세워 악타이온을 사슴으로 만들었는데 안타깝게도 주인을 알아보지 못한 사냥개들이 사슴으로 변한 악타이온을 잔인하게 죽였던 것이다.

16. 그 섬에 가고 싶다

아프로디테 • 아레스

아프로디테가 제우스와 티탄신인 디오네 사이에서 태어났는지, 우라노스의 거세된 생식기가 바다에 던져지면서 생긴 거품에서 태어났는지에 대한 논쟁은 의미가 없다. 제우스의 딸이거나 제우스의 고모이거나 간에 사랑꾼의 면모를 두루 갖춘 아름다운 여신이라는 데는 이견이 없기 때문이다.

잘 알려진 대로 아프로디테는 육체적인 사랑의 대명사다. 그래서 성적인 흥분이나 성욕aphrodisia, 성애를 자극하는 최음제aphrodisiac에는 아프로디테가 숨어 있다. 생식기에 병변이 생기는 것을 성병VD이라고 하는데, 이는 비너스의 질병veneral disease이라는 뜻이다. 세계보건기구WHO는 이를 두고 아프로디테에 대한 오해와 부정적인 시각이라고 주장하면서 '성병은 성적인 접촉에 의해 병원체가 전파되어 발생하는 감염증'이라는 의미의 성매개질병sexually transmitted disease이라고 부를 것을 권장한다. VD가 아니라 STD로 명명하자는 WHO의 성명에 동의한다. 특히 로마 사람들은 전쟁의 신 마르스만큼이나 미의 여신 베누스를 특별히 좋아했기 때문에 '존경하다, 경외하다'라는 뜻으로 venerate라는 단어를 쓸 정도였으니 아프로디테의 명성과 품위를 지켜주면 좋겠다.

아프로디테는 에로스의 황금화살과 납화살을 이용해 맘에 들지 않는 신들을 골탕 먹이기도 했지만 굳이 에로스를 통하지 않고도 사랑에 애태우는 커플들을 이어주는 중매쟁이 역할도 했다. 히포메네스와 아탈란테의 이야기가 대표적이다.

아탈란테는 아르카디아의 공주로 태어났지만 아들을 원했던 이아소스왕은 딸을 숲속에 버렸다. 그리스 신화에서 영아 유기가 예사로 일어나지만, 그때마다 어린 아기를 가엾게 여기고 돌봄을 베푸는 손길이 있다. 숲속에 버려진 어린 아탈란테는 아르테미스의 눈에 띄었다. 아르테미스는 암곰을 보내어 젖을 먹여 키우게 했는데 이를 계기로 아탈란테는 자연스럽게 아르테미스를 숭배하며 사냥을 낙으로 삼으며 자랐다. 또 아탈란테는 '남자에 맞먹는 여자'라는 뜻의 이름에 걸맞게 힘이 세고 노련한 타고난 만능체육인이었고 아르고호 원정대 참가 대상으로 거론될 정도로 용맹스러웠다. 아탈란테에게는 "결혼을 하면 불행해진다"는 신탁이 있기도 했지만 그녀는 이미 독신을 선택한 터였다. 하지만 아탈란테가 아름다운 처녀로 성장하자 싱글 선언이 무색하게도 청혼자가 많았다. 아탈란테는 청혼자들을 따돌릴 생각으로 "달리기 경주를 해서 자기를 이기면 청혼을 받아주겠지만 만약에 진다면 목숨을 내놓아야 한다"고 으름장을 놓았다. 이미 목숨을 빼앗긴 자가 여럿 있었던 상황인데도 아탈란테의 야성적인 매력에서 벗어나지 못하는 자가 있었으니 사촌 히포메네스다.

히포메네스는 아탈란테의 사랑을 얻기 위해 먼저 아프로디테를 찾아갔다. 사랑꾼들의 수호신을 자처하는 아프로디테는 키프로스섬에 있는 황금사과나무에서 가장 탐스러운 사과 세 개를 따서 히포메네스에게 쥐어주었다. 달리기 시합이 있던 날, 히포메네스는 아프로디테의 비밀병기인 황금사과 세 개를 적당한 거리를 띄워가며 아탈란테가 달리는 길에 놓아두었다. 황금 보기를 돌같이 해야 했건만 아탈란테는 황금사과를 줍느라 시간을 지체했고 결승선을 놓치고 말았다.

마침내 사랑을 쟁취하고 신혼의 달콤함에 젖은 히포메네스는 아프로디테에게 감사하는 것을 잊어버렸다. 중매를 잘했으니 술 석 잔이 기본이거늘, 아프로디테는 배은망덕을 벌하기 위해 이들이 서로에 대한 욕정을 이기지 못하도록 했고, 신성한 키벨레 여신의 신전에서 정열적으로 사랑을 나누도록 방치했다. 키벨레는 자신의 신전에서 벌어지는 밤낮 없는 애정행각에 분노하여 히포메네스와 아탈란테를 사자로 변신시켜 전차를 끌고 다니게 했다. 이처럼 아프로디테는 사랑을 맺어주기도 하지만 사랑을 제대로 유지하지 못하거나 사랑의 여신에 대한 숭배를 소홀히 했을 때에는 여지없이 벌을 주었다.

한편 아프로디테는 자신의 사랑에서만큼은 무척 자유로워서 늘 염문을 뿌리고 다녔는데, 특히 아레스와는 올림포스를 한바탕 떠들썩하게 만든 세기의 스캔들을 일으켰다.

귀도 레니 <아탈란테와 히포메네스> 1622-1625

제우스는 헤라와의 사이에서 두 명의 아들, 대장장이의 신 헤파이스토스와 전쟁의 신 아레스를 두었다. 헤파이스토스는 제우스와 헤라의 맏아들로 성골 중의 성골이지만 어찌나 못생겼던지 헤라는 아들을 내팽개쳤다. 친모에게서조차 버려진 헤파이스토스는 서러움의 앙금이 쌓인 나머지 신비에 가까운 기술을 익혀 헤라를 괴롭힐 특별한 물건을 만들기로 했다. 헤파이스토스가 만들어 선물한 황금옥좌는 무척 화려했지만 누군가 앉으면 사슬이 튀어나와 사지를 묶어버리는 장치가 숨어 있었다. 헤라는 자신이 과거에 아들에게 한 짓은 까맣게 잊고 선물을 넙죽 받아 사뿐히 앉아보았다. 그러자 순식간에 옥좌에 포박되고 말았다. 헤라는 헤파이스토스에게 옥좌에서 풀어준다면 세상에서 가장 아름다운 여신 아프로디테와 결혼시켜 주겠다고 약속했다. 이로써 최초의 미녀와 야수 커플이 탄생했다.

헤파이스토스는 아프로디테의 마음을 사기 위해 여신의 매력을 업그레이드 시켜주는 케스토스라는 허리띠를 만들어 주었다. 그런데 케스토스로 인해 더 많은 남신들이 그녀에게 눈독을 들이게 되었으니 남편 입장에서는 그다지 현명한 선물은 아니었던 것 같다. 서양 사람들은 아름답고 매력적인 여성에게 "아프로디테의 허리띠를 했다"고 표현하기도 한다. 역설적이게도 의학자들은 기생충의 하나인 촌충에게 케스토이드cestoid라는 이름을 붙였다. 그 모양새가 허리띠를 닮은 이유이겠지만 성병VD에서처럼 미의 여신에 대한 은근한 반대세력은 아닌가 여전히 의심스럽다.

사실 아프로디테는 헤파이스토스보다는 전쟁의 신 아레스를 더 마음에 들어했다. 전쟁의 여신 아테나는 공격보다는 방어를 위한 전략가로서의 이미지가 강한 반면, 아레스는 저돌적이고 공격적인 병사들의 신이라는 이미지가 강하다. 이런 이유로 아레스는 그리스보다는 로마에서 더 인기가 있다. 지중해 패권을 장악한 로마에서는 전쟁의 신을 마르스라고 부르는데, 마르스는 로마를 건국한 로물루스와 레무스의 아버지로 추앙될 정도다. 게다가 로마에서는 추운 겨울이 지나 따뜻한 봄이 시작되는 3월은 영토 확장을 위해 진군하는 계절이라는 의미로 마르스의 계절 *March*이라고 불렀다.

아레스는 전략과 전술을 잘 활용하는 아테나와는 달라서 때로는 패배도 받아들여야 했는데, 어떤 상황에서도 포기하지 않고 쉽게 지치지도 않았으며 언제나 거칠게 돌진하는 상장군의 면모를 보였기에 마초적인 매력이 흘러넘쳤다. 아프로디테는 이런 아레스가 좋았고, 아레스도 아프로디테가 싫을 리 없었고, 둘이 그렇고 그런 사이임은 올림포스에서 공공연한 사실이었다. 함께 살고 있는 헤파이스토스만 제대로 알지 못했는데, 이를 보다 못한 아폴론이 둘 사이의 불온한 기운을 헤파이스토스에게 귀띔해 주었다. 헤파이토스는 화가 머리끝까지 치밀었지만 심증만 있고 확실한 물증이 없어서 밀회의 현장을 잡을 수 있는 결정적인 장치가 필요했다. 그가 누구인가, 생각한 것은 모두 만들어내는 대장장이의 신이 아닌가. 마침내 눈에 보이지 않는 섬세한 그물을 만들어 아프로디테의 침대 위에 살짝 걸쳐놓았다.

다음 날, 헤파이스토스는 아프로디테에게 "오늘 렘노스섬까지 출장을 갔다와야 해. 한 2박3일쯤 걸릴 거야"라고 이야기하고 집을 나섰다. 아프로디테는 잘 다녀오라며 배웅하고선 헤파이스토스가 집을 나서자마자 아레스를 불러들였다. 하지만 헤파이스토스는 렘노스는 커녕 집 근처에서 얼쩡거리며 동태를 살피고 있었다. 아프로디테의 호출에 한달음에 달려온 아레스는 연인을 부둥켜안고 침대 위로 올라갔다. 그런데 그만 두 신이 엉켜 서로를 탐하는 사이 투명그물이 그들 위로 툭 떨어졌다. 때마침 사륜마차를 끌고 동쪽에서 서쪽으로 건너가던 아폴론은 헤파이스토스에게 아프로디테와 아레스가 침대 위에서 오도 가도 못하는 신세라는 소식을 전해주었다.

잽싸게 돌아온 헤파이스토스는 불륜 현장에서 딱 걸린 아프로디테와 아레스를 망신주기 위해 제우스를 비롯해서 모든 신들을 불렀다. 남세스러운 일이라고 여겼는지 여신들은 아무도 오지 않았지만 남신들은 아프로디테의 침실로 우르르 몰려들었다. 아프로디테와 아레스가 그물에서 빠져나오지 못하고 버둥거리는 모습을 보면서 헤파이스토스는 이를 갈며 분노했지만 남신들은 아레스를 부러워했다. 아폴론이 헤르메스에게 "자네가 아레스라면 어떨 것 같나?"고 묻자 헤르메스는 "내가 아레스라면 그물이 몇 배쯤 더 질겼으면 좋겠습니다. 아니, 아레스가 허락한다면 셋이서 같이 있어도 좋겠소"라며 부러운 마음을 감추지 않았다. 포세이돈은 한 술 더 떠서 "별 소득도 없어 보이는데, 이제 그만 풀어주는 건 어떠냐?"고 헤파이스토스를 설득했다.

요아킴 브테바엘 <신들에게 발각된 아레스와 아프로디테> 1603-1604

결국 헤파이스토스는 그물을 철거했다. 그러자 그물에서 풀려난 아레스는 곧장 고향인 트라케로, 아프로디테는 키프로스섬으로 가버렸다. 대형 사고를 치고도 아프로디테는 주눅들지 않았고 세기의 스캔들은 결과적으로 헤파이스토스만 망신살이 뻗친 해프닝으로 끝났다. 이후에도 아프로디테와 아레스는 연인관계를 유지했지만 각자 다른 신을 기웃거리는 버릇은 여전했다.

사랑에는 항상 소유냐 존재냐, 집착이냐 무관심이냐, 독점이냐 폴리아모르의 허용이냐의 문제가 있다. 아레스는 아프로디테를 구속할 명분이 없었으나 아프로디테가 젊은 아도니스에게 반하자 멧돼지를 보내어 (또는 아레스가 직접 멧돼지로 변해서) 아도니스를 죽이기도 했다. 아프로디테의 질투심도 만만치 않아서 새벽의 여신 에오스가 아레스를 흠모한다는 것을 알게 되었을 때는 에오스에게 저주를 내려 에오스가 사랑하는 모든 연인은 죽게 만들어 어떤 사랑도 결실을 맺지 못하게 했다. 아프로디테와 아레스, 서로 어울릴 것 같지 않은 사랑과 전쟁의 신은 이렇게 전쟁 같은 사랑을 오래도록 나누었다.

칼 세이건은 <코스모스>의 첫 장을 열며 "공간의 광막함과 영겁의 시간을 지나며 지구라는 작은 행성에서 찰나의 순간을 함께 할 수 있다는 건 기적"이라고 기술했다. 칼 세이건이 우주적이고 시간적인 기적을 이야기했다면 존 그레이는 <화성에서 온 남자, 금성에서 온 여자>에서 우주적이고 공간적인 기적을 설명했다. 즉, 여자와 남자는 태생부터 달라 각각 화성과 금성, 서로 다른 별에서 떠나와 중간 행성인 지구에서 만난 것일 뿐이니 서로의 차이를 지각하고 이해하자는 내용이다. 자기공명영상*MRI*으로 남녀의 뇌를 검사했을 때 성별 차이는 거의 없다고 밝혀졌지만 남자와 여자가 서로 다른 별에서 왔다는 존 그레이의 가설은 무척 설득력이 있다.

정현종 시인의 "사람과 사람 사이에 섬이 있다 그 섬에 가고 싶다"라는 짧은 시를 처음 접했을 때에도 존 그레이의 화성과 금성이 떠올랐다. 여자와 남자는 각각 다른 섬 다른 별에서 왔지만 지구에서 만난다. 밤하늘을 날아 각자 자기 별로 오라며 고집하거나 상대의 별로 무작정 떠나는 것이 아니라, 중간지점에서 만나는 것이다. 이 얼마나 평화로운 결합인가? 정현종 시인도 서로 공유할 수 있는 두 사람 사이의 섬을 지명했다. 사랑은 둘이서 다시 쓰는 새로운 섬, 새로운 별의 이야기다. 다만, 존 그레이의 책을 인용할 때 제목을 헷갈리지는 말자. 남성의 상징인 아레스가 바로 마르스이며 마르스가 화성이고, 여성인 아프로디테가 비너스이고, 그 비너스가 바로 금성이니 말이다.

아레스와 아프로디테 사이에는 자식도 태어났다. 공포의 신 포보스와 근심의 신 데이모스, 조화의 여신 하르모니아다. 반란을 뜻하는 포토스, 욕망이나 성적인 갈망을 뜻하는 히메로스, 사랑의 복수를 뜻하는 아테로스도 아프로디테와 아레스의 자녀들이다. 포보스와 데이모스는 아버지 아레스가 전쟁에 나갈 때마다 함께 다닌다. 그래서 전쟁터에는 승리의 기쁨도 있지만 공포와 두려움이 떠나지 않는다. 위해나 손상을 입을 것 같은 예상과 함께 엄습하는 불안과 공포는 두려움의 증상이다. 불안과 공포가 유사한 단어인 것 같지만 분명한 차이가 있는데, 불안은 공포와 달리 특정한 대상이 없이 막연하게 느끼는 감정이다. 예상되는 위험을 냉철하게 인식하여 약간의 치밀함과 조심성을 갖추고 이지적으로 판단하고 행동한다면 크게 두려워할 일도 아니다. 경미한 불안은 오히려 삶의 도전과 활력이 되기도 한다.

#사랑의 대명사 #황금사과의 용도 #남자에 맞먹는 여자 #세기의 스캔들
#최초의 미녀와 야수 커플 #상남자 아레스 # 황금옥좌 #헤파이스토스 의문의 1패
#코스모스 #화성에서 온 남자 금성에서 온 여자 #그섬에 가고 싶다

과거에 성매개감염증*STD*은 임질, 매독이 대표적이었으나 페니실린 사용 후 매독은 매우 드물어졌고 헤르페스와 각종 질염 등이 포함된다.

아프로디테는 디오니소스와의 사이에서 프리아포스를 낳았는데, 그는 기형적으로 큰 음경을 가지고 있는 것으로 유명하다. 발기된 음경이 줄어들지 않는 음경지속발기증*Priapism*은 프리아포스에서 유래했다. 음경지속발기증은 음경에 피가 몰린 이후 빠져나가지 않아 성적인 흥분 없이 발기되기 때문에 성교시 통증을 유발하고 배뇨장애를 일으키는 등 불편감을 동반한다. 4시간 이상 산소가 공급되지 않으면 음경해면체가 섬유화되어 치명적인 손상을 초래할 수 있고, 합병증으로 발기부전을 겪을 수도 있다.

아프로디테는 인간 영웅도 마다하지 않아 트로이아의 영웅 안키세스와 사랑을 나누고 아이네이아스를 낳았다. 아프로디테는 이 사실을 비밀로 하라고 신신당부했건만 안키세스는 천상의 미녀에게서 아들을 얻은 것을 자랑하고 싶어서 참을 수가 없었다. 안키세스가 이를 공공연히 떠들고 다니자 아프로디테는 안키세스의 눈을 멀게 했다. 훗날 트로이아 전쟁에서 패망했을 때 안키세스는 아들 아이네이아스의 어깨에 올라타 탈출했다. 아이네이아스의 후손인 레아 실비아가 아레스와의 사이에서 로물루스와 레무스를 낳았고 이들이 로마를 건국했으니 로마인들은 아프로디테와 아레스를 좋아한달 수밖에.

근심의 신 데이모스는 로마 신화에서는 팔로르*Pallor*다. 근심을 살 만한 상황에서는 얼굴이 창백해질 수밖에 없다. 창백한 얼굴*pallor face*, 입술 주위의 창백*perioral pallor*도 있지만 창백하다*pale*는 단어도 팔로르에서 비롯되었다.

공포의 신 포보스에서 비롯된 포비아*phobia*는 대상이 분명히 있는 병리적인 증상이다. 예를 들어, 고소공포증*acrophobia*, 폐쇄공포증*claustrophobia*, 광장공포증*agoraphobia*, 물공포증*hydrophobia*, 빛공포증*photophobia* 등이다. 공포증은 본인의 의지와 무관하게 공포의 대상에 대해 견디기 힘든 두려움과 혐오를 느끼는 것으로, 이는 정신질환으로 분류되는 만큼 이를 극복하기 위해서는 체계적으로 치료를 받아야 하는 등 전문가 중재가 반드시 필요하다.

17. 설득의 달인으로 살다

$\leftrightarrow$ --- $\leftrightarrow$ --- $\leftrightarrow$

헤르메스 · 헤르마프로디토스 · 살마키스

수금지화목토천해. 태양 주위를 도는 행성을 태양에서 가까운 순서대로 나열한 머릿글자다. 이 여덟 행성을 영어로 표기하면 로마 신들의 이름에서 따온 것임을 금방 알 수 있다. 빛나는 별 금성은 비너스(아프로디테), 불타는 전쟁터처럼 보이는 화성은 마르스(아레스), 크기가 가장 큰 목성은 주피터(제우스), 토성은 주피터의 아버지 새턴(크로노스), 천왕성은 새턴의 아버지 우라노스(우라노스), 바닷빛을 띠는 해왕성은 냅튠(포세이돈)이다. 명왕성 플루토(하데스)가 마지막 행성으로 여겨졌으나 지하의 신이라는 이름처럼 2006년에 태양계 행성으로서의 지위를 상실했다. 태양의 명령을 전달하기라도 하듯 가장 가까운 곳에서 빠르게 맴도는 수성은 머큐리(헤르메스)다.

아틀라스의 딸 마이아와 제우스 사이에 태어난 헤르메스는 세상에 나오자마자 아폴론의 소 50마리를 훔쳤다. 신생아 헤르메스가 어찌나 영리한지 소의 발굽을 나무껍질로 싸서 소리가 나지 않게 하고, 소 꼬리에는 빗자루를 매달아 흔적을 없앴다. 그렇게 훔친 소로 신들에게 제물을 바치고 소의 창자와 거북이 등껍질로 리라를 만들고는 마치 아무 일도 없었다는 듯 다시 요람으로 돌아갔다. 아폴론은 어린 도둑을 불러 추궁했지만 헤르메스는 자기가 만든 리라를 연주해서 아폴론의 기분을 풀어주고 연주한 리라를 선물했다. 맞춤형 서비스에 감동받은 아폴론은 뱀 두 마리가 매달린 케리케리온(라틴어로 카두케우스)을 헤르메스에게 선물했다.

헤르메스는 비슷한 시기에 태어난 헤라의 아들 아레스를 밀쳐내고 아레스인 척하면서 헤라의 젖을 먹기도 했다. 헤라는 자신의 젖을 빨던 어린 헤라클레스를 떼밀어 하늘에 젖이 뿌려지는 일까지 있었지만, 무람없이 능청스러운 헤르메스에게는 별다른 제지를 하지 않았다. 오히려 헤라의 양해로 헤르메스의 어머니 마이아까지 올림포스로 옮겨와 함께 살도록 호의를 베풀었다. 상황이 이러다보니 헤르메스는 상인이나 도둑, 그리고 정치인(?)이 좋아할 만하다. 명품 브랜드 에르메스*HERMES*는 창업자의 이름일 뿐이고 전령사 헤르메스와는 상관이 없음에도 불구하고 정치인들이 처세를 위한 도구로 에르메스 제품을 이용하는 바람에 헤르메스가 논란의 중심에 서기도 했다. 이는 미워하기도 예뻐하기도 어려운 처세의 달인으로서의 헤르메스 이미지와 일치하는 재미있는 우연이다.

헤르메스는 약삭빠르고 언변이 뛰어나긴 하지만 거짓말을 하는 자는 가차없이 응징했다. 언젠가 자신이 도둑질하는 것을 어떤 노인에게 들키자 노인에게 소 한 마리를 주면서 지금 본 것을 절대 입 밖에 내지 말라고 당부했다. 노인은 "돌이 고자질을 할지언정 저는 절대로 고자질 따위는 안합니다. 오늘 본 것을 누구에게도 말하지 않겠으니 염려 마십시오. 만약 고자질을 한다면 돌이 되어도 좋습니다"라며 뱃심 좋게 단언했다. 노인의 말이 미덥지 않았던 헤르메스는 그 진중함을 확인하려고 다른 사람으로 변신해서 나타났다. 이번에는 소 두 마리를 주면서 아무것도 모르는 양 "혹시 헤르메스에 대한 소문 들은 거있소?" 하고 물었다. 그리 집요하게 묻지도 않았는데 뇌물을 받아 기분이 좋아진 노인은 자기가 목격한 헤르메스의 도둑질을 소상하게 일러바쳤다. 스스로 장담한 대로 노인이 돌이 되었음을 예상하기는 어렵지 않을 것이다. 노인은 어쩌면 헤르메스처럼 이야기했어야 했다. 언젠가 제우스는 헤르메스에게 자신의 전령사가 되려면 절대로 거짓말을 해서는 안 된다고 신신당부했다. 헤르메스는 "본의 아니게 진실을 빼먹고 말을 할지는 몰라도 거짓말은 하지 않겠습니다"고 대답했다. 그러다 문제가 생길라치면 "미처 진실을 이야기하지 못한 것이지 결코 거짓말을 한 것은 아닙니다"라고 천연스레 둘러댔던 것이다.

헤르메스는 제우스의 비서실장으로서의 역할도 충실히 해냈다. 날개 달린 지팡이 케리케리온, 날개 달린 모자 페타소스를 쓰고, 날개 달린 샌들 탈라리아를 신고 마법의 망토를 휘날리며 제우스 명령이라면 저승도 마다않고 종횡무진했다. 테티스의 결혼식에 초대받지 못한 불화의 여신 에리스가 굴린 황금사과 때문에 골치 아파하는 제우스를 위해 황금사과 과제를 떠맡길 인물로 파리스를 데려오기도 했다. 이 사건은 훗날 트로이아 전쟁의 서막이 되었다. 제우스가 이오와 노닐다가 헤라에게 들켰을 때 암소로 변신한 이오를 구출하기 위해 나선 것도 헤르메스다. 이때 걸출한 입담과 아폴론에게 전수받은 리라 연주 솜씨로 이오를 지키고 있던 눈이 백 개나 달린 아르고스를 잠재워 처치하기도 했다. 또한 레다를 꾀려고 제우스가 독수리에게 쫓기는 가녀린 백조 코스프레를 할 때는 독수리로 변신하기도 했고, 하데스에게 페르세포네를 돌려주라는 제우스의 결정을 전달하기 위해 지하세계까지 내려가기도 했다. 이처럼 헤르메스는 제우스의 명령이라면 찰떡같이 알아듣고 정확하게 해석하여 신이든 인간이든 설득을 잘하는 설득의 달인이기도 했으니, 해석학*Hermeneutics*이라는 학문명이 헤르메스에게서 나온 것은 당연한 것이리라.

요즘 시대에 헤르메스 같은 인물이라면 기업의 스카웃 대상 영순위일 것이고, 여성들로부터 쏟아지는 관심과 인기를 주체하지 못할 것이다. 그렇지만 올림포스에서는 그다지 인기가 없어서 이렇다 할 만한 사랑 이야기가 없다. 올림포스를 떠들썩하게 했던 아프로디테와 아레스의 그물포박사건 이후 헤르메스가 아프로디테에 대한 마음을 숨기지 않았던 일을 제외한다면 말이다.

헤르메스가 아프로디테에게 관심이 있음을 알게 된 제우스는 둘 사이를 이어줄 계획을 세웠다. 우선 아프로디테가 아켈로오스강에서 목욕할 때 독수리를 시켜 아프로디테의 황금 샌들을 훔치게 했다. 이것은 전래동화, 인간세계로 목욕하러 내려온 선녀의 날개옷을 숨겼던 나무꾼의 사연과 기막히게 같지 않은가? 제우스는 황금 샌들을 헤르메스에게 건네주며 적당한 때를 봐서 아프로디테에게 돌려주는 구실로 둘만의 시간을 가져보라고 했다. 헤르메스는 자기와 사랑을 나누면 샌들을 주겠다는 조건을 내걸었는데, 아프로디테 역시 조금도 지체하지 않고 헤르메스의 제안에 응했다. 그후 그들 사이에 헤르마프로디토스가 태어났다.

아프로디테와 헤르메스 사이에 태어난 자식의 이름을 자신의 이름에서 하나씩 따서 헤르마프로디토스라고 지었던 것을 보면 둘 사이는 무척이나 각별했던 것 같다. 브래드 피트와 그의 아내 안젤리나 졸리를 일컬어 브란젤리나*BranGelina*라고 부르고, 톰 크루즈와 케이티 홈즈 커플을 톰캣*TomKat*으로 부르는 등 할리우드의 유명배우 커플을 합성어로 부르는 것도 어찌 보면 그들의 사랑이 신들처럼 특별하고 영원불멸하기를 바라는 팬들의 염원을 담은 것은 아닐까?

헤르마프로디토스는 아프로디테의 아들답게 아름다운 청년으로 자랐고 열다섯 살이 되자 세상을 구경하기 위해 집을 나서서 카리아 지방에 다다랐다. 카리아에는 살마키스라는 님프가 있었다. 보통 님프들은 아르테미스에게 순결을 맹세하기 마련인데 살마키스는 순결을 맹세하지 않았을 뿐더러 헤르마프로디토스를 보고는 첫눈에 반해버렸다. 신이든 님프든 잘생긴 청년을 가만히 내버려두지 않는 것이 불문율인가보다. 살마키스는 스치기만 해도 열매의 바늘이 옷에 붙어서 잘 떨어지지 않는 찐더풀처럼 헤르마프로디토스에게 들러붙어 성가시게 굴었다. 그럴 때마다 헤르마프로디토스는 살마키스를 매몰차게 외면했다.

어느 날 헤르마프로디토스가 샘에서 목욕을 할 때 살마키스는 바로 뒤따라 들어가 헤르마프로디토스를 꽉 껴안았다. 하지만 마치 치한이라도 대하듯 자신을 받아주지 않는 헤르마프로디토스가 야속한 살마키스는 제우스에게 차라리 그와 한몸이 되게 해달라고 기도했다. 제우스는 목욕을 마치고 나른한 몸을 뉘어 낮잠을 청한 헤르마프로디토스에게 살마키스의 기도를 심어주었다. 그러자 주무르는 대로

바르톨로메우스 스프랑거 <살마키스와 헤르마프로디토스> 1580

모양이 바뀌는 액체괴물 슬라임처럼 헤르마프로디토스는 허리가 잘록 들어가고 가슴이 봉긋 솟아오르며 엉덩이가 둥그러지는 여성의 몸매가 되었다. 잠에서 깨어난 헤르마프로디토스는 얼마나 황당했겠는가? 남자이면서 여자의 몸매를 가지게 된 헤르마프로디토스는 아프로디테와 헤르메스에게 이 샘에 들어오는 자는 누구든지 자기처럼 남녀가 한몸이 되게 해달라고 빌었고 이후 그 샘에 들어가는 자는 남녀한몸이 되었다.

한 개체에 암컷과 수컷의 생식기를 모두 갖춘 것을 자웅동체雌雄同體 또는 자웅동주雌雄同柱라고 한다. 지렁이나 달팽이, 전복 등이 이에 속한다. 이것은 남녀의 생식기를 다 가지고 있는 반음양증(어지자지 또는 남녀추니)과는 다르다. 반음양증은 헤르마프로디티즘Hermaproditism이라는 질병명에서 알 수 있듯이 남녀한몸이 된 헤르마프로디토스의 사연에서 유래한다.

그리스 신화에서 남녀한몸의 에피소드는 하나 더 있다. 설마 그랬을까 싶지만, 어느 날 제우스가 잠을 자다가 몽정을 했다. 자나깨나 넘치는 성욕을 어찌할 수 없었던 모양이다. 제우스가 흘린 정액 속에서 남녀한몸인 아그디스티스가 태어났는데, 아그디스티스는 여성으로 살까, 남성으로 살까를 고민하다가 여성을 선택했다. 그리고 거추장스러운 남성의 생식기를 잘라서 버렸는데 그곳에서 아몬드나무가 솟아났다. 성정체성은 여전히 어려운 문제로 성소수자들의 활동이 사회적 이슈가 되기도 한다. 성에서는 비교적 자유로웠고 당당하게 자신의 성을 결정하던 그리스 신들에게서 지혜를 배우자.

#태양계 행성 #제우스 전속 퀵서비스 #축지법 3종세트 #브란젤리나 #톰캣
#처세의 달인 #공짜 명품 사절 #아몬드나무

해석학解釋學은 텍스트의 해석에 대한 이론과 방법에 관한 철학의 하나인데, 중세 유럽에서는 주로 성경구절의 해석에 중점을 두었지만 현대에는 언어적 비언어적인 의사소통에서의 의미 찾기에 더욱 중점을 두고 있다.

 중세 유럽의 대표적인 7가지 금속을 태양계의 행성으로 표현하면서 수은watery silver을 수성Mercury에 대응시켰다. 수은은 금속이면서 액체 성분을 가진 독특한 물질로 수은체온계의 주요 물질로 사용되었다. 수은과 금속을 결합한 아말감은 치과에서 보철재료로 사용되기도 했다. 일명 빨간약으로 불리는 소독제 머큐로크롬mercurochrome도 수은이 주성분이라 붙여진 이름이다. 하지만 일본을 중심으로 수은 폐수로 인한 '미나마타병'이 알려지면서 수은 체온계와 아말감, 빨간약은 자취를 감추었다.

헤르마프로디티즘Hermaproditism은 선천성부신과형성증이라고 불리는 선천성질환인데 여러 가지 이유로 남성호르몬인 안드로겐androgen의 생산이 증가하는 질병이다. 만일 이 질병을 가지고 있는 신생아가 여자아이라면 대음순이 유착되고 음핵clitoris이 과다 돌출되는 생식기 기형을 가져와 언뜻 보기엔 남자아이로 보이기도 해서 태어난 성과 다르게 살아가야 할 수도 있다. 아이가 스스로 자신의 성정체성을 결정할 수 있으면 좋겠지만 이는 청소년 이후에나 가능한 일이므로 부모와의 상담을 통해 아이의 성을 신중하게 결정하는 것이 무엇보다 중요하다. 선천성부신과형성증은 스테로이드 치료가 가능하고 생명에는 지장이 없다.

18. 사랑으로 계절을 구분하다

데메테르 • 페르세포네 • 하데스 • 아도니스

우리는 인생의 여러 계단에서 다양한 신들과 조우하며 그들에 빙의하거나 닮고 싶어한다. 독신주의자 아르테미스를 동경하던 소녀시절을 지나 커리어 우먼으로서 당당하고자 했던 청년기에는 아테나와 아프로디테를 바란다. 그러나 떳떳하고 거칠 것 없었던 아테나가 되기엔 사회의 유리벽이 너무 높고, 아프로디테가 되기엔 물리적으로 불가능한데다 때로는 속물스러워 거부감이 일기도 한다. 결혼을 하고 나면 남편의 뒤를 밟거나 악다구니를 쓰는 헤라도, 시집 간 딸을 옆에 두고 젖먹이처럼 돌보아야 직성이 풀리는 데메테르도 마땅치 않다. 여성에게만 요구되는 모성은 환상이며 자녀를 통해 자아실현을 하려는 중년 여성은 모성의 포로이다. 사랑이 지나치면, 설령 그것이 자식에 대한 사랑일지라도 집착으로 변질될 수 있기 때문이다. 가만히 여신들의 이름을 조금 더 오물거리다가 과거 가부장제의 의존적인 현모양처를 그리고 있는 그리스 신화 속 그 어떤 여신도 닮고 싶지 않다는 결론에 이른다.

농업이 주류인 시대에서 농작물이 자라는 대지는 생명의 원천이자 어머니다. 데메테르는 곡물이 자라고 결실을 맺어 수확하도록 돕는 풍요의 여신이자 어머니의 여신이다. 데메테르는 한때 인간 영웅 이

아시온을 사랑하여 플루토를 낳았으나 데메테르를 찜해 두었던 제우스가 이아시온을 죽여 버리고는 데메테르가 슬픔에 잠겨 있을 틈도 주지 않고 황소로 변신해서 데메테르를 겁탈했다. 제우스의 이런 행태는 폭력에 가깝다. 상대방이 원치 않은 상태에서 겁박을 하게 되면 겁에 질린 여성은 생리주기에 상관없는 공포성 배란을 하게 된다. 동물의 세계에서는 수컷이 교미 동작을 취하거나 공포 분위기를 조성해야만 암컷이 배란을 하는 경우가 있다. 토끼나 낙타, 원숭이가 그러한데, 이런 일시적인 배란은 사람에게도 가끔 나타난다. 강간을 당한 여성의 임신 가능성이 높은 것도 같은 이유에서다. 데메테르 역시 바로 임신했지만 제우스를 사랑해서 얻은 생명이 아니었기에 제우스에게 알리지 않고 혼자 시칠리아섬에 가서 딸을 낳았다. 데메테르는 아이 이름을 페르세포네라고 짓고 금이야 옥이야 소중하게 키웠다. 하지만 데메테르는 풍요의 여신으로서 농작물 관리를 위해 여기저기 땅들을 돌아보아야 했기에 시칠리아섬에만 머물러 있을 수 없었다.

어느 날 데메테르는 님프들에게 페르세포네를 부탁하고 집을 나섰

다. 페르세포네는 님프들과 함께 들판에서 꽃을 따면서 놀고 있었는데, 노랗고 예쁜 수선화를 따려고 고개를 숙이는 순간 하데스가 나타나 그녀를 납치했다. 너무나 순식간에 벌어진 일이라서 님프들이 정신을 차렸을 땐 이미 페르세포네는 온데

에블린 모르간
<페르세포네를 그리워하는 데메테르>
1906

간데없고 수선화 한 송이만 남아 있었다. 페르세포네가 지하세계로 끌려갈 때 어머니를 애타게 부르며 신들에게 도움을 요청했지만 아무도 도와주지 않았다.

데메테르는 딸이 사라졌다는 소리를 듣고 곧장 달려왔으나 딸의 행방을 전혀 알 수가 없었다. 실종된 지 9일째에야 비로소 하데스에게 납치된 사실을 알게 되었고, 제우스에게 구원을 청했지만 제우스는 묵인했다. 사실 제우스는 하데스가 페르세포네를 납치할 때도 알고 있었지만 시치미를 뗐다. 지하세계에서 결혼도 못하고 사는 형제에 대한 연민이었는지도 모르겠다. 그때부터 데메테르는 딸을 찾아 헤매며 농사를 전혀 돌보지 않아 그리스 전역의 농토는 황폐해졌고 점점 불모지로 변해갔다. 상황이 이렇게 되자 제우스는 할 수 없이 페르세포네를 구해주기로 했지만 녹록지 않았다. 일단 저승세계의 음식을 맛보면 저승을 절대 떠날 수 없다는 불문율이 있었는데, 이 법을 몰랐던 페르세포네는 하데스가 권하는 석류 몇 알갱이를 이미 먹었기 때문이다. 그리스에서 석류는 저승의 음식이라기보다는 결혼의 상징이다. 그러니 하데스와 페르세포네가 혼인서약을 한 것이나 마찬가지고, 이제 지하세계는 페르세포네의 거처가 된 것이다. 지금도 그리스에는 신혼부부가 석류를 먹는 풍습이 남아 있다고 한다.

데메테르가 페르세포네를 찾아냈지만 이미 석류를 먹은 딸을 만날 수는 없었다. 데메테르는 물러서지 않고 계속 딸을 만나겠다고 오랫동안 실랑이를 하느라 세상에는 흉년이 거듭되었다. 결국 제우스는 페르세포네가 먹었던 석류 네 알의 숫자만큼 4개월은 저승에서 살고 나머지 8개월은 지상으로 올라와 어머니 데메테르와 보내도록 허락하였다. 하데스도 제우스의 결정을 반박할 수는 없었다. 실은 페르세포네를 납치할 때 언젠가는 그녀를 지상으로 돌려보내겠다고 스틱스강에 맹세했었기 때문이다. 이때부터 추운 날씨가 지나면 봄의 여신이 페르세포네를 데메테르에게 데려왔다. 페르세포네가 지상으로 올라오면 만물이 깨어나기 시작하고 딸과 함께 있는 동안에 데메테르는 기쁨과 에너지가 넘쳐 대지를 풍성하게 만들어 곡물이 성장하고 열매를 맺었다. 그렇지만 페르세포네가 지하세계로 내려가 있는 4개월 동안 데메테르는 딸을 그리워하며 아무 일도 하지 않기 때문에 그 기간에는 식물이 성장을 멈추는 추운 날씨가 계속 되었다. 1년을 단위로 이런 생활이 반복되면서 지상에는 계절의 변화가 확립되었다.

페르세포네가 음산한 지하세계에서 우울하게만 보낸 것은 아니다. 지하세계에서 보내는 4개월 동안 아도니스라는 미남청년과 함께 지낼 기회가 있었다.

미르라는 우윳빛 상아조각처럼 이목구비가 뚜렷하고 상호 비율이 완벽했던 갈라테이아를 닮아 무척이나 아름다웠다. 미르라의 어머니 켄크레이스는 딸의 아름다움을 자랑하며 "내 딸은 아프로디테보다 아름답다"는 말을 끊임없이 내뱉었다. 요즘도 제 가족의 미모나 재산을 자랑하면 시기 질투를 당하거나 범죄의 표적이 될 수도 있기에 조심해야 하지만 고대에는 신들의 권위와 아름다움에 도전하는 것 자체가 금기이기에 켄크레이스는 엄청난 후폭풍과 마주해야만 했다. 오비디우스조차 <변신이야기>에서 "키니라스는 딸 미르라가 없었다면 더 행복했을 사람"이라고 표현했다. 인간과 아름다움을 비교당해 불쾌해진 아프로디테는 에로스로 하여금 미르라를 허락되지 않은 사랑에 빠지게 했다. 에로스는 황금화살을 날려 미르라가 자신의 아버지 키니라스를 사랑하게 만들었다. 모든 딸이 아버지를 사랑하지만 키니라스가 당혹스러울 정도로 미르라는 아버지에게 정욕을 느꼈다.

어느 날 미르라는 어머니 켄크레이스가 없는 사이에 아버지를 술에 취해 정신을 잃게 만들고는 그의 침실로 들어갔다. 이후 미르라의 배가 불러왔고 키니라스에게 자초지종을 추궁당하자 집에서 도망쳐 나와 아프로디테에게 도움을 요청했다. 그제야 아프로디테는 회심의 미소를 띠며 미르라를 몰약나무*Myrrh*로 변신시켰다. 몰약은 동방박사가 아기 예수의 탄생 선물로 가져왔던 세 가지 예물 중 하나로 향수나 화장품, 약재 등으로 귀하게 사용된다. 얼마간의 시간이 흐른 뒤 몰약나무 아래에서 남자아이가 나왔는데, 이 아이가 잘생김으로 유명한 아도니스다.

아프로디테는 아도니스를 하데스의 아내인 페르세포네에게 보내어 양육을 부탁했다. 지하세계에서 적적했던 페르세포네는 아도니스를 정성껏 돌보았다. 아도니스가 꽃미남의 면모를 발휘하며 멋진 청년으로 성장하자 페르세포네는 아도니스를 아프로디테에게 돌려주고 싶은 마음이 사라졌다. 결국 아프로디테와 페르세포네는 아도니스를 사이에 두고 데려가니 못 데려가니, 내가 키우니 네가 키우니 다툼을 벌였다. 이를 보다 못한 제우스는 1년의 4개월은 페르세포네와, 4개월은 아프로디테와, 나머지 4개월은 아도니스 마음대로 살도록 했다. 하지만 아도니스는 자기 마음대로 살 수 있는 4개월도 아프로디테와 함께 보냈다. 아무래도 지하세계보다는 지상에서의 시간이 훨씬 좋았다. 아프로디테는 아도니스가 거친 말과 위험한 행동을 하지 않도록 늘 주의를 주었고 다치지 않도록 잘 돌보았다. 특히 맹수들 곁에는 절대로 가까이 가지 말라고 신신당부를 했다.

어느 날 아프로디테가 잠시 올림포스로 올라간 사이 아도니스가 멧돼지에게 공격을 당했다. 혈기왕성하고 완전한 남성스러움을 과시하고 싶었던 아도니스가 무모하게도 맹수 사냥에 나섰던 것이다. 사실 멧돼지는 아도니스를 질투한 아레스의 변신이거나 아레스가 보낸 것이었다. 아도니스가 다쳤다는 소식을 들은 아프로디테는 한달음에 달려왔지만 끝내 아도니스를 살려내지 못했다. 아무리 신이라도 죽음의 세계에 발을 들인 인간을 살려내는 것은 명계의 질서를 무너뜨리는 일이므로 어찌 할 수가 없었다. 아프로디테는 아도니스가 흘린 피 위에 신들의 음료인 넥타르를 뿌렸다. 넥타르가 뿌려진 아도니스의 주변엔 아도니스의 핏빛을 닮은 꽃 한 송이가 피어났는데 이것이 아네모네다. 아네모네를 바라보며 아프로디테가 흘린 눈물은 땅에 떨어져 장미가 되었다. 아네모네는 아도니스처럼 1년의 4개월은 땅속에 있다가 땅위로 올라와 꽃을 피운다.

조각미남 아도니스처럼 남성이 자신의 용모나 신체에 집착하는 것을 아도니스 콤플렉스*Adonis Complex* 또는 아도니스 증후군*Adonis Syndrome*이라고 한다. 이들은 몸짱이 되기 위해 근육질 몸매 만들기에 혈안이 되거나 성형중독에 빠지기도 한다. 이러한 외모완벽주의를 과도하게 지향하는 사람들은 오히려 자아존중감이 낮은 경우가 많다. 건강한 아름다움은 자아존중감*self-esteem*에서 비롯된다. 자신이 사랑받을 만한 소중한 존재이고 무엇이든 할 수 있는 능력이 있는 사람이라고 믿는 믿음인 자아존중감은 스스로를 존중함으로써 시작된다. 여신급 미모를 따라갈 수도 없고 조각 같은 몸매와 초콜릿 복근도 영원하지 않다. 무모한 뒤쫓음보다는 건강한 신체상*body image*을 장착하고 지적인 도전과 실력을 갖추는 데 투자할 일이다. 나이가 들었다고 자기 자신을 향한 존중을 포기하고 자녀에게 집착하는 것 역시 아름답지 않다. 중년이거나 노년의 모습으로도 아름답고 당당한 나로 존재할 수 있도록 남이 만들어 놓은 기준을 좇지 말고 나 자신을 온전히 세우는 일을 게을리하지 않아야 할 것이다.

#모성애 대방출 #사계절의 탄생 #계절마다 엄마는 바쁘다 #아도니스 셀럽병 초기
#아도니스 콤플렉스 #초콜릿 복근 #건강한 아름다움 #자존감 세우기

데메테르는 로마에서는 케레스*Ceres*이다. 아침식사 대용으로 먹는 시리얼*cereal*, 추수감사절처럼 수확을 감사하거나 특별히 음식을 차려놓고 사람들을 부르는 행사를 기념식*ceremony*이라고 하는 것도 곡물의 여신 케레스에서 비롯되었다.

 페르세포네 납치 사건은 가스통 르루*Gaston Louis Alfred Leroux*(1868-1927)의 <오페라의 유령>의 서사구조와 무척 닮았다. 천재 외톨이 팬텀이 오페라 극장의 지하로 크리스틴을 잡아가는 모습이 하데스의 페르세포네 납치와 비슷하다. 하데스야 저승의 신이니 지하세계가 그의 영역이지만 팬텀이 지하에 은둔하는 것은 심각한 안면기형 때문이다. 안면기형은 사고로 인해 후천적으로 발생할 수도 있으나 많은 경우 선천적인 두개골 기형이나 신경섬유종*neurofibromatosis*으로 발생되기도 한다. 그 정도에 따라 외과적 수술이 필요하기도 하겠지만 보다 중요한 것은 그들이 세상 밖으로 나올 수 있도록 돕는 편견 없는 시선과 애정 어린 손길이다.

 2001년 미국 하버드 의대 교수인 해리슨 G 포프*Harrison G. Pope*(1947~)는 저서 <아도니스 콤플렉스>에서 외적인 아름다움을 중요하게 생각하는 풍조에 따라 매력 있는 남자가 되기 위해 남성들이 외모에 집착하는 현상을 설명하면서 아도니스 콤플렉스를 처음 언급하였다.

🏛 키프로스섬의 피그말리온은 자기가 만든 조각상이 변한 여인 갈라테이아와 결혼하여 딸 파포스를 낳았다. 파포스는 아폴론과의 사이에서 아들 키니라스를 낳았는데 키니라스는 켄크레이스와 결혼하여 딸 미르라를 낳았다. 미르라는 스미르나라고도 불린다. 즉, 미르라는 피그말리온과 갈라테이아의 증손녀로 갈라테이아를 닮아 우윳빛 피부와 조각 같은 이목구비를 가졌다.

19. 페르소나를 벗고 자유를 추구하라

디오니소스 • 사티로스 • 아리아드네

유칼립투스 잎에는 알코올 성분이 들어 있어서 이를 주식으로 하는 코알라는 종일 혈중알코올농도가 높은 상태로 지내며 하루 20시간 이상 잠을 잔다. 만취한 상태의 코알라, 빠르게 발음하면 꽐라(?). 숙취에서 벗어날 무렵 조각난 기억의 단편들을 더듬어보면 어렴풋이 떠오르는 과했던 장면들, 잊히길 바라는 꽐라의 순간들이 있다. 그런 때는 단지 술의 신이 찾아왔을 뿐이라고 변명하고 싶어진다.

술의 신은 디오니소스다. 디오니소스는 어머니 세멜레가 제우스가 입은 천상의 옷을 보고 불타 죽자 태중에서 꺼내져 다시 제우스의 허벅지에서 달을 채우고 태어나 출생 후에는 세멜레의 동생 이노에게 보살핌을 받았다. 이노는 외모가 아름다운 디오니소스에게 여자 옷을 입혀 소녀처럼 키우면 헤라에게 들키지 않을 것으로 생각했지만 예상은 빗나갔고, 이 사실을 알게 된 헤라는 디오니소스를 숨겨 키운 이노 부부를 미치게 만들었다. 이노의 남편 아타마스는 큰아들을 사슴의 환영으로 착각해서 활을 쏘았고, 이노 또한 작은아들을 끓는 물에 넣었고, 그것도 모자라 디오니소스에게까지 활을 겨누었다. 더 이상 이들 부부에게 맡길 수 없게 되자 제우스는 디오니소스를 산양으로 변신시키고 숲속 물의 요정인 니사에게 맡겨 키웠다.

수렵보다는 채집이 좋았던 디오니소스는 숲에서 우연히 실레노스를 만나 포도를 재배하는 것과 포도주 만드는 법을 배웠다. 실레노스는 반은 인간이고 반은 염소의 모습을 한 중년의 사티로스인데 늘 술에 취해 있었다. 자연스레 실레노스는 디오니소스의 스승이자 술친구가 되었다. 허랑방탕해 보이는 디오니소스가 마땅치 않았던 헤라는 그를 지상을 떠도는 방랑객이 되게 했지만, 디오니소스는 이 마을 저 마을을 여행하며 포도 재배와 포도주 담그는 법을 전파하면서 방랑 주신酒神의 생활을 즐겼다.

사람들이 술을 마시는 이유가 시인 샤를 보들레르나 화가 잭슨 폴록처럼 예술행위의 일환일 수도 있지만, 현진건의 <술 권하는 사회>에서처럼 자신을 무기력하게 만드는 몹쓸 사회에 절망해서일 수도 있고, 생텍쥐페리의 <어린왕자>가 만난 술주정뱅이처럼 술을 마시는 게 부끄러워 그 부끄러움을 잊으려는 것일 수도 있다. 디오니소스는 유년시절의 외롭고 고독했던 기억을 잊기 위해서였는지도 모르겠다. 어머니의 부재는 불쑥불쑥 폐부를 찌르는 고통과 감정의 파열을 낳기도 했을 것이다. 알코올에 의존할 수밖에 없는 상황이라는 면죄부를 주려는 것은 아니지만 술이 아니라면 아편을 만드는 양귀비라도 필요한 시간을 견뎌야 했을 것이다. 올림포스의 아웃사이더 디오니소스는 마음을 다 잡지 못하고 어머니를 그리워하다가 결국 어머니를 구하러 지옥까지 내려갔다. 이를 안타깝게 지켜본 제우스는 세멜레에게 티오네라는 새 이름을 주어 여신이 되게 해주었다.

이렇듯 디오니소스는 만나본 적도 없는 인간 어머니를 여신으로 등극시켜 천상에서 살게 해준 효자였다. 또 아버지를 배신하면서까지 사랑을 선택했으나 사랑이라 믿었던 테세우스에게 버림받고 낙소스 섬에 낙오된 비운의 아리아드네를 따뜻하게 감싸주기도 했다. 낙소스섬에서 모든 것을 잃은 허망함과 비현실적인 슬픔에 빠져 있는 아리아드네 앞에 디오니소스와 실레노스, 한 무리의 사티로스가 술에 취한 채 요란하게 나타났다. 떠들썩한 이들의 등장에 깜짝 놀라 벌벌 떨고 서 있는 아리아드네를 보자 디오니소스는 측은지심이 생겨 보호자가 되어주겠다고 약속했던 것이다. 디오니소스는 아리아드네에게 왕관 모양의 머리장식인 티아라를 선물했고, 훗날 티아라는 밤하늘의 별이 되어 북쪽 왕관자리로 빛났다.

술로 시름을 달래고픈 자들은 어느 시대에나 있다. 노동자들에게 사회의 억압과 노동의 고단함으로부터 일탈할 수 있는 용기를 부여하고, 예술가들에게 느슨하고 자유로워진 마음으로 창작의 혼을 일으키게 하는 것이 술이다. 고대 그리스에서 디오니소스를 따르는 추종자들은 포도주와 음악, 황홀한 춤으로 해방감을 느꼈고, 방전에 다다른 몸을 다시 일상으로 복귀할 수 있도록 충전했다. 그러다보니 평민과 소외된 하층민의 해방자인 디오니소스를 향한 광신도들이 폭발적으로 증가했고, 특히 성차별로 그 지위가 상당히 낮았던 여성들에게서의 파급력은 더욱 커졌다. 디오니소스의 여성 추종자를 마이나데스라고 불렀는데, 광란의 여인들madness이라는 뜻의 마이나데스는 디오니소스를 따라다니며 흥청망청 파티를 즐겼다. 마이나데스가 한번 술에 취하면 산이나 숲을 배회하며 괴팍한 행동을 하는 공포의 대상으로 여겨질 정도였다. 마이나데스를 바카Bacca라고도 불렀는데, 로마에서 디오니소스를 바쿠스라고 부르는 것과 어원을 같이한다.

디오니소스와 그 무리를 표현한 그림 중에 조금 특별한 것이 있다면 요즘도 흔히 만날 것 같은 일꾼들이 디오니소스와 함께 술잔을 나누고 있는 벨라스케스의 <바쿠스의 승리>다. 24세에 이미 스페인 합스부르크 왕가의 궁중화가로 부와 명예를 충분히 누리고 있어 더 이상 부러울 것이 없는 벨라스케스는 왜 이런 그림을 그렸을까? 인간에게 따뜻한 시선을 가지고 있었던 벨라스케스는 궁중 내에서 생활하는 소외된 사람들을 찾아 화폭에 담기를 게을리하지 않았는데, <바쿠스의 승리>도 같은 맥락이다. 스페인 카스티아 지방 포도농장의 허름한 작업복 차림의 농부를 화면 가득히 배치한 것은 퇴폐와 탐미를 추구하는 데카당스가 아닌 노동자의 해방과 어울리는 디오니소스를 가장 효과적으로 표현한 것이다.

　이탈리아 화가 카라바조는 인간다운 모습의 바쿠스 두 점을 그렸다. 혼술을 하다 갑자기 생각이 난 듯 손톱 밑에 때가 낀 채로 무심히 와인 한잔을 건네는 <바쿠스>, 종국엔 알코올 의존증*alcoholism*을 진단받은 듯 병들어 퀭한 눈을 한 <병든 바쿠스>다. <병든 바쿠스>는 카라바조의 자화상이라고 하니, 이 그림을 보면 자기 관리가 형편없었던 게 아닌가 하여 안타깝다.

디에고 벨라스케스 <바쿠스의 승리> 1628-1629

미켈란젤로 카라바조 <바쿠스> 1598 　　　미켈란젤로 카라바조 <병든 바쿠스> 1593

　　디오니소스는 아폴론과 마찬가지로 예언과 치유의 능력을 지니고 있었다. 디오니소스는 아폴론과 함께 델포이 신전에서 큰 비중을 차지한 신이었는데, 델포이 신전의 주인인 아폴론이 잠시 떠나는 11월부터 2월까지는 디오니소스와 추종자들이 신전에 기거하며 디오니시아 제전을 열었다. 디오니시아 제전에는 고대 그리스 최대의 비극 경연대회가 빠지지 않았는데, 작가들은 3편의 비극작품과 1편의 사티로스극을 구성해서 경연에 참여해야 했다. 흔히 그리스 비극 3부작이라고 부르는 것도 이러한 이유 때문이다. 아이스킬로스의 <오레스테이아 3부작>을 제외하면 비극 3부작이 고스란히 남아있는 것은 거의 드물기 때문에 아쉬움이 크다. 지금까지 남아 있는 3대 그리스 비극 작가와 대표적인 작품은 아이스킬로스의 <엘렉트라>, 소포클레스의 <오이디푸스>, 에우리피데스의 <메데이아> 등이다.

　　비극은 염소의 노래라는 뜻의 트라고이디아*tragoidia*이다. 염소의 노래가 비극*tragedy*의 어원이 된 것은 디오니소스 신에게 바치는 제물이 염소이기도 했지만 디오니소스의 추종자였던 사티로스가 반은 염소의 모습을 하고 있었기 때문이다. 디오니시아 제전에서 비극 작품만 경연했던 것은 아니다. 희극이 있었을 것이라는 상상력으로 만들어진 문학작품이 미셸 푸코의 <장미의 이름>이다. 숀 코네리 주연의 영화로도 만들어져 큰 인기를 모았다.

디오니시아 제전에서는 당대에 내로라하는 작가들이 시나리오를 출품하면 그중에서 1등을 선정하여 마지막 날 연극으로 올려 피날레를 장식했다. 공연을 위한 연습을 많이 했던 것 같지는 않다. 창작 작품이 아니라 이미 전승되어 잘 알려진 신화에 약간의 각색을 가미한 것이기 때문이다. 과거 우리나라도 가면극이나 탈춤은 남자들의 몫이었던 것처럼 고대 그리스도 여자들은 무대에 설 수 없었다. 그러다 보니 배우들은 가면을 쓰고 남녀 배역을 맡아야 했고, 그 가면을 페르소나persona라고 불렀다. 정신과의사이자 심리학자인 칼 융은 사람의 마음은 의식과 무의식으로 이루어지는데, 특히 자아의 어두운 본성을 감추거나 무의식을 다스리기 위한 것을 페르소나라고 명명했다. 사람들은 보통 본성을 감추고 의식의 세계에서 규범을 따르거나 의무를 수행하며 세상과 관계를 맺는다. 이 과정에서 자신의 이미지 관리를 위해 상황에 따라 각각의 다른 페르소나를 사용한다. 이런 페르소나는 엄격한 가정교육이나 사회적인 규범으로 더욱 강화된다.

우리 각자는 너무 많은 페르소나를 가지고 있기 때문에 어느 한 사람을 이해하는 것도 하나의 얼굴로만 기억할 수는 없다. 아이유 주연의 <페르소나>, 6명의 배우가 한 명의 밥 딜런을 연기한 토드 헤인즈 감독의 <아임 낫 데어I'm not there>는 페르소나를 이해하게 해주는 상징적인 영화다. 뿐만 아니라 영화계에서는 특정한 감독의 작품에 단골로 등장하는 배우를 그 감독의 페르소나라고 한다. 감독의 얼굴이 되어 감독의 목소리와 생각을 표현해주는 배우라는 의미이다. 예를 들어, 레오나르도 디카프리오는 마틴 스콜세지 감독의, 조니 뎁은 팀 버튼 감독의, 양조위는 양가위 감독의, 제92회 아카데미상을 수상한 <기생충>의 송강호는 봉준호 감독의 페르소나다. 배우는 페르소나를 쓰는 순간 거추장스러운 현실로부터 자유로워져서 완벽하게 작품 속의 인물이 된다.

　나는 자유인인가? 언제 나는 자유로워질 수 있는가? 우리는 가끔 자유로운 삶을 꿈꾼다. 하지만 자유와 해방을 만끽하기 위해 반드시 술에 의존하거나 흐트러질 필요는 없다. 지나치게 절제하며 매사에 합리화하기보다는 타인의 실망이나 반감에 예속되지 않고 자신의 주장과 철학대로 나아가는 힘만 있으면 된다. 보편적으로 추구하는 가치를 깨고 나올 수 있는 자유인을 목격하면 감탄할 수밖에 없다.
　명예와 부를 가질 수 있는 한국에서의 의사의 삶을 버리고 가난한 나라 남수단으로 떠난 이태석 신부야말로 자유인이다. 자신의 안위나 사회적인 규율은 자질구레한 덕성일 뿐이며 얼굴을 감추어야 하는 페르소나는 필요가 없다. 그러니 사회적인 약자와 낮은 계급 사람들의 애환을 달래주던 디오니소스를 더 많이 닮았다. 누구나 다 짐작할 수 있는 손해를 미리 덜고 싶은 이기적인 심리를 떨쳐버리고 스스로의 기준과 가치를 위해 기득권마저 포기할 수 있는 용기 있는 자가 진정한 자유인이 아닐까?

#올림포스의 아웃사이더　#알코올 의존증　#꼴라꼴라 코알라　#페르소나
#아카데미작품상 기생충　#송강호 봉준호의 페르소나　#나는 자유다　#울지마 톤즈

술을 많이 마시게 되면 인간의 이성과 지적 기능을 담당하는 대뇌가 해방되어 감정의 제어가 풀리기 시작한다. 또한 소뇌가 해방되어 균형감각을 잃어버리고, 중뇌가 해방되어 신체감각이 저하되며 연수의 해방으로 한 사람을 단단히 지탱하던 것으로부터 영원히 해방된다. 이러한 해방에 깃든 상태를 유지하고 그 이상의 쾌감을 경험하기 위해서는 더 많은 술을 마시게 되고 결국 술이 없으면 생활이 불가능해진다. 이것이 알코올 의존증 *alcoholism*이다. 정신질환으로 분류되지만 중증의 알코올 의존증은 내과 신경과 정신과의 협진으로 적극적인 치료가 필요하다.

기원전 7세기에서 기원전 6세기에는 디오니시아 제전이 유행하기 시작했다. 사실 고대 그리스에는 디오니소스 축제만 있었던 것은 아니다. 제우스 축제도 있고 아폴론 축제도 있었다. 육상경기가 주를 이룬 아폴론 축제는 디오니시아 제전처럼 매년 개최되는 것도 있지만 2년마다 혹은 4년마다 개최되는 경기도 있었는데 이 중에서 올림포스산에서 개최된 아폴론 경기는 오늘날 올림픽의 기원이 되었다.

이태석李泰錫(1962-2010)은 1962년 부산에서 출생하여 1987년 인제대학교 의과대학을 졸업한 뒤 2001년 가톨릭 신부로서 사제 서품을 받고 아프리카 수단 남부 톤즈 *Tonj*로 향했다. 아프리카에서도 가장 가난한 나라의 오지인 톤즈에서 쫄리*Father John Lee* 신부로 가톨릭 선교 활동을 펼쳤으며 의사로서 환자를 치료하고, 교육자로서 학교를 세우고, 음악가로서 브라스밴드를 구성하여 음악을 가르쳤다. 하지만 자신의 건강을 신경 쓰지 못한 탓에 2008년 대장암 진단을 받고 2010년 선종하였다. 아프리카의 활동을 엮은 에세이 <친구가 되어 주실래요>가 있고, 그의 일생을 그린 <울지마 톤즈>와 <부활>이 2010년과 2020년에 각각 다큐멘터리 영화로 제작되어 상영되었다.

20. 서툰 사랑을 노래하다

판 • 시링크스 • 미다스 • 마르시아스 • 안티오페

골목에서 고무줄놀이를 하는 여자아이들의 고무줄을 끊어먹고 달아나는 소년들의 짓궂음과는 비교가 되지 않을 정도로 사랑에 서툰 신이 있으니 사티로스다. 사티로스의 외양을 보면 머리에는 뿔이 달렸고, 다리는 복슬복슬한 털로 뒤덮여 있다. 상대를 아프게 해서라도 꼭 가지고야 말겠다는 사티로스의 아집은 기묘하게 일그러진 얼굴과 맞물려 누가 보아도 호감을 갖기는 어려운 형상이다. 다만, 디오니소스만큼은 사티로스를 있는 그대로 받아들여주는 친구였고, 디오니소스 제전 참가자들도 사티로스처럼 염소 분장을 하고 춤을 추고 노래를 부르며 디오니소스와 함께 사티로스를 숭배했다.

사티로스 중에는 헤르메스와 페넬로페의 자식인 판*Pan*이 가장 유명하다. 트로이아 전쟁이 한창이던 시절 오디세우스를 전쟁터에 보내고 홀로 남아 있는 페넬로페에게 헤르메스가 접근했다. 정숙한 여인의 표상인 페넬로페는 일부종사하며 어떤 남자에게도 눈길 한번 주지 않기로 유명한데, 헤르메스는 염소로 변신해서 페넬로페를 덮쳤다. 무방비 상태로 당한 것도 가슴을 쓸어내릴 일인데 열 달 뒤에 반인반수를 낳았으니 얼마나 놀랐을까. 한마디로 페넬로페는 패닉 상태였다. 자신이 무엇을 낳았다는 사실조차 잊고 싶었던 페넬로페는 아기를 버렸고, 헤르메스는 버려진 아기를 데리고 올림포스로 올라갔다. 다행히 모든 신들이 아기를 귀여워해서 '모든pan 신이 반겼다'는 의미로 아기의 이름을 판이라고 지었다. 기예르모 델 토르 감독의 <판의 미로Pan's Labyrinth>에 등장하는 판 역시 그리스 신화에서 차용했다지만 영화 속의 판은 훨씬 희한하고 공포스럽게 생겨서 그 모습으로는 신들의 귀여움을 독차지했다고 보기는 어려울 것 같다. 오히려 보티첼리의 <비너스와 마르스> 주변의 개구쟁이들이 귀여운 판에 가깝다.

판도 사티로스인지라 호색한이자 동네 깡패 같은 기질이 있었다. 판은 파르나소스 산길의 크고 작은 동굴에 숨어 있다가 델포이로 신탁을 받으러 가는 자들의 인기척이 나면 불쑥 튀어나와 장난을 치곤 했다. 판에게는 심심풀이였을지 몰라도 온갖 상념을 안고 델포이로 올라가는 그리스인들에게는 기피의 대상이었다. 게다가 마음에 드는 여자가 있으면 막무가내로 달려들어 혼비백산하게 만들기도 했다.

상상을 해보라. 혐오스러운 자가 튀어나와 "네가 좋아" 하고 달려

산드로 보티첼리 <비너스와 마르스> 1445

든다면? 그를 피해 한참을 달아나다가 막다른 골목에 접어든다면? 이러지도 저러지도 못하고 있는데 점점 거리를 좁혀온다면? 정말이지 땀은 비 오듯 흐르고 눈앞이 아득해지며 가슴이 답답하고 숨도 제대로 쉴 수가 없어 거의 정신을 놓아버리는 지경에 이르게 될 것이다. 판의 위협처럼 사면초가四面楚歌의 이러지도 저러지도 못하는 상태가 패닉panic이다. 갑작스러운 두려움과 극도의 불안을 느껴 일상생활까지 어려워지는 패닉 상태는 불안장애의 하나인 공황장애panic disorder이다. 공황장애는 약물치료와 함께 두려움의 요인과 스트레스를 확인하여 교정하는 인지치료법을 활용하면 좋아질 수 있다.

신화에는 판 때문에 패닉 상태에 빠졌던 님프의 이야기도 있다. 시링크스는 순결을 약속한 아르테미스의 추종자이기 때문에 그 누구에게도 마음을 내주지 않았다. 그렇지만 판은 굴하지 않고 시링크스를 스토커처럼 쫓아다녔다. 그러던 어느 날 시링크스는 홀로 판과 마주하게 되었다. 깜짝 놀라 줄행랑을 쳤지만 강가에 다다르자 더 이상 도망갈 곳이 없었다. 시링크스는 아르테미스 여신에게 이 위기를 벗어나게 해달라고 기도했고 아르테미스는 시링크스를 재빨리 갈대로 변신시켰다. 눈앞에서 갈대로 변해가는 시링크스를 바라보던 판은 애간장이 탔다. 판은 갈대를 쓰다듬다가 마디마디 꺾고, 갈대 대롱 여러 개를 엮어서 피리를 만들어 허리춤에 찼다. 이것이 '판의 피리'라는 뜻의 팬파이프panpipe 또는 팬플루트pan-flute이다.

시시각각 변하는 빛의 세계를 처음으로 화폭에 담아 인상파의 창시자라고 불리는 클로드 모네에게는 젊고 아름다운 뮤즈, 카미유가 있었다. 모네의 모델이자 아내인 카미유는 첫아들 장을 낳은 뒤 둘째 아들 미셸을 낳고는 자리에서 일어나지 못했다. 아내의 주검을 보면서 모네는 빠른 붓터치로 그녀의 마지막을 캔버스에 담아 <임종을 맞

클로드 오스카 모네 <임종을 맞은 카미유> 1879

은 카미유>를 남겼다. 처음 이 그림을 접했을 때는 모네를 이해할 수 없었다. 아내가 죽어가는 순간에 어떻게 다른 일에 집중할 수가 있는가? 갈색의 모노톤으로 <병든 아이>를 그린 외젠 카리에르도 마찬가지다. 카리에르 역시 힘없이 어머니에게 안긴 병든 아들의 모습을 그렸다. 이런 것이 화가의 본능일지, 직업병일지를 고민하다가 어쩌면 화가가 아내와 자식을 잃은 슬픔을 감내하는 자기 나름의 방식일 수도 있다는 생각에 멈추었다. 어딘가에 표출하지 않고서는 모네도 카리에르도 그 슬픔을 삭이기 어려웠던 것은 아니었을까? 판이 시링크스를 잃은 슬픔을 견디는 방법도 비슷했을 거라고 유추해본다. 눈앞에서 사라지는 시링크스를 자신에게 남겨둘 수 있는 유일한 방법이었으리라.

판은 시링크스가 그리울 때면 팬플루트를 불며 그리움을 달랬다. 영화 <나니아 연대기>에서 제임스 맥어보이가 열연한 인물이 사티로스다. 곱슬머리 사이로 뿔이 보이고 염소다리로 걷는 폼이 독특한 사티로스는 누구를 그리워하는지 종종 작은 팬플루트를 연주한다.

마르시아스는 특히 피리를 잘 부는 사티로스다. 어느 날 우연히 피리 하나를 발견한 마르시아스가 무심히 피리를 불어보니 피리소리에 이끌려 동물과 식물들이 주변으로 몰려드는 것이 아닌가. 사실 이 피리는 아테나가 실수로 떨어뜨린 것이었는데, 여신의 피리인 줄 미처 몰랐던 마르시아스는 피리소리를 듣는 이마다 행복감에 젖는 것이 자신의 연주 실력 때문이라고 착각했다. 청중의 감탄과 찬사로 자아도취에 빠진 마르시아스는 오만방자하게도 아폴론에게 도전장을 내밀었다. 심지어 신에 대한 도전이 금기인 것을 깨닫지 못하고 피리 연주에서 지는 자는 산 채로 껍질을 벗기자며 자학적인 허세를 부렸다.

아폴론과 마르시아스의 피리 경연은 산의 신 토몰로스가 심판을 보았고, 증인으로 많은 이들이 자리했다. 모두들 아폴론의 당연한 승리를 예견할 때 사티로스를 추종하는 프리기아의 미다스만은 마르시아스 편을 들었다. 바로 미다스의 손Midas touch으로 잘 알려진 프리지아의 왕 고르디우스의 아들 미다스다. 미다스는 디오니소스의 스승 실레노스를 극진히 모신 적이 있는데 이를 감사히 여긴 디오니소스가 소원이 있으면 무엇이든 말해보라고 했다. 미다스는 딱히 부족한 것이 없었음에도 불구하고 그가 손대는 것마다 황금이 되게 해달라고 빌었다. 축복일 줄 알았던 이 소원은 도구, 음식은 물론이고 사람들까지 미다스의 손이 닿는 대로 황금으로 변해버려 저주의 씨앗이 되고 말았다. <황금알을 낳는 거위>처럼 미다스의 손은 황금만능주의의 종착점을 보여주었고, '마이너스의 손'이라는 우스갯소리가 낯설지 않을 정도로 조롱거리가 되었다. 미다스는 자신의 짧은 식견과 욕심을 한탄했지만 이미 때 늦은 후회였다. 그후 어떤 일도 제대로 할 수 없었던 미다스는 시골로 숨어들어가 디오니소스와 사티로스를 숭배하며 지냈다. 그러니 사티로스를 숭배하는 미다스가 마르시아스 편을 드는 것은 당연했다.

아폴론과 마르시아스의 연주는 처음엔 막상막하였다. 초조해진 아폴론은 피리를 거꾸로 들고 연주를 시작했다. 그러면서 마르시아스에게도 자기처럼 연주를 해보라며 약을 올렸고, 심지어 피리를 불면서 노래까지 불러보자며 경연의 난이도를 높였다. 아폴론에게는 어떤 것도 어려운 조건이 아니었으나 마르시아스는 신기명기에 가까운 조건을 따르며 연주하기가 쉽지 않았다. 미다스가 열심히 응원을 했음에도 불구하고 결과는 참혹했다.

토몰로스는 연주가 끝나자마자 아폴론의 승리를 선언했다. 참석자들 모두 이견이 없었으나 미다스만은 결과에 승복하지 않고 이의를 제기했다. 그러자 아폴론은 음악을 제대로 감상하지 못하는 귀는 금수禽獸의 귀만도 못하다면서 미다스의 귀를 길게 잡아 늘여버렸다. 미다스의 귀는 미다스의 손만큼 유명해서 판단력이 부족한 사람을 미다스의 귀*Midas-eared*라고도 한다. 미노스의 이발사가 '임금님 귀는 당나귀 귀'라는 비밀을 묻어두지 못하고 누설하는 바람에 이발사는 수염이 엄청나게 자라는 벌을 받았다는 후일담은 덤!

마르시아스는 신들은 자신의 권위에 도전하는 것에 대해 어떠한 자비도 없음을 간과한 탓에 자기가 함부로 놀린 말 그대로 산 채로 피

안토니 반다이크 <제우스와 안티오페> 1620

부껍질이 벗겨졌다. 피부에는 신경이 많이 분포되어 있어서 피부가 손상되면 엄청난 고통이 동반된다. 사티로스들과 님프들이 안타까움에 눈물을 흘렸지만 박피 과정은 중단되지 않았다.

무모한 허세꾼이거나 난봉꾼이라야 제격인 사티로스에게서 긍정의 이미지나 매력적인 포인트를 찾아보기 어렵지만 의외로 사티로스 스타일을 선호하는 여성도 있었다. 닉테우스의 둘째 딸 안티오페는 처녀신 아르테미스를 섬겼지만 내심 사티로스처럼 음탕하고 거친 남자를 좋아했다. 아름다운 안티오페를 눈여겨보았던 제우스는 안티오페를 꼬시기 위해 사티로스로 변했다.

명화 속에서 아름다운 여인을 농락하는 사티로스를 본다면 그가 사티로스인지 제우스인지를 먼저 확인해보아야 한다. 사티로스 옆에 디오니소스가 함께 있다면 호색한 사티로스가 맞지만, 독수리나 에로스가 함께 있다면 사티로스로 변한 제우스가 틀림없다. 그림 속에서 제우스를 알아보는 것보다는 일상 속에서 이성에게 접근하는 자가 양의 탈을 쓴 늑대인지 토끼의 탈을 쓴 여우인지 알아보는 능력이 더 필요하다. 자칫 그 수작에 넘어갔다가는 돌이킬 수 없는 후회를 하게 될지도 모르니까 말이다.

#판의 미로 #팬플루트 #임종을 맞은 카미유 #나니아 연대기
#황금알을 낳는 거위 #미다스의 손 #미다스의 귀 #임금님 귀는 당나귀 귀
#입이 방정이다 #거친 남자 취향저격 #양의 탈을 쓴 늑대 주의

사티로스는 디오니소스와 아프로디테의 아들 프리아포스처럼 항상 성기가 발기되어 있어 인간의 원초적인 본능을 상징한다. 남성이 여성을 밝히는 색정증*erotomania*을 사티리아시스*satyriasis*라고 한다. 색정증은 일종의 성도착증으로 성욕이 과다하게 높거나 음란증을 가진 자들을 일컫는데, 많은 수의 환자들은 섹스중독증상을 보이기도 한다. 사티리아시스와 달리 여성이 남성을 밝히는 증상은 님포마니아*nymphomania*라고 한다.

갈대로 변한 시링크스의 이름은 갈대처럼 속이 빈 긴 대롱을 의미한다. 주사기*syringe*는 시링크스*Syrinx*에서 따온 것이다. 마찬가지로 귀관염증*syringitis*, 척수공동증*syringomyelia*, 땀샘암*syringocarcinoma*에도 주사기처럼 빈 관을 가진 신체 일부의 병리적 증상에 시링크스가 들어 있다.

피부는 표피, 진피, 피하조직으로 되어 있다. 발생학적으로 볼 때 표피는 외배엽에서 발달하지만 진피와 피하조직은 중배엽에서 발달하기 때문에 신생아는 표피와 진피가 쉽게 분리된다. 신생아 중환자실에 입원하는 고위험 신생아는 치료를 위해 다양한 장치를 피부에 부착하게 되는데 피부 박리로 인한 피부 손상을 예방하기 위해 특수 반창고를 사용하는 등 피부 관리에 특별히 주의해야 한다.

고르디우스는 자기가 끌고 온 소달구지에 복잡한 매듭을 만들어 묶어 두고 이 매듭을 푸는 사람이 동방 전체를 지배할 것이라고 예언했다. 고르디우스의 매듭*Gordian knot*은 복잡하게 얽혀서 도저히 해결할 수 없을 것 같은 문제를 은유하는 표현이다. 기원전 333년 마케도니아의 알렉산드로스 대왕*Alexandros III Magnus*(BC 356-BC 323)은 고르디우스의 매듭을 발견하고 한순간의 고민도 없이 자신의 칼로 매듭을 잘라버렸고, 예언대로 아시아 전역을 제패했다. 고르디우스의 매듭은 콜럼버스의 달걀과 함께 언뜻 복잡해 보이는 문제를 뜻밖의 방법으로 간단히 해결하는 것을 이르는 말로 쓰인다.

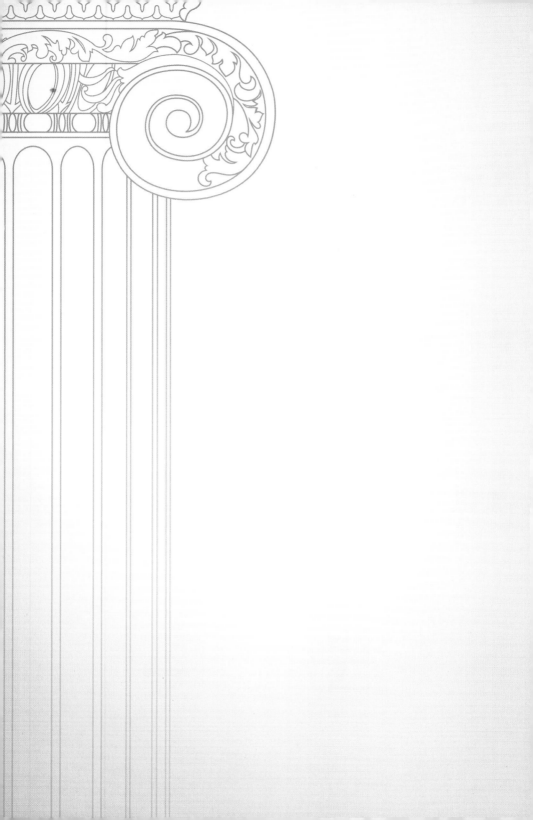

chapter **3**
신들의 사랑

21. 사랑의 연주는 죽음보다 강하다

◆━━━━━━━━◆

오르페우스 • 에우리디케

롤랑 바르트의 <애도 일기>는 어머니의 죽음 이후 2년간의 메모를 모은 책이다. 바르트는 "그토록 사랑했던 사람을 잃고 그 사람 없이도 잘 살아간다면 그건 많이 사랑하지 않았다는 증거"라고 단정지을 만큼 어머니와의 사별을 괴로워하면서 함께 죽지 못함을 통탄했다. 유아기를 벗어나지 못한 유난스러운 애착이라고 폄하하기엔 바르트의 슬픔이 우주적이다.

그리스 신화에서도 시공을 초월하며 격렬하게 이별을 거부한 이가 있으니 오르페우스다. 아폴론과 므네모시네의 아홉 딸 중 첫째인 칼리오페는 트라키아의 왕 오이아그루스와의 사이에서 오르페우스를 낳았다. 테바이 출신의 합창시인인 핀다로스가 '음악의 아버지'라고 부를 만큼 오르페우스는 리라 연주에 뛰어났다. 오르페우스는 아폴론에게서 리라 연주법을 배웠는데 어찌나 연주를 잘하는지 사람들은 물론 동물과 산천초목, 심지어 바위까지도 자신이 무생물이라는 본성을 잊어버리고 그 음악에 귀를 기울일 정도였다. 세바스티안 브랑스의 <오르페우스와 동물들>에는 온갖 동물들이 오르페우스의 리라 연주에 흠뻑 취해 행복한 한때를 즐기고 있다.

오르페우스는 선원들이 노를 저을 때 노래로써 박자를 맞추어 주는 정조수의 임무를 맡아 아르고호 원정대에도 참여했다. 그의 탁월한 연주 솜씨는 폭풍우도 잠재울 정도였고, 특히 세이레네스가 모여 사는 바위섬을 지날 때의 활약은 대단했다. 세이레네스의 노래를 듣는 이는 누구라도 소리에 매혹되어 넋을 놓은 채 바다로 뛰어들기 마련인데, 오르페우스는 그보다 더 감미로운 리라 연주로 대응했다. 선원들은 세이레네스보다 오르페우스의 연주에 심취했고, 덕분에 아르고호는 섬을 무사히 통과했다. 자존심 강한 세이레네스는 패배감과 모욕감을 이기지 못하고 바다에 몸을 던져 바위가 되었다.

이렇듯 음악이 전부인 것처럼 보이는 오르페우스였지만 늘 자신의 삶에 무언가 부족함을 느꼈다. 그러다 님프인 에우리디케를 만나고서야 자신의 결여가 어디에서 기인하는지를 깨닫게 되었다. 그녀를

세바스티안 브랑스 <오르페우스와 동물들> 1595

볼 때마다 삶의 기쁨이 넘쳐나고 음악의 풍미가 깊어지자 더 이상 결혼을 미룰 수 없었다. 오르페우스는 결혼의 신 히멘에게 자신의 결혼을 축복해 달라고 부탁했다. 그런데 웬일인지 축복을 하는 중에 히멘의 횃불에서 검은 연기가 피어나며 뭔가 불길한 조짐을 드러냈다. 불길함은 곧 현실이 되어 결혼한 지 열흘 만에 참담한 사건이 발생했다.

새 신부 에우리디케는 님프들과 함께 올림포스 산기슭의 템페 계곡으로 꽃을 꺾으러 갔다. 그런데 그곳에서 꿀벌을 치고 있었던 양봉지기 아리스타이오스는 아름다운 에우리디케가 유부녀인지 모르고 수작을 부리려고 했다. 에우리디케는 낯선 남자가 접근하자 놀라서 달아나다가 그만 풀숲에 있던 독사를 밟고 말았다. 느닷없이 밟힌 독사는 독을 내뿜으며 그녀의 발뒤꿈치를 물었고, 손쓸 겨를도 없이 온몸으로 독이 번져 에우리디케는 그 자리에서 죽고 말았다.

부부로서의 연을 다한 뒤 고귀하게 삶을 마치기를 바랐던 오르페우스는 에우리디케의 죽음을 도저히 받아들일 수가 없었다. 사랑하는 아내를 잃고 깊게 패인 고랑에 빠져 극심한 고통을 받았다. 그들의 사랑을 미완으로 남길 수 없었던 오르페우스는 에우리디케를 되찾기 위해 하데스가 관장하는 저승의 세계로 내려가기로 했다. 저승은 원칙적으로 살아 있는 사람이 내려갈 수 없는 곳이다. 예외가 있다면 지하세계로 납치당해 하데스에게 시집간 페르세포네의 화장품 상자를 얻기 위해 프시케가 떠밀려 내려갔을 뿐이다. 죽은 아내를 찾아 저승도 마다않는 오르페우스의 이야기는 사랑하는 사람을 꽃이나 나무로 만들어 기억하는 아폴론의 러브스토리보다 그 절실함과 애잔함에서 감동이 배가된다.

오르페우스의 멋진 연주 솜씨는 지하세계에서도 통했다. 뱃사공 카론은 오르페우스의 연주에 감동하여 뱃삯을 받지도 않고 지하세계를 흐르는 다섯 개의 강을 안내했다. 비통의 강 아케론은 오르페우스의 연주를 듣자 한탄했고, 통곡의 강 코키토스는 머리를 풀며 통곡했고, 불의 강 플레게톤은 불속에서 안전하게 건널 수 있는 길을 내어주었으며, 망각의 강 레테는 그를 무사히 건네주었다. 심지어 시시포스가 파르나소스산까지 밀어 올리던 바위조차 구슬프고도 아름다운 연주에 구르기를 멈추었다. 오르페우스는 저승의 입구에서 만난 머리가 세 개 달린 케르베로스에게 리라를 연주하여 곤히 잠재우고 마침내 하데스 앞에 섰다. 오르페우스는 하데스 앞에서도 전혀 굴하지 않고 리라를 연주하며 에우리디케를 돌려달라고 집요하게 매달렸다. 연주에 감동한 하데스의 아내 페르세포네마저 에우리디케를 풀어달라고 졸랐다. 마음이 움직인 하데스는 지하세계의 불문율을 깨고 부부를 지상으로 돌려보내기로 결정했다. 다만 한 가지 조건을 달았는데, 세상 밖으로 나갈 때까지 절대로 뒤를 돌아보면 안 된다는 것이었다.

눈에 보이지 않아도 그 대상이 영원히 사라져 버리는 것이 아님을 인지하는 것을 대상영속성對象永續性이라고 한다. 생후 7-8개월이 되면 엄마가 눈에 보이지 않아도 엄마가 사라진 것이 아님을 알게 된다. 사랑의 영속성도 그런 게 아닐까? 연인이 눈앞에 있거나 없거나 간에 안도하며 든든하게 느끼는 것, 보이지 않는다고 해서 자기 연민에 빠지지 않고 서로를 믿고 사랑을 지키는 것, 어쩌면 하데스는 오르페우스와 에우리디케의 사랑의 영속성을 시험한 것인지도 모른다.

오르페우스는 에우리디케의 손을 꼭 붙잡고 앞장서서 나아갔다. 발자국 소리가 잘 들리지 않을 때도, 붙잡고 있는 손이 차갑게 느껴질 때도, 저승의 미물들이 온갖 방해공작을 펼 때도, 그외에도 수십 차례 뒤돌아보고 싶은 마음을 꾹 참았다. 지하세계를 거의 빠져나왔을 무렵, 지상의 불빛이 비치기 시작하자 갑자기 안도의 마음이 든 오르페우스는 "여보, 이제 다 왔어"라며 자기도 모르게 뒤를 돌아보고 말았다. 그 순간 에우리디케는 슬픈 표정을 남기고 지하세계로 표표히 사라졌다. 당황한 오르페우스가 허둥지둥 따라 내려갔지만 이번에는 리라 연주가 먹히지 않았다. 뱃사공 카론도 들은 체를 하지 않았고, 멀리서 케르베로스도 으르렁거리기만 했다.

하릴없이 홀로 지상으로 올라온 오르페우스는 애잔함과 무력함을 통탄하며 고향인 트라키아로 돌아갔다. 오르페우스가 돌아오자 트라키아 여자들이 적극적으로 유혹했지만 그는 거들떠보지도 않았다. 오르페우스에게 거절당한 트라키아 여인들은 수치스러운 나머지 오르페우스를 처참하게 죽여 강에 버렸다. 비극 작가 아이스킬로스에 따르면, 오르페우스가 트라키아 여인들에게 살해당한 이면의 이유는 디오니소스의 분노를 샀기 때문이라고 한다. 오르페우스가 아폴론만을 위대한 신이라고 추앙하며 디오니소스를 존중하지 않은 탓에 디오니소스가 마이나데스에게 그를 죽이라고 명령했고, 마이나데스는 오르

카미유 코로 <지하세계의 오르페우스와 에우리디케> 1861

페우스의 사지를 찢어 죽인 뒤 헤브로스강에 던져버렸다는 것이다. 그렇지만 어쩌면 그는 한시라도 빨리 에우리디케를 만나고 싶었을지도 모르겠다. 오르페우스의 주검은 강을 따라 떠내려가면서도 에우리디케의 죽음과 못다한 사랑을 애도하는 리라 연주와 노래를 그치지 않았으니 말이다.

칼리오페는 오르페우스를 에게해에 있는 레스보스에 묻어주었다. 레스보스는 그리스에서 세 번째로 큰 섬이다. 그리스의 대표적인 여류 시인 사포가 이 섬에서 태어나고 자라 더욱 유명해졌다. 사포는 이곳에서 소녀들을 모아 시를 가르치는 학교를 세웠는데 이후 레스보스 주민 사이에 사포가 동성애자라는 소문이 떠돌았고, 동성애자로 낙인찍힌 사포가 사는 이 섬의 이름을 따서 여성 동성애자를 레즈비언 lesbian이라고 부르게 되었다. 남성 동성애와는 달리 여성 동성애에 관한 인식은 그리스 역시 호의적이지 않아서 레스보스 주민들도 그들의 섬이 레즈비언의 성지가 되는 것을 마땅치 않게 여겼다. 그러나 최근에는 레즈비언 축제까지 열리는 세계적인 관광지로 거듭나면서 오히려 레즈비언 커플들을 반기는 추세라고 한다.

레즈비언 중에서 여성 역할을 맡은 자를 팜femme이라고 하는데, 여기에서 유래되어 남성을 파멸의 길로 몰고 가는 치명적인 여성을 팜므파탈femme fatal이라고 부른다. 에우리디케가 팜므파탈은 아니다. 오히려 트로이아 전쟁을 일으킨 헬레나, 아가멤논을 죽인 클리타임네스트라, 이아손에게 고통을 주기 위해 자기 자식들을 죽인 메데이아, 인류를 온갖 재앙으로 뒤덮이게 만든 판도라가 팜므파탈의 전형이다. 팜므파탈은 증오만 남아 있는 복수의 화신처럼 보인다. 물론 처음부터 사랑은 없이 다른 목적만을 가지고 계획적으로 접근하는 팜므파탈도 있다. 이것을 사랑과 구분하기는 쉽지 않을 것이나 진정한 소통과 공감을 통해 운명적인 인연을 찾을 수 있을 것이다.

1912년 4월, 초호화 여객선 타이타닉호가 출항한 지 닷새 만에 빙산에 걸려 난파하였을 때, 사람들이 우왕좌왕하며 아비규환에 빠지자 선내 현악연주단은 월리스 하틀리를 중심으로 조용히 연주를 시작했다. 배가 완전히 침몰하기 10분 전까지 3시간이나 계속 된 그들의 연주는 영화 <타이타닉>에서 가장 감동적인 장면으로 남아 있다. 절대 절명의 순간에 울려 퍼진 현악 연주에 진정된 사람들이 침착하게 한 명씩 구명보트에 올라 수많은 생존자를 구해냈으니 음악의 힘은 얼마나 위대한가! 케르베로스를 헤라클레스가 힘으로 무찔렀다면 오르페우스는 음악으로 무력화시켰고, 오디세우스가 세이레네스에 맞서 온 몸을 밧줄로 묶고 겨우 견뎌냈다면 오르페우스는 그보다 더 아름다운 연주로 세이레네스를 쫓아보냈다. 오르페우스의 연주는 폭력이 아니라 음악의 힘이 얼마나 강한지를 보여주고 아내를 사랑하는 마음이 얼마나 귀한지도 알려준다.

지하세계에서 재회한 오르페우스와 에우리디케는 사후의 낙원인 엘리시온에서 행복하게 살았다. 오르페우스는 엘리시온에서 신들을 위해 리라 연주를 했고, 오르페우스가 연주하던 리라는 하늘의 별자리가 되었다. 이후에 오르페우스를 따르는 많은 추종자들이 생겨나고 오르페우스 종교까지 생겨났다. 그가 지하세계를 다녀온 이력으로 오르페우스 종교는 윤회설을 믿었으며, 이승은 아무리 괴롭고 힘들더라도 저승은 천국과 같아서 편안하고 행복한 삶을 살 수 있다는 사후세계의 존재를 믿었다.

#애도일기 #뒤를 돌아보지 마 #당신 거기 있어줄래요 #세이레네스의 유혹
#팜므파탈 #옴므파탈 #대상영속성 #사랑의 영속성 #타이타닉 #지하의 강

팜므파탈의 반대는 옴므파탈*Homme fatal*이다. 여성을 유혹하여 파멸에까지 이르게 할 수 있는 남성이라는 뜻이다. 카사노바*Giovanni de Seingat Casanova*(1725-1798)나 돈주앙*Don Juan* 같은 자가 옴므파탈의 전형일 것이지만 최근에는 매력적인 남자 연예인들을 일컬어 옴므파탈이라고도 한다.

미국 심리학자 엘리자베스 퀴블러 로스*Elisabeth Kübler-Ross*(1926-2004)는 죽음을 선고 받고 이를 수용하는 과정을 다섯 단계로 설명했다. 부정*denial*, 분노*anger*, 타협*bargaining*, 우울*depression*, 수용*acceptance*의 5단계인데, 이는 많은 사람들을 대상으로 오랫동안 관찰과 분석을 통해 얻어낸 심오한 연구 결과이다. 그러나 많은 이들이 어느 한 단계에 머물거나 중간 단계를 건너뛰기도 하고 혹은 이전 단계로 되돌아가는 등 다양한 양상을 보인다.

윌리스 하틀리*Wallace Henry Hartley*(1878-1912)는 1912년 침몰하는 타이타닉호에서 마지막까지 연주를 했던 밴드의 리더이자 바이올리니스트다. 2013년 영국의 한 경매장에서는 명품 브랜드의 모조품인데다 바닷물에 파손되어 연주가 불가능한 상태의 하틀리의 바이올린이 약 15억 원에 낙찰되었다. 배가 가라앉는 3시간 동안 탈출을 포기하고 승객들의 마음을 진정시키기 위해 연주를 주도한 하틀리는 '세계에서 가장 유명한 희생과 용기의 상징'으로 평가되었다.

지하세계를 빠져 나오려던 오르페우스와 에우리디케 이야기는 뒤를 돌아보아서는 안 된다는 주문에도 뒤를 돌아보아 소금기둥이 된 <창세기>의 소돔성에 사는 롯과 그의 아내를 떠올리게 한다. 그리스 신화에는 소돔과 고모라처럼 부패와 탐욕으로 타락한 도시 프리기아를 벌하기 위해 제우스와 헤르메스가 암행어사가 된 일화도 있다. 모든 사람이 거지 차림의 두 신을 알아보지 못하고 문전박대를 할 때 필라몬과 바우키스는 그들을 누추한 자신의 집으로 모셔 마지막 남은 거위를 잡아 정성으로 대접했다. 천상으로 올라간 제우스는 대홍수를 내려 이 마을을 벌했지만 필라몬과 바우키스의 집은 피해가 없도록 조치했다. 단지 물에 잠기지 않게 한 것에 그치지 않고 그 집을 신전으로 바꾸고 그들에게는 신전을 관리하는 신관의 역할을 주었다. 필라몬과 바우키스는 죽어서도 신의 축복을 받아 보리수와 참나무가 되었다.

22. 보이지 않아도 믿는 것이 사랑이다

에로스 · 프시케

낭만을 꿈꾸는 많은 청춘남녀는 지금까지 살아온 시간이 그녀 또는 그를 만나기 위한 지금 이 순간으로 수렴한다고 믿는다. 기억할 수 있는 모든 우연을 운명으로 재구성하는 커플은 그들이 사랑이라고 믿었던 순간이 에로스의 장난이거나 음모라고 해도 억울할 건 없다. 분명히 주관적이지만 운명이라고 믿는 순간 고유한 객관적 사실성을 획득하기 때문이다. 운명은 믿음이다.

운명적인 사랑의 기원에는 항상 에로스가 있다. 에로스 하면 가장 먼저 라파엘로의 <시스티나 성당의 성모마리아> 하단에 앙증맞게 턱을 괴고 있는 두 명의 아기천사가 떠오른다. 작은 활과 화살을 들고 다니며 날개를 팔락거리는 아기천사의 모습이다. 어쩌다 다른 명화에서 만난 에로스가 청년이라면 그건 사랑에 빠진 에로스다. 아풀레이우스의 소설 <황금 당나귀>에는 사랑을 엮어주는 중매쟁이 에로스가 사랑에 빠진 사연을 들려주고 있다.

라파엘로 산치오
<시스티나 성당의 성모마리아>
부분화 1512

딸부자네 셋째딸인 프시케는 미모가 빼어났다. 아버지는 딸들의 아름다움, 특히 막내딸에 대한 자부심이 대단했다. 미의 여신과 견주어도 전혀 꿀리지 않는다고 자랑하다보니 사람들은 아프로디테에게 바쳐야 할 경의와 찬사를 프시케에게 쏟아붓느라 아프로디테의 신전은 돌보지 않았다. 화가 난 아프로디테는 가만히 두면 안 되겠다 싶어 아들 에로스를 불러서 "어떤 남자도 프시케에게 청혼하지 못하게 하고 형편없는 남자와 결혼시키라"고 명했다. 방법은 매우 간단하다. 형편없는 남자가 지나갈 때 프시케에게 황금화살을 쏘면 된다.

에로스는 형편없는 남자가 프시케 근처에 있는 것을 발견하고 황금화살을 겨냥했다. 그녀의 눈부신 미모에 움찔했을까? 에로스가 프시케에게 화살을 쏘려는 순간 실수로 화살을 떨어뜨렸다. 떨어진 화살은 어이없게도 자신의 발등에 꽂히고 말았다. 자기 자신이 사랑에 취약한 숙주가 될 수 있다는 생각은 해보지 않았을 에로스는 그만 사랑의 포로가 되었다. 어머니 아프로디테의 원성이 눈에 선했지만 황금화살의 위력은 에로스도 제어할 수가 없었다. 에로스는 다급한 심정으로 아폴론을 찾아가서 "프시케는 누구에게도 청혼을 받지 못할 것이며 괴수에게 시집갈 운명이니 산 위에 올라가 기다리면 괴수가 와서 보쌈해 갈 것이다"라는 신탁을 내려달라고 부탁했다.

두 딸이 시집을 간 뒤에도 가장 아름다운 막내딸이 누구에게도 청혼을 받지 못하자 초조해진 아버지는 신탁을 받으러 갔다가 그 내용을 듣고 절망했다. 하지만 일단 신탁이 내려지면 인간의 힘으로 어찌할 수 없다는 것을 알기에 체념할 수밖에 없었다. 아버지는 프시케에게 괴수의 아내가 될 것이라는 사실을 숨긴 채 신탁에서 이른 대로 산으로 데려가 영문을 몰라 어리둥절해 하는 딸의 눈을 가려두고는 혼자 돌아왔다. 서풍의 신 제피로스는 산 위에서 두려움으로 떨고 있는 프시케를 에로스가 마련해 둔 궁전으로 옮겨 주었다.

에로스는 프시케에게 절대로 얼굴을 보여주지 않았다.

"나의 얼굴을 보려고 하지 마시오. 그대에게 모습을 보이지 않는 까닭은 그대가 나를 사랑하기를 바랄 뿐이지 삼가거나 섬기기를 바라지는 않기 때문이오."

제법 그럴 듯한 변명이긴 하나 이 말에 전적으로 동의하기는 어렵다. 부부가 어찌 함께 있으면서 서로 얼굴도 보지 않고 마음으로만 사랑할 것인가? 에로스가 아프로디테의 눈치를 보느라 정상적인 부부생활을 꾸리지 못하는 것이고 애먼 프시케만 골탕을 먹은 것이다. 그럼에도 불구하고 프시케는 행복했다. 부족함 없는 살림살이에 하녀들이 모든 수발을 들어주고 비록 얼굴을 마주할 수는 없지만 밤마다 어김없이 찾아오는 남편과의 금슬도 좋았다. 다만 가끔씩 이 비현실적인 행복을 잃을지도 모른다는 갑작스러운 공포와 불현듯 찾아오는 우울감인 안헤도니아*Anhedonia*를 경험할 뿐이었다.

얼마나 세월이 지났을까, 프시케는 아버지의 안부도 궁금하고, 언니들의 소식도 궁금했다. 어느 날 남편에게 언니들을 만나고 싶다고 부탁하자 에로스는 기꺼이 언니들의 방문을 허락했다. 집으로 초대된 두 언니는 막내가 괴물에게 시집을 가서 생고생을 하고 있을 것으로 생각했다가 예쁘게 꾸며진 집에서 행복하게 사는 동생을 보니 질투를 감출 수가 없었다. 두 언니는 누가 먼저랄 것도 없이 프시케의 호기심을 자극했다. "사람들이 그러는데, 네 남편은 독사 같고 맹수 같은 괴수라더라. 너를 살찌워서 언젠가는 잡아먹을 거라던데, 넌 무섭지도 않니?" 프시케는 절대로 자기 얼굴을 보지 말라는 남편의 당부를 일러주었다. 그러자 언니들은 "그러다가 정말로 괴물이면 어쩌려고 그러니? 밤에 몰래 얼굴을 확인하고 여차하면 단칼에 목을 베어버려. 그래야 네가 살 수 있어"라고 구슬렸다.

연인의 시간에는 파과점이 있다. 더 이상 흡착상태를 유지하지 못하고 새어나가기 시작하는 지점이 파과점이다. 예를 들면, 근거 없는 기개를 담보한 철벽사랑으로 한없이 대담해지다가 느닷없이 의기소침해지는 지점, 팽팽하게 당겨진 활시위처럼 긴장감을 유지하다가 어느 순간 감정이 터지는 지점, 어쩔 수 없는 별리의 시간을 무던히 기다리다가 더 이상 견디지 못하고 깨져버리는 지점이다. 프시케는 그만 파과점을 지나버렸다. 남편에 대한 사랑이 얼마나 허상에 불과한지, 그녀의 기다림은 또 얼마나 속절없는지, 언니들의 방해가 아니더라도 소문의 진상과 남편의 실체가 궁금해진 프시케는 등잔과 칼을 챙겨 깊은 잠에 빠진 남편의 얼굴을 확인하기로 했다.

프시케는 잠자리에서 가만히 일어나 잠들어 있는 남편의 얼굴에 램프를 가까이 대었다. 흉측할 수도 있다고 생각하며 잔뜩 긴장했던 프시케는 놀라움을 금치 못했다. 남편의 얼굴은 상상할 수 없을 정도로 아름다웠다. 순간 중심을 잃은 프시케는 들고 있던 등잔의 기름 한 방울을 남편의 몸에 떨어뜨리고 말았다. 마치 에로스가 프시케의 미모에 놀라 황금화살을 떨어뜨렸던 것처럼.

잠에서 깨어난 에로스는 버럭 화를 냈다.

"왜 나를 기어이 보려고 했소? 왜 나를 믿지 못하는 것이오? 의심이 있는 마음*Psyche*에는 사랑*Eros*이 깃들지 못한다오. 아, 어리석은 여인이여, 만약 당신에게 사랑이 남아 있다면 영원한 이별보다 더 큰 벌은 없을 것이오."

사랑하는데도 이별의 상황을 직시해야 하는 프시케는 괴로웠다. 절망보다 깊은 후회로 자신의 경솔함에 용서를 구하는 프시케를 외면하며 돌아서는 에로스의 마음도 아팠다. 아내를 부추긴 언니들을 원망해봐야 소용없다. 사랑한다면 상대와 그 주변의 모든 것을 온전히 다 받아들여야 하기 때문이다.

프시케의 이야기는 여기서 끝나지 않는다. 무 자르듯 연락을 끊고 우연한 만남조차 피하는 에로스를 다시 만나기 위해, 어떻게든 기회를 만들어 에로스에게 닿기 위해, 프시케는 에로스를 찾아 세상을 헤맸다. 프시케의 사랑은 에로스가 닫아버린 사랑의 끝에서 더 이상 나아가지 못하는 폐곡선이 아니라 그 끝은 어디로든 열려 있어 다시 사랑을 찾아 나아가는 개곡선이었다. 에로스에 대한 그리움은 이성으로 제어할 수도 없고 깊어지는 감정의 상처를 내버려둘 수도 없기에 프시케는 스스로를 다독이며 무엇이든 할 각오였다. 에로스의 사랑을 되찾기 위한 프시케의 노력은 애처로웠다.

프시케는 먼저 데메테르의 신전으로 갔다. 아무도 시키지 않았지만 신전을 정리하고 청소했다. 데메테르는 깨끗해진 신전에 반색하며 프시케에게 아프로디테를 찾아가 겸손과 순종으로 용서를 빌라고 일러주었다. 데메테르 덕분에 아프로디테를 만나게 된 프시케는 사랑하는 남편을 꼭 다시 만나게 해달라고 빌었다. 프시케가 임신한 사실까지 알았지만 순순히 며느리로 받아들일 수 없었던 아프로디테는 세 가지 미션을 주었다.

첫 번째는 쌀과 곡식, 모래알을 흩뿌려놓고 이 중에서 쌀과 곡식만 가려내는 것이었다. 아, 이것은 콩쥐팥쥐 이야기던가? 아니면 신데렐라? 못된 계모에 버금가는 고약한 시어머니 아프로디테다. 콩쥐가 그러했듯이, 신데렐라가 그러했듯이 프시케를 위해 개미들이 몰려와서 모래알 중에서 곡식만 골라냈다. 개미를 보낸 것은 헤르메스였다.

두 번째는 강가에 사는 황금 양들의 털을 조금씩 베어오는 것이었다. 이번에도 프시케는 강의 신의 도움으로 양들이 낮잠을 자는 동안 갈대에 걸려 있는 양털들을 주워 모을 수 있었다.

세 번째는 높은 산꼭대기에 올라가 두 마리의 용이 지키고 있는 코키투스강의 물을 길어오는 것이었다. 밑 빠진 독에 물 붓기 미션도 빠질 수가 없는 법이다. 이것은 독수리가 도와주어 해결했다.

세 가지 과제를 모두 해내자 아프로디테는 난이도가 더 높은 미션을 주었다. 바로 지하세계에 사는 페르세포네의 화장품을 얻어오는 것이다. 지하세계로 내려가는 것은 죽음을 의미한다. 이제 더 이상 물러설 곳도 없다. 남편을 다시 만날 수 있다면 죽음도 불사하겠다는 생각으로 프시케는 탑으로 올라갔다. 지하세계는 죽어서만 갈 수 있으니 탑에서 뛰어내릴 생각이었다. 프시케가 탑의 꼭대기에 이르렀을 때 어디선가 천상의 목소리가 들려왔다. 목소리는 지하세계로 가는 방법과 그곳에서 주의해야 할 점들을 친절하게 알려주었다. 특히 화장품 상자를 받으면 절대로 열어보지 말라고 당부했다. 프시케는 목소리가 일러준 대로 용감하게 진군했다. 지하세계의 강 입구에서 만난 뱃사공 카론에게는 미리 준비해 간 뱃삯을 쥐어주었다. 하데스의 궁전 앞을 지키는 머리가 세 개 달린 케르베로스에게는 빵을 주어 따돌렸다.

프시케는 마침내 페르세포네를 만나 무사히 화장품 상자를 받아서 나왔다. 그런데 프시케가 누구인가? 의심 많은 최초의 여인 판도라의 후손이 아니던가! 주의사항을 기억하고 있었음에도 불구하고 페르세포네의 상자를 열어보고야 말았다. 그러자 상자에서 스르르 잠이 빠져나왔다. '잠이 온다'라는 표현은 경상도와 전라도에서 쓰는 '졸리다'의 사투리다. 졸린 상태를 잠이 온다고 표현하는 것은 훨씬 신화스럽지 않은가? 마치 잠의 신 힙노시스가 뚜벅뚜벅 걸어오는 것 같다. 프시케는 힙노시스를 이기지 못하고 그만 잠이 들고 말았다.

여인이 호기심 가득한 표정으로 상자를 들여다보는 그림은 판도라의 항아리 혹은 프시케의 화장품 상자다. 만약 여인의 옆에 양귀비가 피어 있으면 그것은 틀림없이 프시케다. 양귀비가 동서양 모두에서 통할 만큼 아름다운 꽃인지는 모르겠지만 사람을 잠에 빠져들게 만드는 마

약의 원료가 되는 것은 사실이다. '미인은 잠꾸러기'라는 화장품 광고 문구와 묘하게 일맥상통하는 것도 흥미롭다.

사랑받는 건 선물이고 사랑하는 건 용기다. 다행히 에로스와 프시케의 러브스토리는 해피엔딩이다. 에로스가 단호히 프시케의 곁을 떠났지만 결코 프시케를 잊었던 것은 아니다. 에로스는 사랑을 잃은 아픔을 안은 채 프시케를 찾아 여기저기 떠돌다가 양귀비가 풍성한 곳에서 곤히 잠들어 있는 프시케를 발견했다. 프시케 주변에 머물고 있는 잠을 상자에 다시 주워 담고 프시케를 깨워 올림포스로 데려가 신들의 음식 암브로시아와 넥타르를 먹여 영생불사의 존재로 만들어 주었다.

'사랑은 외면이 아니라 내면에 있다'는 진부한 테마에도 불구하고 함께 사랑을 지키기로 한 에로스와 프시케의 일화는 변치 않는 감동을 준다. 사랑을 되찾기 위한 프시케의 노력을 가상히 여긴 아프로디테도 더 이상 둘을 방해할 수 없었다. 프시케는 올림포스에서 기쁨의 여신 헤도네를 낳았고 에로스와 함께 행복하게 잘 살았다.

언체인드 멜로디*Unchained Melody*로 유명한 영화 <사랑과 영혼> 역시 불의의 사고로 죽어서 더 이상 만나지 못하는 연인의 영혼과의 사랑을 보여준다. 연인의 얼굴을 보고 싶어도 볼 수가 없고, 만지고 싶어도 만질 수가 없다. 단지 함께 공유했던 순간을 기억하며 그 존재를 느낄 뿐이다. 의심과 불안과 두려움은 사랑을 놓치게 하지만, 타인의 말과 주변의 평판보다 자신의 마음에 집중할 때 사랑을 확인할 수 있다. 프시케에는 나비라는 뜻도 있다. 애벌레가 허물을 벗고 아름다운 나비로 탄생하는 것은 의심과 불안의 어둠에 갇혀 있던 이전과는 전혀 다른 사람이 된다는 것, 미생의 상태로부터 그 경계를 뛰어넘어 성숙한 사랑을 찾아 훨훨 날게 된다는 뜻이리라.

#보이지 않아도 알아요   #우리 그냥 사랑하게 해주세요   #파과의 시간   #콩쥐팥쥐
#신데렐라   #미인은 잠꾸러기   #수면상자   #양귀비   #심리학의 어원

아기천사를 푸토*putto*라고 하는데 라틴어 푸투스*putus*에서 왔다. 푸토는 소년이라는 뜻으로 아기천사가 모두 남자아이이기 때문이다. 복수형은 푸티*putti*다. 푸토의 다른 이름은 아모레토*amoreto*이다. 아모르가 사랑이니 '사랑의 천사'라는 뜻이다. 에로스의 로마식 이름은 쿠피도*Cupido*, 영어식은 큐피드*Cupid*다. 천사라는 단어는 그리스어인 안젤로*angelo*에서 비롯되었는데, 이것은 '하느님의 뜻을 전하는 메신저'라는 의미이다.

 안헤도니아*Anhedonia*는 알랭 드 보통*Alain de Botton*(1969~)의 <왜 나는 너를 사랑하는가>에서 소개된 질병으로 영국의학협회*BMA*에서는 '행복을 잃을지도 모른다는 갑작스러운 공포에서 나온 것으로 고산병과 아주 흡사한 병'으로 정의한다.

 프시케*psyche*는 마음 또는 영혼을 뜻한다. 심리학*psychology*은 인간의 행동과 심리과정을 과학적으로 연구하는 학문이고, 정신의학*psychiatry*은 정신질환을 연구하고 치료하는 의학의 한 분야이다. 사이코패스*psychopath*는 반사회성 인격장애의 하나로 죄책감이나 공감능력이 없고 충동적인 행동을 하고 사회규범을 위반한다. 사이코패스는 망상이나 비합리적인 사고가 나타나는 정신병*psychosis*과는 다르다. 증상이나 질병이 정신이나 심리적인 요인이면 심인성*psychogenic*이라고 하고 정신이나 심리상태가 신체적인 증상으로 나타나면 정신신체적*psychosomatic*인 증상이라고 한다.

 정신분석학*Psychoanalysis*에서는 에로스를 성적인 충동*Libido*으로부터 성적인 쾌락을 추구하는 본능으로 규정하고 있다. 성욕*eroticism*을 자극하는*erogenous*, 관능적인*erotic*이라는 단어에 에로스가 숨어 있다. 관능적이고 호색적인 문학이나 예술을 에로톨로지*erotology* 또는 색정예술*erotica*이라고 한다. 한편 로마의 신 쿠피도는 사랑보다는 돈이나 물질에 대한 욕망을 의미하여 부에 대한 탐욕을 cupidity라고 한다.

23. 따로 또 같이 믿고 사랑하라

에오스 · 티토노스 · 케팔로스 · 프로크리스

부부에게 필요한 것은 담수처럼 잔잔히 흐르고, 크고 작은 휘몰이에도 무심해지는 지혜다. 그리움이나 의심 혹은 다툼으로 고통이 생기더라도 삼가서 지켜낼 수 있을 거라는 믿음, 그것이 젊은 시절 달뜬 감정과 열정으로 시작한 사랑을 지켜내는 무기다. 철부지의 비현실적인 기대와 터무니없는 구속은 결국 서로를 피해자로 만들고 결혼을 실패로 몰아간다. 부부의 사랑은 담수여야 한다. 이른 새벽의 티 하나 없이 맑은 정수도, 뜨거운 태양 아래 반짝이는 해수도 아닌, 그저 목을 축일 수 있는 담수 같은 사랑이라면 목마르지 않을 것이다.

붉은 샤프란 색의 옷을 입은 에오스는 셀레네가 달빛을 잃어갈 무렵이 되면 태양신이 하루를 시작할 수 있도록 람포스와 파에톤이 끄는 마차를 타고 밤을 거두어들이는 새벽의 여신이다. 에오스는 아레스와 사랑을 나눈 적이 있는데, 아프로디테가 이를 질투해서 아름다운 청년만 보면 분별없이 사랑에 빠지는 저주를 내렸다. 가니메데스, 히아킨토스, 아도니스, 엔디미온……. 이름만 들어도 누나 미소가 절로 번지는 아름다운 청년들 중에는 티토노스도 있다.

티토노스는 트로이아의 라오메돈왕의 아들이다. 에오스는 아름다운 티토노스를 에티오피아로 납치해서 두 아들까지 낳아가며 행복한 시절을 보내기도 했다. 하지만 티토노스의 유한한 삶이 안타까웠던 에오스는 제우스에게 그의 영생불사를 기도했다. 그런데 쿠마이 시빌레처럼 젊음도 함께 유지시켜 달라는 요구를 잊는 바람에 티토노스는 죽지 않으면서 비참하게 늙어갔고 결국 마른 장작처럼 줄어들었다. 바짝 말라서 손가락만큼 줄어드는 티토노스를 바라보는 것이 고통스러웠던 에오스는 티토노스를 매미(또는 귀뚜라미)로 만들었다.

에오스는 티토노스가 죽는 날까지 질병으로 고통받지 않고 자신과의 사랑을 완성하기를 기도했다면 좋았을 것이다. 침침한 눈과 잘 들리지 않는 귀와 어눌해지는 말과 느릿해지는 걸음에 보조를 맞추며 부부가 함께 늙어가는 것에 동의했다면, 그래서 그의 마지막을 잘 보내주었다면 더 좋았을 것이다. 달콤하고 정열적인 사랑도 언제나 청춘일 수는 없다. 중년의 푸근함과 노년의 여유로움으로 서로를 바라보는 것이 그레이 로맨스다. 분별력을 잃은 에오스의 어리석음이 안타까운 순간이다. 티토노스와의 사랑이 허무하게 끝나자 에오스는 아르테미스의 남자 오리온에게 마음을 주었지만 그 사랑도 이루어지지 않았고 종국엔 아르테미스가 쏜 화살에 맞아 오리온이 죽어가는 모습까지 지켜보아야 했다.

아프로디테의 저주로 번번이 사랑을 완성하지 못한 에오스는 급기야 행복한 부부의 가정까지 파탄을 일으키기도 했으니, 산들바람의 신 아우라가 등장하는 사연이다. 에오스의 로마식 이름은 오로라이다. 오로라와 아우라는 다르니 헷갈리지 말자.

바티카라는 지역에 케팔로스가 살았다. 케팔로스는 포키스의 왕 데이온과 디오메데 사이에 태어난 아들인데 잘생긴데다 어찌나 부지런한지 새벽마다 히메투스산으로 사냥을 나갔다. 어스름한 새벽, 여명보다 빛나는 케팔로스가 하루도 거르지 않고 사냥길에 나서다보니

새벽의 여신 눈에 띄었다. 에오스는 아름다운 청년 케팔로스를 유혹
했다. 그렇지만 그는 프로크리스와 신혼의 단꿈에 젖어 있던 터라 아
내 외에 열어줄 마음의 방은 없다며 에오스의 구애를 단호히 거절했
다. 케팔로스는 신들의 질투를 간과한 것 같다. 에오스는 아내의 정절
을 확인해보라며 부추겼다.

"너희 부부의 사랑이 그렇게 완전하다고? 너의 마음이 그렇다 한
들 아내도 같은 마음일까? 아내의 사랑을 장담할 수 있는가?"

케팔로스는 아내의 일편단심을 믿어 의심치 않았지만 에오스의 부
추김을 못 이겨 부유한 상인으로 변장해서 호사스러운 선물을 잔뜩
들고 프로크리스 앞에 나타났다. 하지만 아내가 결단코 넘어가지 않
으리라는 것은 섣부른 예단이었다. 그녀는 처음에는 남편이 있다며
뿌리쳤지만 결국 부유한 상인에게 넘어가고 말았다. 케팔로스는 본연
의 모습으로 돌아와서 당신이 어떻게 그럴 수가 있냐며 책망했다. 사
랑의 위기가 올 때 힘들지 않은 사랑은 없다. 상황을 변명할수록 초라
해지기 마련이고 후회와 돌이킴을 애걸하느라 녹초가 되기 마련이다.
케팔로스가 돌아서자 프로크리스는 남편이 자신을 시험했다는 것과
자신과의 화해를 포기했다는 사실이 서운했다.

그녀는 현실을 받아들이고 아르테미스 신전으로 가서 시간을 보냈
다. 오비디우스는 <사랑의 기술>에서 프로크리스가 남편을 떠나 있
는 동안 미노스왕과 각별한 관계였다고 폭로하고 있다. 당시 미노스
왕의 아내 파시파에는 황소에게 빠져서 남편을 등한시했고 파시파에
에게 실망하고 외로웠던 미노스왕은 마침 아르테미스 신전에 있던 프
로크리스에게 위로를 받았다는 것이다. 하지만 프로크리스가 남편과
의 갈등상태를 이유로 부부관계를 정리하기에는 아직도 남편을 사랑
하는 마음이 컸다. 그렇다고 한달음에 돌아갔다간 부부간의 균형을
되찾는 과정에서 또다른 균열을 마주할 수도 있는지라 남편의 마음도

확인할 필요가 있었다. 프로크리스는 미노스왕에게서 받은 어떤 표적이든 빗나가는 법이 없는 창과 아르테미스에게서 받은 어떤 개보다도 빨리 달리는 사냥개를 앞세워 남편을 시험해보기로 했다.

프로크리스는 멋진 사냥도구를 챙기고 사냥개를 대동해서 남편이 전혀 알아보지 못할 모습으로 변장하여 케팔로스 앞에 나타났다. 유혹은 면역력이 있을 때는 범접하지 못하지만 심신이 약해지면 언제든 침투하는 치명적인 바이러스를 닮았다. 게다가 외로움은 인간의 면역력을 극도로 저하시킨다. 가뜩이나 외로웠던 케팔로스는 사냥을 좋아하는 자신과 취미마저 같은 이 아름다운 여인의 유혹에 쉽게 넘어가버렸다. 자신에게 실망했다며 윽박지르던 남편도 별반 다를 것 없는 상황이 되자 프로크리스의 감정은 롤러코스터를 방불케 하는 급락과 반등의 연속이었다. 우리가 왜 이렇게 된 걸까? 프로크리스는 이내 마음을 추스르고 대화의 시간을 요청했다.

"우리 다시 한 번 잘 지내봐요."

부부싸움은 칼로 물 베기라고 했던가. 각자 결함이 있음을 인정한 프로크리스와 케팔로스 부부는 다시 사랑하겠다는 강력한 의지로 가정 파탄에 이를 뻔한 고비를 잘 넘기고 다시금 합을 이루었다.

우리나라 최초의 야생 영장류학자인 김산하는 <습지주의자>라는 책에서 "사람이 너무 단단한 고체성이기보다는 물처럼 액체성을 지니는 것도 좋다"고 주장한다. 습지형 인간은 물 흐르듯 인간관계의 경계를 허물고 융통성과 폭넓은 이해로 분위기를 부드럽게 한다. 부부의 갈등 역시 깔끔하게 재단되는 성질의 것은 아니기에 조금만 노력한다면 이전의 화목했던 사이로 돌아갈 수 있다. 부부의 회복 탄력성을 믿었던 프로크리스의 제안을 케팔로스도 반겼다. 케팔로스는 마치 습지의 건축가 비버처럼 다시 한 번 공고한 가정의 댐을 쌓기로 했다. 야생의 목수 비버는 나무를 갉아 댐을 쌓고 영역을 구분지어 자기 왕국을 건설한다. 그러다가 외부 영향력에 의해 댐이 부서지거나 소실되면 즉시 보수하여 가족을 위한 댐 건축을 포기하는 법이 없다.

어렵사리 가정의 평화를 되찾은 케팔로스는 새벽의 문을 여는 에오스를 피해 다시 사냥을 즐기기 시작했다. 새벽에는 몰랐던 산에서 부는 한낮의 산들바람을 좋아하게 되었고, 미풍을 느낄 때면 나무둥치에 몸을 기대고 마치 지금까지 아무 일도 일어나지 않은 것처럼 느긋하고 기분 좋게 흥얼거렸다.

"아우라, 아우라~ 오, 감미로운 바람이여, 나에게로 와서 나의 가슴에 불타는 열을 식혀주렴."

화목한 부부를 보면 배가 아파서 이간질하고 싶은 사람들이 꼭 있다. 숲의 님프들은 프로크리스에게 당신 남편이 숲속에서 '아우라'라는 여인의 이름을 부르며 사랑을 나누는 것 같다며 고자질했다. 절대로 믿고 싶지 않았으나 사냥을 마치고 돌아오는 남편은 늘 홍조를 띠며 적당히 흥분되어 있어 의심은 점점 커져갔다. 결국 프로크리스는 케팔로스 모르게 뒤를 밟았다. 아니나 다를까 케팔로스는 한바탕 사냥을 하고 난 뒤에 휴식을 취하면서 "아우라~ 아우라~ 어서 나에게로 와서 고운 산들바람으로 나에게 부채질을 해다오"라며 노래를 부르는 것이 아닌가?

프로크리스는 남편이 '아우라'라는 이름을 가진 여인을 부르나보다 생각하며 자리에서 벌떡 일어났다. 프로크리스가 움직이는 바람에 숲에서 부시럭거리는 소리가 나자 케팔로스는 사냥감이 있는 줄 알고 화살을 날렸다. 사냥감을 놓치는 법이 없는 화살은 아내를 쏘아 맞혔다. 케팔로스가 사냥감을 확인하러 숲으로 갔을 때 프로크리스는 온몸에서 피를 흘리며 쓰러져 있었다. 케팔로스가 프로크리스를 끌어안고 애통해하자 프로크리스는 "당신이 나를 사랑한다면 제발 아우

장 오노레 프라고나르 <케팔로스와 프로크리스> 1755

라와는 결혼하지 마세요"라는 말을 남기고 숨을 거두었다. 마지막 순간까지도 남편을 믿지 못했던 케팔로스의 사랑이 안타깝다. 건강한 사랑은 간섭이나 의심이 아니라 자발적인 통제하에 서로에게 귀속되는 것인데 말이다.

배우자를 의심하는 것은 망상장애의 하나로, 의처증은 남편이 아내를 의심하는 것이고 의부증은 아내가 남편을 의심하는 것이다. 물론 의심이 아니라 실제로 외도를 하는 경우도 있다. '바람났다'는 표현이 산들바람인 아우라에서 기원되었는지의 근거를 찾을 수는 없지만 산들바람이 '가슴을 식혀주되 한 번 지나가는 감미로운 바람'이라는 정의를 따져보면 유사한 점이 있는 것도 같다.

케팔로스와 프로크리스의 이야기는 부부상담 프로그램인 <부부 클리닉 사랑과 전쟁>에서 만날 수 있는 흔한 사연이다. 하지만 그저 현대인과 별반 다르지 않은 신파나 통정이라며 가벼이 여기지 않고 찬찬히 들여다보면 삶의 지혜를 얻을 수 있다. 길리언 플린은 소설 <나를 찾아줘>에서 "결혼은 타협이며 열심히 노력해야 한다. 그 다음은 소통을 위해 노력해야 하고, 또 노력해야 한다"면서 결혼한 자들에게 환상을 버리고 좋은 부부관계 유지를 위해 끊임없이 소통하며 노력할 것을 당부한다. 사랑한다면 "서로 하나가 되어 밤을 향해 노래하며 흐르는 시냇물처럼 되기를" 기도한 칼릴 지브란도 <예언자>에서 알미트라의 입을 통해 물을 닮은 결혼의 지혜를 전수한다. 따로 또 같이 하나가 되라는 알미트라의 메시지를 프로크리스가 알았다면 케팔로스와 더 오랫동안 아름다운 부부의 연을 이어갈 수 있었으리라. 사랑에 얼마나 성공했느냐가 유한한 인생에서의 성공과 실패를 가르는 법이니 말이다.

서로 사랑하라, 그러나 사랑에 속박되지 말라.
차라리 그대들 영혼의 기슭 사이엔 출렁이는 바다를 놓아두라.
서로의 잔을 채우되 어느 한 편의 잔만을 마시지는 말라.
서로 저희의 빵을 주되, 어느 한 편 빵만을 먹지 말라.
함께 노래하고 춤추며 즐거워하되, 그대들 각자는 고독하게 하라.
오직 삶의 손길만이 그대들의 가슴을 간직할 수 있다.
함께 서 있으라, 허나 너무 가까이 서 있지는 말라.
사원의 기둥들도 서로 떨어져 서 있는 것을.
참나무, 사이프러스 나무도 서로의 그늘 속에선 자랄 수 없다.
-칼릴 지브란 <예언자>중에서

#부부싸움은 칼로 물베기 #매미의 전설 #비버의 댐쌓기 #습지주의자
#아우라가 누구야 #죽어도 못 보내 #부부 클리닉 사랑과 전쟁
#사랑은 같은 곳을 바라보는 것 #칼릴 지브란

미국 코넬대 인간행동연구소의 신시아 하잔*Cynthia Hazan* 교수가 "열정적 사랑의 수명은 900일"이라고 했다. 프랑스 극작가 이방 칼베락*Ivan Calbérac*(1970~)의 작품 <앙리 할아버지와 나>에서 "짧은 인생에서 성공과 실패를 가르는 건 우리가 사랑하는데 얼마나 성공했느냐다"라고 인생성공 여부의 척도를 제시한다. 3년이 채 되지 않은 열정적인 사랑 이후에 그 사랑을 어떻게 지속하고 성공하느냐가 관건이다.

 아우라*aura*는 '산들바람'의 뜻도 있지만 미묘한 분위기, 조짐, 기운 등의 뜻을 포함한다. 의학에서는 발작에 앞서 나타나는 특징적인 증상들을 전조증상*aura*이라고 하는데, 뇌전증(간질)이나 뇌졸중, 편두통 등에는 발작 전에 이상한 느낌이나 기분이 드는 전조증상이 있다. 그러므로 전조증상을 확인한다면 발작으로 인한 상해를 최소화할 수 있다.

독일의 철학자 발터 벤야민*Walter Bendix Schönflies Benjamin*(1892-1940)이 "흉내낼 수 없는 예술작품의 고고한 분위기"라는 뜻으로 아우라를 사용하기 시작했는데, 연예인이나 카리스마 넘치는 인물을 보면 '아우라가 비친다'는 표현을 한다.

겨울철 북유럽 등에서 밤하늘에 커튼처럼 빛나는 현란하고도 신비한 빛의 향연인 북극광 오로라*aurora*는 산들바람이 아닌 새벽의 신의 로마식 이름인 오로라에서 따왔다. 1621년 프랑스 과학자 피에르 가센디*Pierre Gassendi*(1592-1655)가 붙였다.

망상장애*Delusional disorder*는 실제 사실과 다르고, 논리적이지 않으며, 교육 정도나 문화에 걸맞지 않은 잘못된 믿음 또는 생각으로 기분장애, 정신분열병, 편집증 등과는 감별되어야 한다. 망상장애는 사람마다 원인이 다르기 때문에 치료가 쉽지 않지만 약물치료, 상담 인지치료, 행동치료 등을 복합적으로 하는 것이 효과적이다.

24. 사랑한다면 그 무엇이라도 될 수 있다

제우스 • 이오 • 아르고스

사랑하는 사람을 위해서라면 못할 일이 없고 사랑하는 사람이 원한다면 그 무엇이라도 될 수 있다. 고소공포증이 있더라도 기꺼이 한마리의 새가 되고, 수영을 못하더라도 물고기가 될 수 있다. 형체가 없는 바람이나 비라면 어떠하랴, 그에게 혹은 그녀에게 닿을 수만 있다면 기꺼이 한 호흡의 바람이 되고 한 줄기의 비가 될 수 있다.

사랑에 빠지면 구름 위를 걷는 기분이 들기 마련이지만, 구름에 휘감기는 기분을 먼저 느끼면 사랑에 빠지게 될까? 제우스가 이오를 만났을 때는 헤라의 눈을 피해 구름으로 변신했다. 오로지 너만을 위해서라는 듯 실버라이닝을 반짝이며 구름으로 변신한 제우스가 이오를 감쌌을 때, 이오는 솜사탕처럼 부드러운 느낌이 싫지 않았다. 몸이 빙글빙글 도는 것 같고 눈을 뜰 수가 없는 몽환적인 기분에 젖은 이오는 한참을 구름과 함께 보냈다. 시간이 얼마나 지났을까? 제우스의 행적을 쫓던 헤라의 레이더에 한적한 들판에서 피어오르는 묘한 뭉게구름이 포착되었다. 지체할 이유가 없는 헤라는 바로 현장을 덮쳤다.

다급해진 제우스는 이오를 암소로 변신시켰다. 제우스의 허튼 수작인 줄 알았지만 헤라는 짐짓 아무것도 모르는 양 "하얀 암소가 정말 예쁘네요. 그 예쁜 소를 나에게 주세요. 내가 잘 돌볼게요"라고 말했다. 진퇴양난이랄지, 사면초가랄지, 이러지도 저러지도 못하는 제우스는 눈앞에서 이오를 빼앗기고 말았다.

헤라가 암소로 변한 이오를 잘 돌볼 리가 없었다. '여자의 적은 여자'라는 치정 서사의 원류인가? 애먼 이오만 고생이다. 헤라는 암소를 코카서스산으로 데리고 가서 눈이 백 개 달린 아르고스에게 지키라고 명했다. 아르고스는 평소에도 백 개의 눈을 한꺼번에 감는 일이 없지만 헤라는 "절대로 눈을 모두 감아서는 안 된다"며 신신당부했다.

종일 줄에 매인 채 아르고스의 감시하에 풀이나 뜯고 있는 이오를 보자니 제우스는 안달이 났다. 제우스는 자신의 애틋한 마음을 전하기 위해서 하트 모양의 풀이 들판에 가득 자라게 하여 이오로 하여금 그 풀을 먹게 했다. 이 풀은 '이오의 꽃Ion'이라고 불리는 그리스의 국화다. 다양한 색깔의 이오의 꽃은 바이올렛이라고도 하며, 우리나라에서는 강남 갔던 제비가 돌아올 때쯤 핀다고 해서 제비꽃이라고 부르고, 라벤더와 같이 향수의 원료로 이용되거나 약용으로도 쓰인다.

한편, 딸이 사라지자 이오의 아

안토니오 알레그리 다 코레지오
<제우스와 이오> 1531

버지 이나코스는 딸을 찾으러 나섰다. 이나코스는 오케아노스와 테티스의 아들로서 강의 신이며 아르고스 최초의 왕이다. 이나코스가 코카서스산까지 찾아왔지만 암소로 변한 딸을 알아보지 못하자 이오는 발굽으로 땅에 자기 이름을 썼다. 그제야 암소가 딸임을 알아차렸지만 어떻게 해볼 도리가 없었다. 이나코스는 상황을 이 지경으로 만든 제우스를 원망했다. 딸을 잃은 아버지라면 그럴 수밖에 없지 않겠는가? 그런데 제우스는 적반하장으로 자신을 원망하는 이나코스에 분노하여 복수의 여신들 에리니에스를 내려보내 그를 미치게 하였다. 그러지 않아도 이나코스는 미칠 지경이었다. 만질 수도 없고 말도 할 수 없게 된 자식을 보고 미치지 않을 부모는 없다. 아이들이 아프면 자신이 대신 아픈 게 낫겠다며 가슴을 치는 것이 부모다. 비탄에서 헤어나오지 못한 이나코스는 하리아크몬강에 몸을 던졌다. 그때부터 이 강을 이나코스강이라고 불렀고 더 이상 눈물도 남지 않아 갈라지고 메마른 아버지의 마음을 대변하듯 장마철 외에는 항상 강물이 말라 있다고 한다.

이나코스의 부정父情을 허망하게 내치긴 했어도 마음이 편치 않았던 제우스는 마침내 헤르메스를 불러서 이오를 구하라고 명령했다. 제우스의 명을 받은 헤르메스는 평범한 나그네 모습으로 변장하고 이오를 지키고 있는 아르고스를 찾아갔다. 올림포스에는 아폴론을 비롯해서 사티로스, 오르페우스와 같은 명연주자들이 있지만 헤르메스도 이에 못지않게 연주를 잘하는데다가 타고난 이야기꾼이다. 스토리가 쫄깃쫄깃해지는 지점에서 '내일 밤에 계속to be continued'을 외치며 술탄의 마음을 사로잡은 <천일야화>의 세헤라자데의 신공을 따라가기는 어렵겠지만, 헤르메스는 하루 종일 암소를 지키느라 지루했을 아르고스에게 마치 아이를 달래듯 조곤조곤 재미난 이야기를 꺼내는가 싶더니 이내 아름다운 피리 연주를 들려주었다. 경계의 끈을 내려놓은 아르고스는 헤르메스가 피리를 불기 시작하자 긴장이 완전히 풀어졌다. 아르고스는 참을 수 없이 졸음이 쏟아지는 수면발작이라도 일으켰던 것 같다. 눈이 하나씩 감기더니 결국 백 개의 눈이 다 감겼다. 이때를 놓치지 않고 헤르메스는 아르고스의 목을 치고 이오를 탈출시켰다.

현장에 도착한 헤라가 받은 충격은 이루 말로 할 수 없었다. 헤라는 충복이었던 아르고스의 백 개의 눈을 하나씩 뽑아 자신의 신조神鳥인 공작의 허리 깃털에 모두 붙였다. 이때부터 공작새의 깃털엔 아르고스의 눈이 붙게 되었다. 그리스 신들을 그린 명화에 헤라가 등장한다면 헤라의 공작새를 유심히 보자. 공작새의 깃털이 밋밋하다면 이오를 만나기 전이고, 공작새의 깃털이 화려하다면 아르고스가 이오를 지키다가 헤르메스에게 당한 이후이다.

페테르 파울 루벤스 <헤르메스와 아르고스> 1635-1638

이후에 이오는 어떻게 되었을까? 헤라는 아르고스의 눈을 뽑아 공작의 깃털에 붙이는 동안 쇠파리떼를 날려보내 이오를 쫓게 했다. 이오는 쇠파리떼(또는 등에)에게 쫓기며 해변을 가로지르고 해협을 지나 소아시아로 건너갔다. 이오가 암소의 모습을 한 채 달아난 그리스 해변을 이오니아해*Ionian Sea*라고 부르는데 동쪽으로는 그리스와 알바니아와 접해 있고 서쪽으로는 이탈리아와 시칠리아에 접해 있다. 이오가 지나간 해협은 '암소의 건널목'이라는 뜻으로 보스포로스*Bosporos*해협이라고 부른다.

쇠파리떼의 등쌀에 괴로워하는 이오를 보며 마침내 제우스는 헤라에게 항복하고 다시는 만나지 않겠다는 조건으로 이오를 인간으로 되돌려놓았다. 제우스는 이오에게 사랑하지 않아서가 아니라 이것이 최선이라고 안간힘을 다해 변명했는지도 모르겠다. 그리고 자신의 삶을 통째로 유린당하고 외롭고 힘겨웠을 이오에게는 이집트 여왕 자리를 약속했다. 헤로도토스는 그리스 역사서 <히스토리아>에서 이오가 아르고스의 공주였는데 포이니케 무역상들이 납치해서 지금의 이집트 지역인 아이킵토스로 강제로 데려왔다고 기록했다.

이집트 여왕 이시스가 된 이오는 메네스를 낳았는데 메네스는 이집트를 통일한 위대한 왕이 되었다. 메네스는 황소 숭배를 시작했고 이런 문화는 페니키아 지역까지 이어졌다. 제우스에게 있어 사랑의 진위가 다소 의뭉스럽긴 하지만 무엇으로든 변신해서라도 사랑을 이루고자 했던 진심만은 알아주자.

#내가 만일 구름이라면 #실버라이닝 #헤라의 질투 #황소 숭배
#스토리텔러 세헤라자데 #세헤라자데의 신공 #이오니아해 #이나코스강
#공작새의 전설 #이집트 여왕 #히스토리아

수면발작*sleep attack*이 대표적인 증상으로 나타나는 기면증*Narcolepsy*은 뇌의 시상하부에서 신경전달물질을 생성하는 히포크레틴 세포가 줄어들어 더 이상 각성 상태를 유지하지 못해 생기는 질병이다. 기면증은 학업 능률이나 작업 성취도가 떨어지고 대인관계 장애나 우울증을 동반할 수 있으며, 중추신경흥분제의 약물치료와 생활습관 교정, 심리 상담 등 종합적인 치료가 필요하다.

황소는 타우루스*Taurus*라고 한다. 황소의 담즙에서 추출되는 아미노산 성분인 타우린*Taurin*은 세포의 수분과 전해질의 균형을 유지하고 근력 증가, 시력 향상, 정신능력 향상, 항산화 작용 등 전반적인 신체의 기능을 돕는다. 건강한 상태라면 간에서도 타우린을 만들지만 몸에서 필요한 양의 절반 정도만 생성되기 때문에 식품을 통해 보충해 주는 것이 좋다. 타우린을 복용하면 혈압이 안정되고, 심혈관 질환 예방에 도움이 되고 심근 수축력을 증가시켜서 각성제 효과가 있다.

암소는 바카*Vacca*라고 한다. 영국 의사 에드워드 제너*Edward Jenner*(1749-1823)는 천연두가 유행하자 소젖을 짜는 여성이 천연두에 걸리지 않는 것을 보고 소의 전염병인 우두*cowpox*를 이용해 천연두를 예방하는 기술을 제시했다. 암소의 머리에서 고름을 채취한 뒤 사람에게 미리 주입해서 가볍게 앓고 지나가게 한 것이다. 미리 항원(병원체)을 주입해서 그 질병에 저항하는 항체를 만들게 하여 후천적인 면역이 생기게 하는 것이 예방접종이다. 이후로는 모든 예방주사를 백신*vaccine*이라고 불렀다. 백신이라는 이름은 암소*vacca*에서 추출한 것에서 기원한 것으로 1881년 파스퇴르*Louis Pasteur*(1822-1895)가 명명했다. 예방접종정보 검색 사이트*nip.cdc.go.kr/irgd/indexMn.html*를 참고하면 국가전염병과 무료예방접종에 대한 정보를 얻을 수 있다.

25. 목표가 있다면 맞춤형으로 변신하라

제우스 • 에우로페 • 카드모스 • 하르모니아

나라마다 신성시 여기거나 사회의 일원처럼 친근하게 받아들이는 동물이 있다. 우리나라에서는 호랑이가 영험한 동물로 대접을 받고, 인도와 스리랑카에서는 코끼리를 숭배한다. 고대 이집트와 페니키아에서는 소가 매우 특별한 존재다. 페니키아인들이 처음으로 사용하기 시작한 알파벳 첫 번째 글자를 소의 형상을 따서 A로 시작하는 것도 이와 무관하지 않다.

페니키아의 도시국가 시돈의 아게노르왕에게는 듬직한 세 아들 카드모스, 포이닉스, 킬릭스라와 딸 에우로페가 있었다. 에우로페는 '아름다운 눈을 가진 여인'이라는 뜻이다. 에우로페는 마음도 넓고 따뜻하여 동물들을 사랑했는데, 특히 소를 귀하게 여기고 좋아했다. 사랑 땜의 유효기간이 짧은 제우스는 어느새 에우로페의 취향을 저격하여 그녀를 무력하게 만들었다. 이번에는 자신이 직접 황소로 변신하기로 한 것이다. 제우스는 에우로페가 시녀들과 바닷가에서 놀고 있는 것을 확인하고는 헤르메스를 불러 아게노르왕의 소떼를 바닷가로 몰고 가라고 지시했다. 그리고 자신은 흰 황소로 변신해서 소떼에 섞여들었다. 아름다운 황소에게 마음을 빼앗긴 에우로페는 화관을 씌워주며 시간 가는 줄을 몰랐다.

제우스의 변신은 여성 편력가로서의 카사노바 면모도 있지만 목표를 향해서라면 어떤 변화도 서슴지 않는 리더의 모습으로도 비쳐진다. 세계신화연구소 김원익 소장은 <제우스의 열두 가지 리더십>에 대해 설명하면서 열두 번째 리더십은 바로 변신의 리더십이라고 갈무리하였다. 어쩔 수 없어서 억지로 바꾸어야 하는 수동적인 방식의 변신이 아니라 매번 목표에 알맞게 능동적이고 주체적으로 변신한다는 것이다. 이는 현대를 살아가는 리더들이 갖추어야 할 빠른 시대 적응 능력이라고 강조하기도 했다.

　영화 <대부>에서 마피아 두목 돈 콜레오네처럼 제우스는 매번 상대가 결코 거절할 수 없는 맞춤형 변신을 시도했다. 헤라 앞에서는 비

베첼리오 티치아노 <에우로페의 납치> 1562

맞은 뻐꾸기의 모습으로 변신하여 소녀 감성을 건드렸고, 거친 남자를 좋아하는 안티오페에게는 사티로스의 모습으로 변신하여 다가갔으며, 모태솔로 칼리스토에게는 그녀가 숭배하는 아르테미스로 변신하여 꼼짝 못하게 했다. 헤라클레스를 얻기 위해서는 남편 암피트리온으로 변신하여 알크메네의 의심을 말끔히 없앴다. 그러니 늠름하고 잘생긴 황소의 모습으로 다가갔을 때는 소를 좋아하는 에우로페에게 기쁨과 설렘이 앞섰음은 두말할 필요가 없다.

에우로페와 시시덕대며 노닥거리는 황소가 제우스임을 한눈에 알아본 헤라. 헤라의 서슬 퍼런 눈빛에 뒤보깨어 정신이 없어진 제우스는 달아나기 시작했다. 재빨리 에우로페를 등에 태우는 것도 잊지 않았다. 제우스는 속도를 내어 바다를 향해 돌진해 육지로부터 점점 멀어졌다. 꽁무니를 뺄 수밖에 없었던 제우스가 얼마나 오랫동안 얼마나 멀리 달아났는지는 쉽게 짐작할 수 있다. 에우로페를 태우고 달린 모든 지역이 지금의 유럽이니 말이다. 유럽Europe을 철자대로 발음하면 에우로페다.

전 유럽을 돌고 난 다음 숨을 몰아쉬며 도착한 곳은 크레타섬이었다. 드디어 헤라의 눈에서 벗어났다고 생각한 제우스는 본모습을 드러냈다. 크레타섬의 고르티스에는 플라타너스 나무가 많았다. 제우스는 플라타너스 아래에서 에우로페와 사랑을 나누었다. 헤라에게 들키지 않도록 이때부터 플라타너스의 나뭇잎이 무성해졌다. 제우스는 헤파이스토스에게 젊음과 아름다움을 유지할 수 있는 목걸이를 만들라고 부탁했다. 사랑의 증거로 선물한 이 목걸이는 화려한 보석과 황금으로 장식되어 에우로페를 더욱 빛나게 해주었다. 훗날 에우로페는 오빠 카드모스를 만났을 때 새언니가 될 하르모니아에게 결혼축하 선물로 건넸다. 그때부터 '하르모니아 목걸이'라는 별명이 붙었다.

여기서 잠깐, 하르모니아는 아프로디테와 아레스의 딸이다. 헤파이스토스는 누구인가? 아프로디테의 남편이다. 아내와 다른 남자와의 사이에서 태어난 아이가 자신의 작품을 소유하도록 내버려둘 정신 나간 남자는 없다. 헤파이스토스는 이후 이 목걸이를 가지게 되는 여성은 불행해질 것이라는 저주를 내렸다. 그 때문에 하르모니아 목걸이를 소유하게 된 셀레네와 이오카스테에게는 독이 되었다. 이는 무작정 젊음과 아름다움만을 좇는 허영은 오히려 참담함을 초래할 수도 있다는 은유이기도 하다.

에우로페는 크레타에서 미노스, 사르페돈, 라다만티스 삼형제를 낳았다. 하지만 제우스는 크레타에 영원히 머무를 수는 없어서 목걸이 외에도 세 가지 선물을 주고 섬을 떠났다. 크레타를 지키는 청동 거인 탈로스와 결코 목표를 빗나가지 않는 창, 목표물을 반드시 포획하는 사냥개 라일랍스였다. 탈로스는 인간의 모습을 한 청동로봇으로 크레타섬을 순시하며 섬에 상륙하려는 낯선 사람이 보이면 자신의 몸을 빨갛게 달구어 상대방을 껴안아 죽였다. 제우스에게 받은 선물 덕에 크레타 왕국은 더욱 번성했다. 이후 에우로페는 크레타왕 아스테리오스와 결혼해 딸 크레타를 낳았다. 아들이 없었던 아스테리오스는 에우로페와 제우스의 큰아들 미노스를 후계자로 삼았다. 미노스는 크레타의 왕이 되어 복잡한 설계로 거대하고 화려한 크노소스 궁전을 짓고 크레타 문명의 황금시대를 열었다. 크레타 문명을 미노스 문명이라고도 부르는 이유이다. 에우로페는 죽은 뒤 신으로 숭배되었고, 황소는 하늘로 올라가 황소자리가 되었다. 황소자리는 겨울철에 쉽게 찾을 수 있는 오리온자리 바로 옆에서 밤하늘을 빛내고 있다.

한편 에우로페가 제우스에게 납치당했을 때 큰오빠 카드모스는 누구보다 아끼던 여동생 에우로페를 찾아 헤맸지만 매번 실패했다. 여

동생을 찾지 못하면 돌아오지 말라던 아버지 아게노르왕의 엄포대로 결국 귀국을 단념하고 트라키아에 잠시 머무르면서 피티아 신녀로부터 두 가지 신탁을 받았다.

"에우로페를 찾는 일은 소용없으니 더 이상 찾지 말라."

"배에 달무늬가 있는 황소를 발견하거든 따라가다가 황소가 눕는 곳에 도시를 세우라."

얼마 후 카드모스는 배에 달무늬가 있는 황소를 발견하고 이를 놓칠세라 바짝 뒤따라갔다. 황소는 들을 지나 한참을 가다가 보이오티아 지방의 한 언덕에 쓰러지듯 누웠다. 보이오티아는 '암소의 땅'이라는 뜻이다. 카드모스는 신탁에 따라 그곳에 도시를 건설했는데 자신의 이름을 따서 카드메이아라고 하였고, 훗날 테바이가 되었다. 테바이는 아테네 북서쪽 보이오티아 지방에 현재까지도 존재하는 도시로 오이디푸스왕이 태어난 곳이다.

카드모스가 카드메이아를 쉽게 건설했던 것은 아니다. 도시를 건설하려고 할 때 괴물뱀이 나타나 부하들을 모두 죽여버렸기 때문이다. 카드모스는 부하들의 원한을 갚기 위해 괴물뱀을 처치했다. 그러자 멀리서 "죽은 뱀의 이빨을 땅에 뿌리라"는 계시가 들렸다. 그대로 했더니 뱀의 이빨이 묻힌 땅속에서 완전무장한 용사들이 솟아났다. 이들은 '뿌려서 태어난 용사들'이란 의미로 스파르토이라고 불렀다. 스파르토이는 용맹스러운 스파르타의 시조가 되었고, '뿌리다'라는 의미의 영어 스프레이spray가 되었다. 그런데 하필 그 뱀은 전쟁의 신 아레스에게 봉헌된 뱀이었던지라 아레스는 격분해서 카드모스를 종으로 삼았다. 카드모스가 종살이로 8년간의 속죄를 성실하게 마치자 아레스는 아프로디테와의 사이에서 낳은 자신의 딸 하르모니아를 주어 카드모스와 결혼하게 했다. 카드모스와 하르모니아는 세멜레, 이노, 아가베, 아우토노에, 폴리도로스를 낳았다.

카드모스의 자녀들만큼 기구한 운명을 가지기도 드물다. 세멜레는 디오니소스의 어머니로 제우스가 입은 천상의 옷을 보고 불타 죽었다. 이노는 세멜레 대신 디오니소스를 키워주었지만, 이를 못마땅하게 여긴 헤라의 음모로 미치광이가 되어 바다에 몸을 던졌다. 아가베는 디오니소스의 저주로 자신의 아들을 죽인 후 벼락에 맞아 죽었다. 아우토노에의 아들 악타이온은 아르테미스가 목욕하는 장면을 훔쳐본 죄로 사슴으로 변하게 되고 자신의 사냥개에게 물려 죽었다.

카드모스의 동생인 포이닉스와 킬릭스도 에우로페를 찾지 못하고 각자 다른 지방에 정착하여 코이니키아, 킬리키아라는 도시국가를 세웠다. 자손들이 모두 불행해진 후 카드모스는 테바이를 떠나 일리리아 지역으로 가서 괴로움에 몸부림치다가 뱀으로 변해 땅을 기어다니다 생을 마쳤다.

#제우스의 열두 가지 리더십 #변신의 리더십 #고객 맞춤 서비스 #취향 저격
#대부 #거절할 수 없는 제안 #유럽의 기원 #플라타너스 #디스 이즈 스파르타
#청동소 #테바이 #하르모니아의 목걸이

에우로페와 세 아들의 경호를 맡은 탈로스는 말하자면 최초의 인공지능로봇이다. 탈로스는 크레타섬을 하루 세 번씩 순찰하며 외부로부터의 침입자를 막아냈다. 로봇이라는 용어가 처음 등장한 것은 체코의 극작가 카렐 차페크*Karel Capek*(1890-1938)의 희곡 <R.U.R.>에서다. 1920년에 발표된 소설이라고는 믿기 어려운 이 공상과학 희곡은 인간을 위해 무거운 짐을 나르거나 힘든 일을 하며 스스로 생각할 수 있는 인공지능 로봇이 공장에서 대량 생산되지만 종국에는 로봇이 반란을 일으켜 인간을 멸종시킨다는 디스토피아를 그리고 있다.

크레타 문명에서 제일 중요한 유산은 전설의 궁전인 크노소스 궁전이다. 크노소스 궁전은 1900년대 초 영국의 고고학자 아서 에번스*Sir Arthur John Evans*(1851-1941) 경에게 발견되어 현재까지도 계속 복원작업을 하고 있다. 에번스 경이 처음 크노소스를 발견한 것은 아니지만 90세로 세상을 떠날 때까지 30년 이상을 그리스 에게문명 복원에 보냈다. 지금도 크노소스 궁전 입구에는 에번스 경의 두상이 관광객을 반기고 있다. 크노소스 궁전은 크기와 형태와 방향이 제각각인 수백 개의 방이 미로처럼 복잡하게 얽혀 있는 구조라서 '뫼비우스의 띠'나 마우리츠 에셔*Maurice Cornelis Escher*(1898-1972)의 <오르내리기> 그림을 연상하게 했다. 방방마다 멋진 그림과 모자이크 장식이 아름다운 크노소스 궁전은 최소한의 원칙만 지키면서 최대한의 자유를 보여주는 서양 개인주의 건축의 원조이다.

26. 추락하는 것은 날개가 있다

❖━━━━━❖━━━━━❖

미노스 • 테세우스 • 아리아드네 • 다이달로스 • 이카로스

인생은 누림과 즐김이라고 단언하며 방탕하게 생활하다 파멸에 이르는 주인공들의 통속적인 비극을 그리면서 이문열은 <추락하는 것은 날개가 있다>고 했다. 추락하는 이카로스에게도 날개가 있었다. 다만 하늘을 나는 자유로움에 흠뻑 취해 깃털을 붙인 밀랍이 태양에 녹는 줄도 모르고 계속해서 높이 올라가다가 바다에 떨어지는 치명적인 실수를 저질렀다. 날개의 쓰임과 유용함을 제대로 활용하지 못하고 조심성마저 없다면 추락으로 귀결될 수밖에 없다. 날개를 달고도 추락한 이카로스의 안타까운 사고의 전말을 알아보자.

에우로페의 아들 미노스는 아버지인 제우스를 잘 섬기고 태양신 헬리오스를 위해서도 제사를 올려주었다. 헬리오스는 미노스의 제사를 고마워하며 딸 파시파에를 왕비로 삼게 했다. 미노스는 지중해의 패권을 잡아 크레타를 최대의 해양국가로 성장시키려는 야심을 가졌다. 또한 자신이 신의 보호를 받는다는 증거를 보여 시민들의 환심을 사서 왕권을 더욱 키우고 싶었다. 생각 끝에 미노스는 포세이돈을 찾아가 황소를 보내달라고 간청했다.

"포세이돈이여! 부디 저에게 초우량 품종의 황소 한 마리를 보내주소서. 그렇게 해주시면 저는 신의 특별한 은총을 받고 있다는 증

거로 황소를 내보이며 시민들의 마음을 사로잡겠습니다. 보내주신 황소는 포세이돈을 위해 다시 제물로 바치겠습니다."

그리스 신들은 공통적으로 자신을 추앙하고 제사를 지내는 것을 가장 중요하게 여긴다. 포세이돈도 다른 신들과 다르지 않아서 귀한 황소로 제사를 지내겠다는 미노스의 제안을 흔쾌히 받아들였다. 미노스는 포세이돈이 보내준 황소를 시민들에게 자랑하며 자신이 신의 호위를 받고 있음을 과시했다. 그런데 막상 제사를 지내려니 마음이 바뀌었다. 아무리 생각해도 이 우량 황소를 제물로 바치는 것보다는 곁에 두고 계속 번식시키는 것이 훨씬 이로울 것이라 판단한 것이다. 미노스는 황소를 슬쩍 바꿔서 제사를 지냈다.

이런 얄팍한 술수를 포세이돈이 모를 리가 없다. 포세이돈은 이를 괘씸하게 여기고 어떻게 벌을 줄까 고민 끝에 계략을 하나 떠올렸다. 바로 미노스왕의 왕비 파시파에가 황소를 사랑하게 만드는 것이다. 인간의 감정까지도 좌지우지할 수 있는 것이 신인지라 신의 농간에 따라 파시파에는 그만 황소에게 욕정을 느끼게 되었다. 하지만 황소가 인간 여자에게 관심을 보일 리 만무하니 파시파에는 안달이 났다. 에우로페처럼 황소의 사랑을 받지 못한다면 차라리 이오처럼 암소가 되고 싶었을지도 모른다. 고심 끝에 파시파에는 다이달로스를 불러서 예쁜 암소 한 마리를 만들어 달라고 부탁했다. 다이달로스는 헤파이스토스와 아테나로부터 기술과 지혜를 전수 받아 마치 살아있는 듯 움직이는 조각을 만들 수 있었다. 본래 아테네 출신이지만 조카 탈루스의 뛰어난 재능을 질투하여 죽여버린 후 사형선고를 받아 아들 이카로스와 아내와 함께 크레타로 망명해온 처지였다.

다이달로스는 장미목으로 가운데가 텅 비고 바퀴가 달린 소 한 마리를 만들어 암소 가죽을 씌워서 파시파에에게 주었다. 파시파에는 암소의 빈 몸통 안으로 들어갔다. 나무로 만들어진 암소가 돌돌거리며 들판을 구르자 황소는 암소를 덮쳤다. 파시파에는 소원했던 대로 황소와 사랑을 나눈 뒤 열 달 후에 아들을 낳았는데 사람의 몸에 황소의 얼굴을 하고 있는 반인반수였다. 아들은 '미노스의 황소'라는 뜻의 미노타우로스라는 이름을 가지게 되었다. 왕비가 괴물을 낳자 미노스는 노발대발했다. 이런 끔찍한 사태의 원인을 제공한 다이달로스를 불러서 미노타우로스를 가둘 수 있는 미궁, 한 번 들어가면 절대 밖으로 나올 수 없는 복잡한 미로를 만들라고 명령했다. 다이달로스는 짧고 긴 담들을 서로 교차시키며 복잡하기가 이루 말할 수 없는 미궁 즉, 라비린토스*Labyrinthos*를 만들었다. 미노스는 미로의 한가운데에 미노타우로스를 가두었다.

그 즈음에 미노스왕의 아들 안드레게오스가 우방국인 아테네를 방문한 일이 있었다. 당시 아테네에는 괴물소가 시내를 돌아다니며 피

줄리오 로마노 <암소모형으로 들어가는 파시파에> 1526-1528

해를 입히고 있었는데, 안드레게오스는 호기롭게도 괴물소를 퇴치하겠다며 덤볐지만 오히려 괴물소의 뿔에 받혀 마라톤 평야에서 죽었다. 객지에서 어이없이 비명횡사한 아들 소식을 접한 미노스왕은 분풀이로 아테네의 왕 아이게우스에게 9년에 한 번씩 일곱 청년과 일곱 처녀를 제물로 바치게 했다. 그렇게 하지 않으면 아테네를 몰살시키겠다고 엄포를 놓았다. 당시 크레타는 인근에서는 감히 넘볼 수 없는 강국이었기에 하는 수 없이 아이게우스왕은 9년마다 인신공물을 바쳤고 이들은 모두 미궁으로 보내져 미노타우로스의 제물이 되었다.

아이게우스왕이 두 번의 인신공물을 바치고 시름에 젖어 있을 무렵 테세우스가 나타났다. 테세우스는 아이게우스가 아테네 밖에서 낳은 아들이다. 아이게우스가 자식이 없어 델포이까지 가서 신탁을 받고 돌아오던 길에 친구인 피테우스왕을 만나러 트로이젠에 잠시 머물렀다. 이때 피테우스의 딸 아이트라와 동침을 했는데 아이게우스는 아테네로 돌아가면서 큰 바위 밑에 칼과 샌들을 숨겨두고 나중에 아이가 크거든 아비를 찾으라고 했다. 테세우스는 바위 밑에 숨겨진 증표를 찾아서 아버지 아이게우스를 만나러 갔다. 우리나라에도 증표를 가지고 아버지를 찾는 설화가 있다. 고구려를 건국한 동명성왕, 고주몽은 예씨에게 아들 유리가 커서 아버지를 찾거든 "일곱 모가 난 돌 위의 소나무 아래에 남겨둔 증표를 가지고 나를 찾아오도록 하라"는 말을 남기고 떠났다. 고주몽이 유리에게 남긴 증표가 혹자는 조각난 거울이라고도 하고 혹자는 부러진 검이라고도 한다.

부자상봉의 기쁨도 잠시, 테세우스는 9년마다 굴욕적인 인신공물을 바쳐야 해서 괴로워하는 아이게우스에게 스스로 공물을 자처하여 미노타우로스를 퇴치하고 돌아오겠다고 선언했다. 어렵사리 만난 아들이 고집을 꺾지 않자 아이게우스는 어쩔 수 없이 허락하며, 돌아올 때는 성공의 징표로 흰 돛으로 바꿔 달고 오라고 했다. 아테네에서는 크레타에 인신공물들을 바칠 때 슬픔을 표현하는 뜻으로 검은 돛을 달고 출발했었다. 아이게우스는 아들이 흰 돛을 달고 금의환향한다면 잔치를 열겠다고 했다. 테세우스는 아프로디테 여신에게 제사를 지내고 무사히 돌아오게 해줄 것을 간청한 후 열세 명의 처녀총각들과 아테네를 떠났다.

크레타에 도착했을 때 아테네에서 온 무리들 중에 앞장서서 당당하게 걸어가는 테세우스의 모습을 미노스왕의 딸 아리아드네가 유심히 보았다. 게다가 제물로 바쳐지기 전에 치러진 제전의 여러 경기에서 테세우스가 두각을 나타내자 완전히 마음을 빼앗겨 버렸다. 아마도 사랑의 여신 아프로디테가 준비한 큰 그림이었으리라. 인신공물이 미로로 끌려들어가기 전날 밤, 아리아드네는 거부할 수 없는 이끌림으로 몰래 테세우스 막사를 찾아갔다. 그녀는 셈법을 제대로 배우지 못한 아이처럼, 처세에는 젬병인 사회초년생처럼 테세우스가 그의 고향으로 데리고 가겠다는 약속만 해준다면 미로에서 빠져나올 수 있도록 돕겠다고 했다. 테세우스는 망설일 이유가 없었다.

아리아드네가 알려준 방법은 실을 이용하는 것이다. <헨젤과 그레텔>이 숲속에 버려질 때 빵조각과 조약돌을 길에 떨어뜨려 집으로 돌아가는 길을 표시해두는 것과 유사했다. 테세우스는 자신을 사랑한 크레타의 공주 아리아드네가 준 칼을 품고 미궁의 입구에 빨간 명주실을 묶어둔 뒤 미로의 한가운데로 들어갔다. 그리고 미노타우로스를 단숨에 처치한 후 실을 되감으면서 함께 들어갔던 처녀총각들을 모두 무사히 데리고 미로를 빠져나왔다.

아리아드네의 이야기는 해피엔딩은 아니다. 미노타우로스를 처치한 후 아리아드네를 데리고 아테네로 돌아오던 길에 테세우스 일행은 낙소스섬에 잠시 들렀다. 테세우스야 모험을 즐기는 타고난 영웅

이지만 궁전에서만 생활하던 아리아드네로서는 오랜만에 도착한 육지에서의 휴식이 무엇보다도 달콤했으리라. 아리아드네가 피곤에 지쳐 잠이 들었을 때, 어찌된 일인지 테세우스는 낙소스섬에 그녀를 남겨둔 채 길을 떠났다. 아리아드네는 그 황당함을 어찌 감당했을까?

아리아드네를 낙소스섬에 두고 온 이유에 대해서는 여러 가지 가설이 있다. 처음부터 테세우스가 아리아드네를 데려갈 생각이 없었다고도 하고, 디오니소스가 테세우스의 꿈에 나타나 아리아드네를 남겨두고 떠나라 했다고도 하고, 포세이돈이 아리아드네를 차지하기 위해 방해했다고도 한다. 여하간 나쁜 남자로 이미지를 바꾼 테세우스는 아리아드네를 두고 서둘러 낙소스섬을 빠져나오느라 그만 흰 돛으로 바꿔달기로 한 약속을 잊어버렸다. 매일 수니온곶에서 아들 테세우스가 돌아오기만을 기다리고 있던 아이게우스왕은 검은 돛을 달고 돌아오는 아들의 배를 보고는 너무나 실망한 나머지 절벽에서 뛰어내렸다. 아이게우스가 뛰어내린 바다는 에게해*Aegean Sea*라고 부른다. 언젠가 방문했던 낙소스섬엔 어찌나 바람이 심하게 불고 파도가 높던지 아리아드네의 서글픈 마음이 느껴지는 듯했다. 그리고 수니온곶에서 아이게우스가 뛰어내린 절벽을 마주했을 때는 애잔한 부성애가 떠올라 안타까움을 더했다.

크레타의 미노스왕은 미노타우로스가 죽은 것보다 사랑하는 딸 아리아드네가 야반도주한 것에 더 분노해서 다이달로스와 그의 아들 이카로스를 미궁에 가두었다. 비록 다이달로스가 미궁을 만들었지만 설계도를 가지고 들어간 것도 아니기 때문에 개발자조차도 빠져나올 수가 없었다.

"미노스 왕이시여, 당신의 분부대로 미궁을 만들었지만 제가 아리아드네 공주에게 미궁을 빠져나가는 방법을 알려드린 것은 아닙니다. 제발 저희 부자를 고향인 아테네로 돌려보내 주십시오."

다이달로스는 미노스왕에게 간절히 요청했지만 미노스왕은 미동도 하지 않았다. 이제 다이달로스는 방 탈출 카페에서 지능적으로 탈출 계획을 세워야 하는 게이머가 되어야 했다. 미로에서 출구를 찾을 수 없다면 땅으로 꺼지든가 하늘로 솟아오르는 수밖에 없다. 수단과 방법을 찾아 두리번거리던 다이달로스는 사방에 떨어진 독수리 깃털을 주시했다. 다이달로스는 기상천외한 탈출 계획을 세우고 이카로스에게 깃털들을 주워 모으라고 했다. 어느새 가득 모아진 독수리의 깃털을 밀랍으로 정성스럽게 붙여 커다란 날개를 만들었다. 다이달로스는 먼저 이카로스에게 밀랍으로 붙인 날개를 양쪽 팔에 끼워주며 조심하라고 신신당부했다.

"내가 먼저 날아오를 테니 너는 내 뒤만 잘 따라오너라. 절대로 너무 높이 날아서는 안 된다. 태양에 너무 가까이 가면 밀랍이 녹아

피터 브뤼겔 <이카로스의 추락이 있는 풍경> 1565

버려서 날개 모양을 유지할 수 없다. 명심하고 내 뒤만 따르라."

아버지에게서 날개를 받은 이카로스가 힘차게 팔을 저으니 어깻죽지에 매달린 날개가 펄럭이며 몸이 붕 뜨고 하늘을 날 수 있게 되었다. 하지만 하늘을 날기 시작하자 어리석은 이카로스는 아버지의 충고 따위는 금방 잊어버렸다. 밀랍으로 붙인 날개를 달고 태양 가까이 날아올랐다가 그만 바다에 떨어졌다. 하늘을 날아 미궁을 탈출하던 이카로스가 떨어져 죽은 바다가 이카로스해*Icarian Sea*이다. 피터 브뤼겔의 풍경화에서 바다로 곤두박질하는 이카로스를 찾아보자.

이카로스의 이야기는 태양마차를 무면허로 몰았던 파에톤의 이야기와 닮아 있다. 물론 신의 아들이라는 것을 과시하기 위한 파에톤과 생존을 위해 미궁을 탈출하려는 이카로스는 하늘을 날았다는 사실 외에는 공통점이 없어 보인다. 하지만 내면을 들여다보면 자신의 한계를 분명히 지적해 주었음에도 불구하고 그 사실을 망각하고 오만했던 점은 파에톤이나 이카로스가 모두 같다. 캐나다의 경제학자 대니 밀러는 자신의 능력에 대한 자만과 과거의 성공에만 집착하고 안일하게 경영하다가 사업이 실패로 끝나는 것을 이카로스의 역설*Icarus Paradox*이라고 명명하기도 했다. 파에톤과 이카로스의 비극적인 결말은 자연의 순리를 거스르는 자에 대한 신의 응징이라고 볼 수 있다.

하늘을 날고자 하는 인간의 꿈은 비행기라는 위대한 발명품을 탄생시켰지만 그럼에도 불구하고 이카로스의 날개는 인간의 무모한 욕망과 통제하지 못하는 과욕을 지적하고 있다. 작가 이문열도 같은 메시지를 주고 싶었던 것 같다. 현실 그 이상의 세계를 꿈꾸기를, 그러나 허락받지 않은 세계에 대한 호기심이 부디 과하지 않기를…….

#부자의 징표찾기 #미궁에서 살아남기 #헨젤과 그레텔 #아리아드네의 낙오
#최초의 방탈출카페 #이카로스의 날개 #에게해 #추락하는 것은 날개가 있다
#이카로스의 추락이 있는 풍경 #이카로스의 역설

미노스는 영역 확장을 위해 메가라를 침략한 적이 있는데, 당시 메가라 땅은 니노스왕이 지배하고 있었다. 니노스는 머리카락 중에 자줏빛 한 가닥이 특별한 힘을 발산하는 천하무적의 왕이었다. 그런데 니노스왕의 딸 스킬라가 미노스에게 반한 나머지 아버지의 자줏빛 머리카락을 잘라서 미노스에게 바쳤다. 사랑 때문에 아버지와 가족과 나라를 배신한 여인들이 많이 있지만 그들의 끝은 결코 행복하지 않았다. 미노스는 스킬라 덕분에 메가라까지 정복할 수있었지만 크레타로 가던 도중에 스킬라를 바다 한가운데에서 밀어버렸다. 낙소스섬에 버려진 아리아드네보다 더 딱한 처지가 된 것이다. 스킬라를 불쌍히 여긴 신들이 스킬라를 백로로 만들어 주었다.

 이상성애*paraphilia*는 비전형적인 사물, 상황 또는 인물에 대해 강한 성적 흥분을 느끼는 경험을 통칭한다. 파시파에처럼 성적흥분의 대상이 동물이면 동물성애*zoophilia*이다. 인도의 법의학자인 아닐 아그라왈*Anil Aggrawal*은 무려 547가지의 이상성애를 열거했지만 국제질병분류표*IDC*나 정신질환진단매뉴얼*DSM*에 명시되거나 임상사례가 모두 발견된 것은 아니어서 명칭이 갖는 편견을 둘러싼 논쟁은 여전히 존재한다.

 이탈리아 해부학자 가브릴로 팔로피오*Gabriello Fallopio*(1523-1562)는 미로처럼 매우 복잡한 사람의 귓속 구조를 라비링스*Labyrinth*라고 명명했다. 라비링스는 달팽이관(와우기관) 전정기관(세반고리관, 원형낭, 난형낭)으로 나뉘는데 달팽이관에 이상이 생기면 청력 저하나 이명이 발생하고, 전정기관에 문제가 생기면 어지럼증이 발생한다.

 테세우스가 아버지를 찾아가는 여정도 여러 악당을 만나 처치해야 하는 모험담 가득한 고난의 길이었다. 특히 프로크루스테스는 나그네를 자기 집으로 무조건 끌어들여 자기가 만든 침대에 뉘인 뒤 우격다짐으로 침대보다 키가 크면 머리를 자르고, 키가 작으면 억지로 늘여서 죽였다. 프로크루스테스 콤플렉스*Procrustes complex*는 독단적인 자신의 기준만 고집하는 프로크루스테스의 횡포처럼 과거의 경험으로 만든 기준을 고집하며 환경변화에 대응하지 못해 위기를 맞는 현상을 일컫는다.

27. 욕심이 지나치면 파멸이다

이아손 • 메데이아

"당신이 원하신다면 조국도 버리고 친구도 버리겠어요.
당신이 나를 사랑한다면 그런 건 나한테는 아무것도 아니에요."
샹송 <사랑의 찬가>의 노랫말이다.

최씨낙랑국 공주가 지아비 호동왕자의 명에 따라 적이 쳐들어오면
스스로 울어 위험을 알리는 자명고를 찢었다. 이에 낙랑국은 고구려
에 멸망하였다. 사랑하는 여인에게 매국노의 명에를 지우는 호동왕자
의 행동이 순수한 사랑이었는지는 모르겠으나 낙랑공주의 결연한 행
동은 지고지순한 사랑의 증표임에 틀림없다. 어디에나 꼭 있는 이런
유형의 서사는 표절로부터 자유로운 클리셰이던가?

그리스 신화에서는 아리아드네가 고향인 크레타를 등지고 테세우
스와 함께 떠나고, 메데이아도 아버지를 배신하고 동생을 죽이면서까
지 목청 높여 사랑의 찬가를 불렀다. 그렇지만 아리아드네는 낙소스
섬에 버려지고, 메데이아 역시 남편으로부터 매몰차게 내팽개쳐졌다.
비련의 공주 아리아드네와는 달리 메데이아의 처절한 복수극은 드라
마 작가들의 창작 욕구를 자극하는 불씨가 되기도 했으니 아폴로니오
스의 <아르고나우티카>에서 그 사연을 확인해보자.

테살리아의 도시 이올코스는 크레테우스가 지배하고 있었는데, 왕이 일찍 세상을 떠나서 아들 아이손이 즉위했으나 이부형異父兄인 펠리아스가 왕위를 빼앗고 아이손을 유배시켜 버렸다. 아이손은 유배지에서 한 여인을 만나 아들 이오메데스를 낳았지만 펠리아스가 두려워 아들의 이름을 이아손으로 개명하고 케이론에게 교육을 부탁하였다. 많은 영웅들이 그랬듯이 이아손도 케이론으로부터 지혜와 병술을 익혀 훌륭한 장수로 커나갔다. 어느 덧 장성한 이아손은 왕권을 되찾기로 결심하고 이올코스로 향했다. 이올코스 근처에서 홍수로 물이 불어난 아나우로스강에 이르렀을 때, 강의 깊이와 물길을 가늠하던 이아손 앞에 한 노파가 나타나 머뭇거리며 부탁을 했다.

"이보시게, 내가 너무 노쇠해서 강을 못 건너겠으니 날 좀 업어서 강을 건네주지 않겠는가?"

이아손은 망설이지 않고 노파를 위해 등을 내밀었다. 노파는 보기와는 달리 너무나 무거워서 힘겹게 강을 건너느라 이아손은 신발 한 짝까지 잃어버렸다. 사실 노파는 헤라였다. 한 짝만 남은 신발을 신고 이올코스 궁전에 도착한 이아손을 보고 펠리아스는 흠칫 놀랐다. 왜냐하면 언젠가 "신발을 한 짝만 신고 다니는 사람에게 죽임을 당할 것"이라는 신탁을 들었기 때문이다. 그런 이아손에게 왕위를 넘겨줄 생각이 전혀 없었던 펠리아스는 "콜키스에 가서 황금으로 된 양의 가죽을 찾아오라"고 명령했다.

황금 양피에도 사연은 있었다. 보이오티아의 왕 아타마스는 아들 프릭소스와 딸 헬레가 있음에도 불구하고 테바이의 공주 이오에게 빠져 왕비인 네팔렌과 이혼했다. 이오는 전처소생의 아이들이 거슬려 이들을 모함에 빠뜨렸다. 먼저 농사를 짓기 위해 준비해둔 씨앗을 몰래 태운 뒤 까맣게 탄 씨앗을 밭에 심고는 마치 저주를 받아 농작물이

자라지 않는 것처럼 꾸몄다. 그리고 저주를 풀기 위해서는 왕의 자식을 제물로 바쳐야 한다는 소문을 퍼뜨린 것이다. 네팔렌은 아이들을 살려달라며 간절히 기도했고, 기도를 들은 제우스가 헤르메스를 시켜 이들을 구출할 황금으로 된 양을 보내주었다.

황금양은 프릭소스와 헬레를 등에 태우고 동쪽으로 날아갔는데, 도중에 헬레는 바다에 떨어지고 프릭소스 혼자 콜키스에 도착했다. 당시 콜키스의 왕인 아이에테스는 하늘에서 내려온 프릭소스를 반가이 맞이했다. 프릭소스는 이오의 손에서 무사히 탈출한 것을 감사하며 제우스에게 황금양을 제물로 바쳐 제사를 지냈고, 황금양피는 아이에테스왕에게 선물로 주었다. 아이에테스는 아레스를 모시는 숲의 커다란 참나무에 황금양피를 걸어두고 용에게 지키게 했다.

한편, 이아손은 황금 양피를 찾기 위해서 당대에 내로라하는 영웅 55명을 모아 원정대를 만들었다. 이들을 아르고호의 선원 즉, 아르고나우타이라고 불렀는데, 아르고는 '빠르다', 아르고나우타이는 '쾌속선'이라는 뜻이다. 아르고호 원정대에는 헤라클레스도 있었다. 힘으로 치면 헤라클레스가 대장이 되어야 마땅했지만, 헤라클레스는 힘이 센 자가 아니라 모험을 이끌 수 있는 자가 대장이 되어야 한다며 대장의 자리를 고사했고, 용기가 넘쳤던 이아손이 대장이 되었다.

아르고나우타이는 정상의 솔리스트들이 집결한 정예부대였지만, 황금양피를 찾기 위해 콜키스까지 가는 길은 평탄하지 않았다. 괴물을 퇴치하는 것은 물론이고 두 개의 바위 사이의 죽음의 고랑을 지나고, 강풍 속에서 선발대를 적으로 오인해 서로 창을 겨누다가 죽이기도 하는 등 여러 모험을 치르고서야 가까스로 콜키스에 도착했다. 그렇다고 아이에테스왕이 황금양피를 쉽게 내줄 리가 없었다. 아이에테스왕은 이아손에게 입에서 불을 뿜어내는 청동소에게 멍에를 씌우고 땅을 갈게 하는 과업을 주었다.

왕에게는 메데이아라는 공주가 있었는데, 메데이아는 이아손에게 한눈에 반했다. 실은 헤라가 이아손의 등에 업혀 강을 건넌 후 아프로디테에게 부탁하여 메데이아가 사랑에 빠지도록 한 것이다. 아리아드네처럼 메데이아도 이아손을 도와주기로 결심했다. 우선 불구덩이에 들어가도 화상을 입지 않는 연고를 만들어 이아손에게 주었다. 메데이아가 발명한 화상예방연고제가 사실이라면 노벨화학상감이다. 이아손은 이 특별한 연고를 바르고 청동소에게 멍에를 씌우는 데 성공하고, 황금양피를 지키는 용에게는 메데이아가 준 수면제를 먹여 황금양피를 빼앗았다. 무사히 황금양피를 손에 넣은 이아손은 메데이아에게 청혼했고, 메데이아는 기꺼이 아르고호에 승선했다. 황금양피와 딸까지 빼앗긴 아이에테스왕이 아르고호를 뒤쫓아오자 메데이아는 남동생 압시트로스를 죽여서 사지를 토막낸 뒤에 바다에 던졌다. 통곡하며 아들의 조각난 시신을 수습하느라 시간을 허비한 아이에테스왕은 결국 아르고호를 놓쳤다.

아이에테스왕을 따돌린 아르고호 원정대가 테살리아로 돌아갈 때에도 험난한 여정이 계속되었다. 하지만 아르고나우타이는 천하무적이 아니던가? 세이레네스를 만났을 때는 오르페우스가 아름다운 리라를 연주해서 빠져나왔고, 에우로페를 지켜주던 청동거인 탈로스가 크레타섬을 지나지 못하도록 가로막았을 때는 메데이아가 탈로스의 유일한 약점인 발뒤꿈치에서 못을 뽑아 신들의 피인 이코르를 모두 밖으로 흘려 죽게 하였다.

우여곡절 끝에 마침내 테살리아에 도착한 이아손은 황금양피를 펠리아스에게 내놓고 아르고호는 포세이돈에게 헌정했다. 그럼에도 불구하고 여전히 펠리아스가 왕위를 내놓지 않자 메데이아는 펠리아스왕을 없앨 기묘한 계획을 세웠다. 먼저 펠리아스의 딸들 앞에서 늙은

양을 끓는 물에 집어넣은 뒤, 마법의 약을 넣어 늙은 양이 회생하여 어린 양으로 변하는 과정을 보여주었다. 그리고 이렇게 하면 펠리아스왕도 젊음을 되찾을 수 있다고 딸들을 꾀었던 것이다. 효심이 지극했던 딸들은 신묘한 메데이아를 믿어보라며 아버지를 끓는 물에 강제로 집어넣었다. 결국 펠리아스는 끓는 물에 삶겨 죽고 이아손은 왕위를 되찾았다. 하지만 이아손은 선왕을 살해했다는 혐의로 펠리아스의 왕자 아카스토스에 의해 메데이아와 함께 이올코스에서 추방당했다.

만만찮은 비용을 지불하고 여행을 떠나보면 어디를 가느냐보다 누구와 가느냐, 누구를 만나느냐가 더 중요하다는 것을 깨닫게 된다. 새로운 여행지에 대한 흥분이나 기대보다는 낯선 곳에서도 안심과 의지가 되어줄 동행자가 더 귀하고 소중하다. 결혼도 마찬가지다. 서로 다른 배경에서 성장한 남녀가 우연히 한 장소에서 만나 남은 인생을 함께하기로 약속하는 것이 결혼이다. 배우자를 흔히 인생의 동반자로 일컫는 것은 인생이 곧 여행이라는 인식에서다.

각자 태어나고 자란 곳을 떠나 남은 인생의 여행을 함께하기로 약속한 이아손과 메데이아는 마침내 코린토스에 정착했다. 처음 10년은 아들 둘을 낳으며 타국에서 생활하며 잘 지내는 듯 했다. 하지만 메데이아는 그 여행의 끝이 해피엔딩일 것으로 예단하지 말아야 했고, 동반자의 의지를 의심해야 했다. 이민자로서 범부의 삶에 만족하기보다는 권력을 휘두르고 싶었던 이아손은 코린토스의 왕 크레온의 사위가 되겠다는 염치없는 포부를 내비쳤다.

"이방인으로 차별 받으며 사는 것보다 왕의 호위를 받으며 왕권을 누린다면 결국 우리 아이들에게도 좋은 일이 아니겠소?"

어떤 아내가 순순히 그 말을 들어주겠는가? 더군다나 메데이아는 부모형제마저 배신하고 연인을 좇아 모험의 항해를 함께하며 이제야 고단한 삶을 내려놓고 안정을 찾았는데, 이를 어떻게 포기할 수 있겠는가? 메데이아는 벼랑 끝에 매달린 그의 사랑을 붙들고 싶었지만 이미 마음이 떠난 이아손에게는 단순한 집착이나 악다구니로만 비쳐졌다. 남편이 쉽게 마음을 바꾸지 않을 것이라는 것을 알고 체념한 메데이아는 다른 계획을 세웠다.

메데이아는 이아손과 공주 글라우케와의 결혼을 허락하면서 가족을 위한 귀한 결심을 축복이라도 하는 양 결혼 선물로 공주의 웨딩드레스를 만들어 주겠다고 했다. 메데이아는 눈보다 희고 환하게 빛나는 옷감에 아무런 흔적이 남지 않는 독약을 발랐다. 메데이아가 누구인가? 약초를 잘 만드는 여인이다. 그렇게 묘술을 부려 드레스를 완성한 후 의심을 사지 않기 위해 아이들을 시켜서 공주에게 바치게 했다. 글라우케는 반색을 하며 드레스를 받자마자 입어보았다. 그러자 갑자기 드레스가 살로 파고들면서 온몸에 불이 붙었다. 옆에서 지켜보고 있던 크레온왕이 딸을 부둥켜안자 불꽃은 아버지에게도 번져서 신하들이 보는 앞에서 부녀가 타죽었다.

안셀름 포이어바흐 <메데이아> 1870

메데이아는 공주와 왕이 죽었다는 소식을 들었지만 남편에 대한 분노는 가시지 않았다. 그녀는 단칼에 이아손의 목을 베어버리는 것만으로는 부족하다고 생각하고, 어떻게 하면 가장 비참하게 고통을 줄 것인가를 고심한 끝에 이아손이 가장 아끼고 사랑하는 아들들을 없애기로 했다. 아무리 매정한 어미라 할지라도 어떻게 자신에게도 소중한 아이들을 희생양으로 삼을 수 있는지 그 심리기전을 받아들이기는 어렵지만, 에우리피데스의 <메데이아>가 뱉어내는 가슴 저미는 독백에 몰입하다 보면 묘하게 설득당하게 된다.

이아손은 두 아들이 살해당하자 고통에 몸부림치다가 자살을 택했다고도 하고, 매일 아르고호를 바라보며 과거의 영광에 사로잡혀 지내다가 아르고호에서 썩어 떨어져나가는 뱃머리에 맞아서 죽었다고도 한다. 가족을 모두 잃고 망연자실하게 지내던 메데이아는 때마침 코린토스를 방문한 아테네의 왕 아이게우스에게 발견되었고, 그녀를 딱하게 여긴 아이게우스가 메데이아를 아테네로 데리고 갔다. 훗날 아이게우스의 아들 테세우스가 나타나자 메데이아는 테세우스마저 독살하려다가 실패하고 아테네에서 추방되었다. 메데이아는 마침내 고향인 콜키스로 돌아가 징벌과 구원을 동시에 관장하는 마법의 여신이 되었다.

언어학자 J.R.R. 톨킨이 창작한 <반지의 제왕>은 현대에 만들어진 신화라고 할 수 있다. 그는 다양한 부족을 창조해 부족마다 특별한 언어를 부여하며 그들에게 적합한 역사와 문화를 만들어 언어학자로서의 역량을 충분히 발휘한 대작을 완성했다. <신화적 상상력과 문화>의 저자들은 <반지의 제왕>의 플롯이 그리스 신화와 다른 것은, 무언가를 찾기 위한 여정이 아니라 무언가를 버리기 위한 여정이라는 점을 주목했다. 반지원정대는 왕권을 빼앗기 위한 모험이 아니라, 절대

반지를 파괴함으로써 인류평화를 되찾는다는 미션을 수행한다. 또한 원정대의 대장은 이아손과 같은 장수가 아니라 작고 연약한 호빗 프로도이며 그와 함께 길을 떠나는 오랜 친구 또한 당대 최고의 어벤져스 군단이 아니라 소인족 호빗이다. 이아손은 황금양피를 쟁취한 후에 아내를 버리고 부마가 되려는 더 큰 야심을 품음으로써 그저 이전의 일상으로 돌아간 프로도와는 큰 차이를 보여준다. 프로도도 잠시 갈등했었다. 문득문득 욕심나는 영생의 반지를 왜 돌려주어야 하지? 내 수중에 있는데 왜 그냥 가지면 안 되지? 그렇지만 프로도가 추구한 것은 처음부터 내 것이 아니었던 반지를 돌려주고 고향으로 돌아와 다시 누리게 될 소소한 일상과 작은 평화였다.

수많은 영웅들을 태우고 아르고호 모험을 통해 황금양피를 손에 넣었지만 권력 욕심으로 스스로를 해치게 된 영웅 이아손, 복수를 위해 수단과 방법을 가리지 않다가 자식까지 죽인 메데이아는 특별한 장기와 좋은 재주가 많았지만 욕심이 지나치게 커서 결국 파멸을 초래했다. 우리의 인생은 원정대의 진군과 다르지 않다. 버리고 비워내지 못한다면 영웅적인 삶의 끝에서 그들을 기다리고 있는 것은 아무것도 없다.

#사랑의 찬가 #호동왕자와 낙랑공주 #자명고 #황금양피 #어벤져스
#약초장인 #화상 예방 연고 #불로초 #안티에이징 #부부의 세계
#반지의 제왕 #소확행 #버리고 비우기

이올코스의 왕 크레테우스는 산으로 바위를 끌어올리는 벌을 받은 시시포스와 형제이다. 이올코스의 왕비 티로는 크레테우스를 만나기 전에 강의 신 에니페우스를 사모했는데, 티로가 마음에 들었던 포세이돈이 에니페우스로 변신해서 그녀에게 접근한 적이 있다. 이때 티로는 포세이돈에게서 쌍둥이 펠리아스와 넬레우스를 낳았다. 이후 크레테우스와의 사이에서는 아이손을 낳았다. 크레테우스가 죽은 뒤 아이손이 왕위를 물려받아야 하지만 저항 한 번 못해보고 펠리아스에게 이올코스의 통치권을 내주고 유배당했다. 아이손은 유배지에서 한 여인을 만나 이오메데스를 낳았다. 아이손의 어머니 티로는 손자도 펠리아스의 표적이 될 것을 우려해서 이오메데스의 이름을 이아손으로 개명하였다.

황금양을 타고 동쪽으로 향하던 헬레가 떨어진 바다는 '헬레의 바다'라는 뜻의 헬레스폰토스*Hellespontos*이다. 에게해와 마르마라해를 잇는 61km의 터키 해협으로 오늘날에는 다르다넬스 해협이라고 부른다. 이오가 건넌 보스포로스 해협과 함께 터키를 아시아와 유럽 양쪽으로 나눈다.

메데이아는 어려서부터 고모인 키르케를 닮아 총명하고 열정이 넘쳤다. 키르케는 약초를 잘 섞어 화학적인 반응을 일으켜 묘약을 만들 수 있었으며, 이 묘약을 이용해서 자신의 적을 모두 동물로 만들어버리는 재주가 있었다. 키르케는 케미컬*chemical*의 어원이 되었다. 메데이아*Medeia* 역시 약을 잘 만들었는데, 메데이아는 약물*medicine*과 약물요법*medication*의 어원이 되었다.

에게해 동쪽의 렘노스섬 여인들이 아프로디테를 경외하지 않아 여신의 분노로 온몸에서 악취가 나는 벌을 받게 되었다. 렘노스섬 남자들은 고향의 여인들을 멀리하고 트라키아 여인들을 납치해서 가정을 이루었다. 이에 렘노스섬 여인들은 남자들과 트라키아 여인들을 몰살시키고 아마존 못지않은 여인왕국을 이루었는데 늘 트라키아의 반격을 두려워하고 있었다. 여인들은 아르고호 원정대가 렘노스섬에 정박하자 트라키아인으로 오인하여 그들을 무력화시키는 작전을 펼쳤다. 여왕 힙시필레는 이아손을 유혹하여 렘노스에 머물게 했고 왕위를 맡아달라고까지 요청했다. 이아손이 순간 갈등하였으나 헤라클레스가 보낸 전령의 충언에 각성하고서야 복귀했다. 힙시필레는 이아손의 두 아들 에우네오스와 데이필로스를 낳았고 에우네오스는 렘노스의 왕이 되었다.

28. 사랑의 온도를 유지하라

다나에 • 페르세우스 • 메두사 • 카시오페이아

황금빛 장식이 가득한 독특한 화풍으로 20세기 초 미술계를 화려하게 수놓은 구스타프 클림트의 작품에 한번쯤 매료된 경험이 있을 것이다. 클림트는 몽환적인 표정의 여인을 많이 그렸는데, 특히 <다나에>는 에로티시즘의 극치를 보여준다. 부담스러우리만치 부푼 허벅지를 화면 가득히 드러내고 있는 이 여성에게 황금비가 온몸을 촉촉이 적시며 은밀한 곳으로 스며들어가 생명을 잉태하는 중이라고 상상해보라. 얼마나 자극적인가?

제우스가 동물이나 다른 신으로 변신하다 못해 이오를 꾈 때는 은빛 구름으로 변신했던 것을 기억할 것이다. 제우스는 또 한 번 기상천외한 변신을 도모했으니 바로 금빛 소나기다. 그리스 신화를 알고 있다면 여성을 관능적으로 묘사하기에 이보다 더 적절한 신화 속 장면은 없다는 것에 동의할 것이

구스타프 클림트 <다나에> 1907-1908

다. 예술가들의 상상력을 극도로 끌어올린 제우스 변신의 끝판왕을 들여다보자.

다나에는 아르고스의 왕 아크리시우스의 딸이자 영웅 페르세우스의 어머니이다. 아크리시우스는 대를 이을 왕자가 없어 걱정을 하던 중에 신탁을 받으러 갔다가 훗날 외손자에게 살해당할 것이라는 예언을 들었다. 겁이 난 아크리시우스는 아직 처녀인 딸이 남자를 만나지 못하도록 청동탑에 가두고 조그만 구멍을 통해 음식을 넣어주며 사나운 개들이 지키게 했다. 하지만 무슨 소용이랴, 제우스의 눈에 띄는 순간 어떤 감금장치도 소용이 없다. 다나에를 목표로 한 제우스는 황금비로 모습을 바꾸어 지붕의 틈새로 스며들었다. 그리고 너무 뜨겁지도 너무 차갑지도 않은 사랑의 온도로 흠뻑 젖어도 좋은 온천수처럼 감쌌고 급기야 다나에를 임신시켰다. 제우스의 집요한 여성 편력의 결과이기도 하고 피할 수 없는 숙명이기도 한 생명체가 다나에 뱃속에서 자랐으니 바로 페르세우스다.

아무런 침입의 흔적이 없었는데도 딸이 임신을 하자 아크리시우스는 제우스의 소행임을 직감했다. 아크리시우스는 제우스의 후환이 두려워 딸과 외손자를 없애려 했으나 차마 죽이지는 못하고 커다란 상자에 넣어 바다에 던졌다. 이 사실을 알게 된 제우스는 포세이돈에게 상자가 바다에 가라앉거나 파도에 휩쓸리지 않도록 부탁했다.

체코의 작가 밀란 쿤데라가 말했다.

"모든 사랑의 만남은 떠내려옴과 건짐의 오래된 신화다. 누군가가 대바구니에 실려 떠내려오고 누군가는 마침 그때 강가에 있다가 그 대바구니를 건져낸다."

다나에와 페르세우스가 갇힌 상자는 흘러흘러 세리포스의 바닷가에 닿았다. 마침 바닷가에서 낚시를 하던 딕티스가 상자를 발견했다.

필연적으로 마침 그때 거기에 있었던 딕티스는 다나에와 페르세우스를 극진히 대접했고, 특히 페르세우스를 자기 아들처럼 잘 길렀다. 하지만 이들의 평온하고 행복한 생활은 오래 가지 않았다. 세리포스의 왕 폴리덱테스가 아름다운 다나에에게 흑심을 품었던 것이다. 그러나 여인의 마음을 권력으로 살 수는 없는 일. 다나에가 폴리덱테스의 구혼을 완강히 거절하자 왕은 이내 다나에를 포기하고 피사의 왕인 오이노마오스의 딸 히포다메이아와 결혼하기로 마음을 바꾸었다. 공주와의 결혼에는 많은 지참금이 필요했고, 폴리덱테스는 지참금 마련을 위해 시민들에게 말 한 마리씩을 기부하라고 명령했다. 다나에 모자는 말을 바칠 형편이 되지 않았다. 어쩔 수 없이 페르세우스가 폴리덱테스를 찾아가 하소연했다.

"과거에 저와 저의 어머니를 거두어주신 은혜에 보답하려면 마땅히 말 한 마리를 바쳐야 하지만 그러지 못해 너무나 죄송합니다. 할 수만 있다면 메두사의 머리라도 바치고 싶은 심정입니다."

폴리덱테스는 기다렸다는 듯이 명령했다.

"그렇다면 메두사의 머리를 가지고 오라."

메두사가 누구인가? 뱀의 머리를 가진 괴물 아닌가? 메두사는 대지의 여신 가이아와 바다의 신 폰토스의 손녀들인 고르고네스 중의 하나로 처음부터 괴물의 모습은 아니었다. '고래고래 소리치는'이란 뜻을 가지고 있는 고르고네스들은 세 자매로 '힘'을 뜻하는 스텐노, '멀리 떠돌아다니는 여자'라는 뜻의 에우리알레, '여왕'이라는 뜻의 메두사다. 두 언니는 처음부터 머리카락이 뱀으로 된 혐오스러운 모습이었으나 막내인 메두사는 보석같이 빛나는 눈과 황금빛 머리카락을 가진 아름다운 모습이었다. 그러나 포세이돈에게 농락당했다고 여긴 아테네가 애먼 메두사를 저주하여 언니들보다 흉측한 모습이 되었다. 게다가 누구든 메두사를 쳐다보는 순간 돌이 되어버리는 저주도 내려졌다.

폴리덱테스왕에게 메두사를 처치하겠다고 약속한 페르세우스는 먼저 아테나 여신을 찾아가 도움을 요청했다. 아테나 역시 메두사를 없애고 싶었던 터라 페르세우스를 응원하며 자신의 청동 방패 아이기스를 주었다. 자신의 아들을 모른 체 할 리가 없었던 제우스 또한 신들로 하여금 페르세우스를 돕도록 했다. 헤라는 아무리 큰 물건을 넣어도 그 크기가 그대로인 마법 주머니 키비시스를, 하데스는 쓰는 순간 모습이 사라지는 투명 투구 키네에를, 헤르메스는 날개 달린 샌들과 날 선 칼을 제공했다. 그리고 헤르메스는 메두사가 사는 헤스페리스 정원의 위치를 아는 그라이아이 세 자매에게 페르세우스를 데려갔다.

리비아 동굴에 사는 그라이아이는 회색*gray*이라는 단어와 닮은 이름에서도 눈치챌 수 있듯이 태어날 때부터 백발의 노인인데다 셋이 합쳐 하나의 눈을 가지고 있는 특징이 있었다. 무언가를 보려는 자가 눈을 사용하고, 필요할 때마다 서로에게 눈을 건네주었다. 페르세우스가 나타났을 때 그라이아이는 서로 눈을 돌려가며 들여다보려고 했는데, 눈을 건네는 틈을 타서 페르세우스는 재빨리 눈을 빼앗아 메두사가 사는 곳을 확인한 뒤에야 돌려주었다.

헤스페리스 정원에서 메두사와 맞닥뜨린 페르세우스는 아테나가 일러준 대로 메두사의 얼굴을 직접 쳐다보지 않고 청동 방패에 비친 모습을 보면서 칼을 휘둘러 목을 베었다. 메두사의 목에서는 피가 솟구쳤고 핏속에서 페가소스와 크리사오르가 태어났다. 페가소스는 날개가 달린 말이며 크리사오르는 황금칼을 든 전사다. 포세이돈이 말들의 신이라는 것을 떠올려보면 메두사가 이미 포세이돈의 아이를 잉태하고 있었음을 알 수 있다. 페가소스는 제우스의 천둥과 벼락을 운반했으며 훗날 북쪽하늘의 별자리가 되었다. 메두사가 죽자 복수를 하겠다며 두 언니가 나섰으나 하데스의 투명 투구를 쓴 페르세우스를 찾을 수가 없었다. 페르세우스는 메두사의 잘린 머리를 헤라의 마법 주머니에 넣고 페가소스를 타고 어머니가 있는 세리포스로 향했다.

　페르세우스는 세리포스로 돌아가는 길에 이집트를 들러 에티오피아로 갔다. 에티오피아의 왕 케페우스에게는 카시오페이아 왕비와 안드로메다 공주가 있었다. 카시오페이아는 무척 아름다웠지만 자만심과 허영심이 강했다. 카시오페이아는 자기뿐만 아니라 안드로메다도 네레이데스보다 예쁘다고 자랑했다. 네레이데스는 에게해의 깊은 바닷속 은으로 된 동굴에 사는 바다의 요정들로 바다의 신 네레우스와 도리스 사이에 태어난 50명의 딸들이다. 네레이데스는 미모가 뛰어난데다 예언의 능력도 있어서 포세이돈과 그의 아들 트리톤과 함께 다니면서 선원들의 항해를 도왔다. 이런 네레이데스 앞에서 오만하게 굴었으니 포세이돈이 가만히 놔둘 리가 없다. 포세이돈은 홍수를 일으키고 괴물 고래를 보내 에티오피아 왕국을 침략했다. 뒤늦게 상황 파악을 한 케페우스와 카시오페이아가 최선을 다했지만 신들의 분노를 잠재울 수 없었고 결국 안드로메다를 제물로 바쳐야 했다. 제물이 된 안드로메다는 해변의 바위에 쇠사슬로 묶인 채 괴물 고래를 기다리고 있었다. 그때 마치 잘 짜여진 각본처럼 페가소스를 탄 페르세우스가 당도했다. 페르세우스는 괴물을 무찌르고 안드로메다를 구출하여 에티

미켈란젤로 메리치 카라바조
<메두사의 머리> 1596-1598

오피아로 돌아와 아내로 삼았다.

그러나 결혼식이 치러지는 에피오피아 왕궁에서도 한바탕 소동이 있었다. 안드로메다는 숙부인 피네우스와 이미 결혼을 약속한 상태여서 신붓감을 빼앗긴 피네우스가 무리를 이끌고 연회장으로 쳐들어왔기 때문이다. 페르세우스는 이 불청객들을 처치하기 위해 케페우스왕 일행에게 고개를 숙이라고 명하고는 메두사의 머리를 꺼내들었다. 그 순간 피네우스 무리들은 페르세우스의 손에 들린 기괴한 두상을 보고 모두 돌이 되어버렸다.

마침내 무사히 결혼식을 치른 페르세우스와 안드로메다는 1년간 에티오피아에 머무르면서 페르세스라는 아들을 낳았다. 그러나 페르세우스는 어머니 다나에가 걱정되어서 아들을 남겨두고 안드로메다와 함께 세리포스섬으로 돌아갔다. 페르세우스가 세리포스에 도착했을 때 폴리덱테스가 어머니를 계속 괴롭혔다는 사실을 알게 되었다. 페르세우스는 폴리덱테스에게도 메두사의 머리를 내밀어 돌로 만들었다. 그리고 폴리덱테스의 동생 딕티스를 세리포스의 왕으로 세우고 자신은 어머니와 고향인 아르고스로 갔다.

페르세우스는 아크리시우스왕을 원망하지 않았지만 아크리시우스는 외손자가 자신을 죽일 것이라는 신탁을 들었던 터라 딸과 외손자가 돌아온다는 소식에 혼비백산해서 라리사라는 지역으로 피신했다. 페르세우스는 아크리시우스와 화해하기 위해 라리사까지 찾아갔는데, 마침 라리사에 도착한 날은 원반던지기 시합이 열리고 있었다. 페르세우스는 외할아버지 앞에서 영웅으로서의 면모를 보여주기 위해 원반던지기에 출전했다. 고의는 아니었지만 마침 강풍이 불어 페르세우스가 던진 원반은 아크리시우스의 머리를 맞추었고 아크리시우스는 그 자리에서 죽고 말았다. 신들이 말한 운명은 반드시 이루어진다는 것을 다시 한 번 증명해 주는 사건이었다.

페르세우스는 아크리시우스의 시신을 아테네의 아크로폴리스 언덕에 묻어주었다. 왕이 사라진 아르고스에서 페르세우스가 왕위를 물려받으면 좋았겠지만 페르세우스는 외조부 살해라는 패륜을 저지른 처지였기에 그 자리가 부담스러웠다. 그래서 이웃 나라 티린스로 찾아가 서로 나라를 바꾸어 지배하자고 제안하였다. 티린스왕은 마땅치는 않았지만 페르세우스의 명성이 자자하던 터였고, 거부했다간 무슨 낭패를 당할지 알 수 없었기에 제안을 받아들였다. 페르세우스는 티린스에서 안드로메다와 함께 아들 다섯과 딸 하나를 낳고 행복하게 살았다. 한편 에티오피아의 케페우스왕은 외손자 페르세스를 후계자로 삼았고 페르세스는 에티오피아왕을 지낸 후 훗날 페르시아인의 조상이 되었다.

페르세우스로부터 메두사의 머리가 박힌 아이기스를 돌려받은 아테나는 이전보다 훨씬 더 강력한 힘을 가지게 되었다. 상황이 이렇게 되자 포세이돈은 괜히 심술이 나서 카시오페이아를 별자리로 만들 때 의자에 앉힌 채 천상에 거꾸로 매달고는 계속해서 북극을 돌게 만들었다. 후에 안드로메다가 죽자 아테나는 안드로메다를 카시오페이아 가까이에 별자리로 만들어 함께 할 수 있게 해주었다. 지금도 카시오페이아자리와 안드로메다자리는 함께 북극하늘을 돌고 있다.

#클림트 #금빛소나기 #고래고래 고르고네스 #아이기스 방패 #페가소스
#미케네 #카시오페이아 #안드로메다 #메두사의 머리 #지아니 베르사체

간경변증이 악화되면 복수가 차서 배꼽 둘레 복부 표면에 정맥이 확장되어 마치 뱀처럼 꿈틀꿈틀 퍼렇게 들뜨게 되는 증상이 나타나는데, 이를 메두사의 머리*caput medusa*라고 한다. 혈액은 간문맥을 통해 심장으로 흐르는데 간경변증으로 간문맥이 심하게 압박을 받으면 혈액이 간문맥을 통과하지 못하고 복벽의 작은 정맥으로 우회하여 심장으로 돌아가면서 생기는 현상이다. 특히 배꼽 주위는 배꼽을 중심으로 방사형으로 불거지기 때문에 메두사의 머리처럼 보인다. 이 정도가 되면 병이 매우 심각한 상태이므로 증상이 악화되기 전에 작은 징조도 눈여겨보아야 한다.

 티린스의 왕이 된 페르세우스는 성정을 베풀며 늘 나라 주변을 살폈다. 어느 날 우연히 한 지역에서 미코스라는 버섯을 발견하고 매우 성스러운 곳이라고 판단하여 그곳에 도시를 건설하고 미케네라고 명명하였다. 미케네는 미케네 문명*Mycenaean civilization*으로 유명한 그 도시이며 지금도 번성한 곳이다.

 평소에 고대 문화예술을 좋아한 이탈리아의 디자이너 지아니 베르사체*Giovanni Maria Versace*(1946-1997)는 1981년 강렬한 원색과 현란한 패턴, 여성적이며 화려함을 추구하는 의류브랜드 베르사체를 설립하였다. 특히 메두사의 머리를 로고로 사용하여 예술과 패션을 동일한 가치로 끌어올려 누구나 한번 쳐다보면 굳어버릴 정도로 패션을 예술작품으로 창조했다고 평가받고 있다.

29. 간절히 바라면 이루어진다

피그말리온 • 갈라테이아

신화는 염원이다. 신화에는 인간이 간절히 소원하는 무엇, 또는 무의식 속에 숨겨진 욕망까지도 들어 있다. 정신의학자 칼 융은 신화를 현실에서 일어날 수 없는 불가능한 일들을 신에게 투영해 꿈꾸는 집단무의식의 발현이라고 했다. 신화 속에 범상치 않은 인물, 위대한 영웅이 많은 것도 같은 이유다. 신화에서 변신 역시 매우 흔한 일이지만 인간의 간절한 기도가 이루어진 변신을 보면 숙연해지기까지 한다. 우리에게 깃든 무한한 에너지를 밖으로 꺼내어 현실화시키는 변신의 기전을 과학적으로 설명하려는 시도가 무색하리만치 신화에서는 물활론적이고도 마술적인 사건을 기정사실화하고 있다.

아프로디테의 섬 키프로스의 여인들은 음란하고 방탕했다. 아프로디테 여신에 대한 숭배를 소홀히 할 뿐 아니라 섬을 찾아온 나그네들도 박대했다. 험난한 고초를 겪으며 난파되어 오갈 데 없어진 오디세우스를 구해준 오기기아섬의 칼립소나 여전사를 생산하여 종족을 지키기 위해 남자들을 덮치는 아마조네스와 달리 명분도 도도함도 없는 행세에 격분한 아프로디테는 키프로스섬의 여인들이 결혼 연령이 되면 해안가로 나가서 나그네들에게 화대를 받아 지참금이나 혼수를 마련해야 하는 벌을 내렸다.

키프로스섬에는 빼어난 솜씨를 자랑하는 조각가 피그말리온이 살았는데 피그말리온은 키프로스의 여인들이 천박한 매춘부가 되어버린 것을 증오해서 오직 자신의 작품 세계에만 집중했다. 어느 날 피그말리온은 아름다운 여인상을 조각했다. 우유처럼 하얀 상아로 정성껏 빚은 여인상은 마치 살아있는 것 같았다. 피그말리온은 이 조각상에 갈라테이아라고 이름을 지어주고, 옷도 만들어 입히며 연인처럼 대했다. 갈라테이아는 피그말리온이 주저리주저리 이야기할 때 가만히 들어주고, 실타래처럼 생각이 엉켜 갈피를 못 잡을 때 조용히 기다려주고, 이유 없는 자괴감과 우울함으로 침잠할 때 지켜봐주고, 피곤하고 지칠 때 무릎을 내어주었다. 그렇지만 거기까지였다. 갓 구운 빵을 나누어 먹거나, 보송보송하게 마른 빨랫감 사이로 숨바꼭질을 하거나, 경쾌한 마음이 들 때 가까운 곳으로 짧은 나들이를 함께하는 소확행을 기대할 수는 없었다. 매일매일 사랑한다고 이야기하며 심지어 잠을 잘 때는 옆에 눕히기도 했지만 온기를 나눌 수도 없었다. 함께 사랑을 나누고 싶은 감정을 억누르지 못하게 되자 피그말리온은 아프로디테를 기리는 축제에서 간절히 기도했다.

피그말리온의 심경을 알게 된 아프로디테는 피그말리온이 바친 제물에 불길이 세 번이나 타오르게 했다. 축제가 끝나고 집으로 돌아오자 피그말리온은 이전과는 뭔가 달라진 기운을 느꼈다. 그는 거실 한가운데를 지키고 있던 갈라테이아의 몸체에 핏줄기가 흐르고 생기가 돌면서 사람으로 변신하는 것을 목격했다. 마치 제페토 할아버지의 <피노키오>가 더 이상 꼭두각시 인형이 아닌 착한 아이가 된 것처럼 말이다. 생명을 얻게 된 갈라테이아는 아프로디테가 참석한 가운데 피그말리온과 결혼하여 아이까지 낳아 행복하게 살았다.

지극정성으로 기도하면 조각상도 생명력을 가지게 되는 정도의 기적을 피그말리온 효과*Pygmalion effect*라고 한다. 이렇게 이야기하면 사랑과 정성을 쏟아부은 피그말리온의 영향력이 더 큰 것 같지만 교육학에서는 피그말리온 효과를 갈라테이아 입장에서 설명한다. 즉, 사람이 긍정적인 기대를 받으면 그 기대에 부응하는 방향으로 노력하여 결과적으로 긍정적인 변화를 초래한다는 것이다. 이를 로젠탈 효과*Resental effect*라고도 하는데, 하버드 대학교의 교육심리학자인 로버트 로젠탈 박사의 실험에서 증명되었다. 로젠탈 박사는 1968년 샌프란시스코의 한 초등학교에서 학생 20%의 명단을 담임에게 주며 지적 능력이 뛰어난 아이들이라고 일러두었다. 실제로는 무작위로 선발한 학생들이었으나 해당 아이들의 성적이 향상되었다. 학생들은 담임의 기대를 의식했고 그 기대에 부응하기 위해 노력해서 그같은 결과가 나왔던 것이다. 우리는 상대가 좀 변해주었으면 하고 바랄 때가 많이 있다. 나의 아이들이, 나의 직장 동료가, 나의 상사가 좀더 멋진 사람이기를 바라지만 피그말리온 효과에 비춘다면 실은 내가 먼저 그들을 멋진 사람이라고 부르고 멋진 사람으로 대해 줄 때에야 그들이 기대에 부응하고자 적극적으로 변한다.

이와 반대되는 작용은 스티그마 효과*stigma effect*다. 스티그마는 달구어진 인두를 가축의 몸에 찍어서 소유권을 표시하는 낙인을 말한다. 1960년대 미국의 사회학자인 하워드 베커 교수의 주장으로 다른 사람들에게 부정적인 낙인이 찍힌 사람은 실제로 그렇게 되거나 점점 나쁜 행태를 일삼게 되는 것으로 낙인 효과*labeling effect*라고도 한다. 예를 들어 지속적으로 무시당하거나 치욕을 당하면 당사자가 부정적으로 변해가거나, 작은 범죄를 저지른 사람에게 부정적인 편견을 가지게 되면 그는 삶의 의지를 잃고 무력감에 빠지다가 결국 다시 범죄를 저지르게 되는 식이다. 이것은 자기 스스로를 의심하게 만들고 자신감을 떨어뜨려 타인의 간섭에 예속됨으로써 타인에게 의존하게 만드는 가스라이팅 효과*Gaslighting effect*와는 조금 차이가 있다. 가스라이팅은 노골적인 낙인이 아니라 상대방의 심리나 상황을 조작하는 지능적인 폭력이다. 결과적으로 현실감과 판단력을 잃고 자신도 모르게 가해자의 노예가 된다.

이렇듯 피그말리온의 이야기는 교육학자 심리학자들의 사고를 정련화시키는 데 많은 역할을 할 뿐 아니라 예술가들에게도 많은 영감을 주었다. 조지 버나드 쇼의 희곡 <피그말리온>에는 언어학자 히긴스에게 고상하고 세련된 상류층 언어를 배워 길거리에서 꽃을 파는 신세에서 사교계에 화려하게 데뷔하는 일라이자의 모습이 그려진다. 시간이 흘러 일라이자의 거친 말투와 속물스러운 근성은 어느 정도

장 레옹 제롬 <피그말리온과 갈라테이아> 1890

교정되었지만 일라이자는 상류사회에 영입될 수도 그렇다고 하류층으로 다시 돌아갈 수도 없다. 급기야 일라이자는 거만하고 독선적인 히긴스를 비난하며 자기 삶을 스스로 개척하러 떠난다. '피그말리온과 갈라테이아는 행복하게 잘 살았습니다'라는 그리스 신화의 결말을 비틀어버린 버나드 쇼의 시각이 훨씬 현실적이고 상징적이다. 하지만 대중은 해피엔딩을 요구하였고, 조지 큐커 감독은 오드리 햅번 주연의 뮤지컬 영화 <마이 페어 레이디>로 만들어 흥행에 성공하였다. 신데렐라 이야기를 꿈꾸는 대중들의 소망을 반영한 것이다.

히긴스 박사나 피그말리온의 사랑법은 일방적이다. 넌 내가 주는 사랑을 받기만 하라는 식의 사랑은 어떤 면에서는 폭력적이다. 상대가 사랑 받을 만한 자격이 있어야 한다고 생각하는 순간엔 더욱 그렇다. 피그말리온을 떠올리게 하는 또다른 영화 <스타 탄생>은 정상급 가수가 무명의 가수를 발굴해 최고의 가수로 만드는 순간 본인은 추락하는 비극적인 결말을 보여준다. 하지만 일방적인 사랑의 끝이 파멸이든 비현실적인 낭만이든 피그말리온의 사랑이 다양하게 변주되는 것은 반가운 일이다.

스파이크 존즈 감독의 영화 <허HER>에서 새로운 유형의 피그말리온과 갈라테이아를 만날 수 있다. 사만다, 그녀는 인격형 인공지능운영체계 즉, 컴퓨터 사무자동화 시스템이지만 주인공 테오토르는 자신의 말에 귀 기울이고 이해해 주는 그녀를 사랑한다. 일상이 무료하고 삶의 흥미를 잃어가던 테오토르는 사만다에게서 삶의 행복을 찾기 시작한다. 실체가 없는 사만다에게 사랑의 감정을 느끼는 것이 인간이 아닌 조각 작품에 사랑의 감정을 느끼는 피그말리온을 닮았는데, 신화에서와는 달리 사만다가 운영체계의 능력을 더 진화시키기 위해 떠나게 되면서 그 사랑이 허무하게 끝나버린다.

그렇다면 피그말리온의 사랑을 아름답게 해석해보자. 갈라테이아가 상아조각이었던 시절, 그녀가 피그말리온을 가만히 기다려준 것처럼, 연인이 된 갈라테이아에게 피그말리온은 '이런 사랑'이 아니었을까? 일일이 설명하지 않아도 상황을 이해하고, 검열 없이 쏟아내는 감정을 받아주고, 같은 마음으로 아파하고, 울분이 풀릴 때까지 기다려주고, 타이르지도 가르치지도 않고, 철없고 유치하고 성숙하지 못할 때도 흉보지 않고, 다른 곳에 말이 새어나갈까 염려하지 않아도 되고, 어떤 어려운 상황이 와도 걱정 없다 여겨지고, 한없이 든든해서 늘 안심이 되는 사랑. 피그말리온은 이런 사랑을 공고히 하며 갈라테이아와 백년해로했을 것이다.

자기가 만들어 놓은 작품을 사랑하는 것, 자신의 틀에 맞는 사람만 사랑하는 것, 자신이 사랑하고 싶은 모습만을 요구하는 것도 일종의 나르시시즘이다. 사랑은 상대방을 있는 그대로 사랑하는 것이어야 하는데, 내가 원하는 대로만 따라와 주기를 바라는 이기적인 사랑도 나르시시즘이며 결국 상대를 옥죄는 일이리라. 사랑은 소유하지도 않고 누구의 소유가 되지도 않으며 사랑만으로 충분하다고 느낄 때 자유로워진다. 피그말리온의 손에서 만들어진 갈라테이아이지만 생명을 가지게 되었을 땐 함께 그 사랑을 키워나가며 건강한 가정을 이루었으리라 짐작해본다.

#피그말리온효과 #로젠탈효과 #스티그마효과 #낙인효과 #위약효과
#스타 탄생 #마이 페어 레이디 #피노키오 #인공지능여신 만들기

물활론*Animism*은 생명이 없는 대상에 생명과 감정을 부여하는 유아기적인 사고로 인지 발달 연구의 선구자인 장 피아제*Jean Piaget*(1896-1980)가 설명하였다. 한편, 모든 물질은 혼과 마음을 가지고 있다고 믿는 자연관도 물활론*Hylozoism*이다. 범심론汎心論의 형태로 그리스의 탈레스*Thales*(BC 624-BC 545), 독일의 헤겔*Georg W.F. Hegel*(1770-1831) 등이 주장하였다.

갈라테이아는 우윳빛 피부를 가졌다. 갈라*gala*는 우유라는 뜻인데, 모유와 일반 우유에 포함되어 있는 당분은 갈락토스*galatos*다. 인체는 갈락토스를 포도당으로 전환시켜서 에너지로 사용하는데 이 기능이 손상되어 나타나는 매우 드문 선천성 탄수화물대사질환은 갈라토스혈증*galatosemia*이다.

위약*placebo*은 가짜약이다. 플라시보 효과*placebo effect*는 실제로는 증상을 호전시키는 것과 직접 관련이 없지만 복용자가 효과가 있다고 믿고 먹으면 증상이 호전되는 현상을 의미한다. 이것이 피그말리온 효과와 다른 점은 피그말리온 효과는 내가 믿어주면 대상자가 변화하는 것이고 플라시보 효과는 나의 믿음대로 나의 증상이나 병세가 긍정적으로 변화하는 것이다.

피그말리온의 딸은 파포스인데 파포스는 아폴론의 아들 키니라스와 결혼하였고 (또는 아폴론과 결혼하여 아들 키니라스를 낳았고) 키니라스는 키프로스섬의 왕이 되어 파포스라는 도시를 세웠다. 키니라스는 켄크레이스와 결혼하여 미르라를 낳았다. 미르라가 아프로디테의 노여움을 사서 아버지 키니라스에게 정욕을 느끼고 아도니스를 낳게 된 사연을 기억해 보자.

최근 의료계열학과에서는 관절이 자유롭게 움직일 뿐 아니라 실제 피부와 구분하기 힘들 정도의 고급 실리콘으로 만들어진 고충실도 시뮬레이터*High Fidelity Simulator*를 활용하여 수업을 진행하는 경우가 많다. 수억 원에 달하는 시뮬레이터는 맥박이 뛰고 호흡을 하고 눈을 깜박이고 빛에 대한 동공반사를 하고 신음소리나 울음소리를 내며 간단한 질문에 대답을 하는 등 환자의 역할을 실제처럼 행해 준다. 학생들은 환자에게 대하듯이 정성을 다해 돌봄을 제공한다. 마치 그들의 정성으로 생명을 얻게 되기를 간절히 기도하는 피그말리온처럼.

30. 자기 자신을 아끼고 존중하라

나르키소스 • 에코 • 프리지아

"헐벗은 사람이 당신에게 셔츠를 줄 때는 주의하라."

공병호가 <일취월장>에서 소개한 아프리카 속담이다. 물론 가난한 자들이 부자보다 동정심을 더 가지고 있다는 연구 결과도 있지만 셔츠를 사랑으로 대체한다면 이 속담이 가진 진의를 파악하기는 어렵지 않다. 내가 가진 사랑이 많아야 다른 사람도 사랑할 수 있다는 것이다. 하지만 자신에 대해 비현실적으로 과대평가하거나 자기에 대한 사랑이 자기과시로 나타난다면 병리적인 증상으로 판단한다. 정신질환에서는 이것을 자기애성 인격장애로 분류하는데, 자기애*Narcissism*를 표현하는 단어에는 나르키소스가 숨어 있다.

나르키소스는 보이오티아강의 신 케피소스가 물의 요정 리리오페를 강물로 감싸안아 낳은 아들이다. 리리오페는 자신도 모르는 사이에 얻게 된 아들의 운명이 궁금해서 예언자 테이레시아스를 찾아갔다. 테이레시아스는 "스스로를 알지 못한다면 오래 살 것이다"는 예언을 해주었다. 자기 자신을 아는 것은 오래전부터 내려오는 그리스의 중요한 덕목인데, 스스로를 알지 못해야 오래 산다니, 이상야릇한 예언이지만 리리오페는 크게 마음에 두지 않았다. 리리오페는 나르키소스를 애지중지하며 키웠으며 그는 소년 같기도 하고 남자 같기도 한 아름다운 청년으로 자랐다.

　그런 나르키소스를 아메이니아스라는 청년이 사랑했다. 나르키소스는 아메이니아스에게 사랑 대신 우정을 약속하며 우정의 징표로 칼을 선물했다. 하지만 형제애와 같은 우정으로 만족할 수 없었던 아메이니아스는 그 칼로 나르키소스의 집 앞에서 자결했다. 마치 괴테의 <젊은 베르테르의 슬픔>에서 이루어질 수 없는 사랑의 슬픔을 이기지 못하고 샤롯데가 건네준 권총으로 자살한 베르테르처럼 말이다.

　아메이니아스는 자신의 사랑을 나르키소스가 알아주길 바랐다. 아니 자기처럼 나르키소스도 짝사랑이 얼마나 고통스러운지를 알게 되기를 바랐다. 아메이니아스는 복수의 여신 네메시스에게 "언젠가 나르키소스도 누군가를 사랑하게 되면, 그 애타는 사랑이 결실을 맺지 못하게 해달라"고 빌었다. 네메시스는 정당한 복수를 관장하기 때문에 정의롭게 산 인간들은 굳이 네메시스를 두려워할 이유가 없지만, 한번 네메시스를 화나게 하면 그녀의 복수를 피할 수가 없다. 심지어 인간으로서 과분한 복을 누리는 것도 신들에게는 무례한 일이라 나이가 많은 노인들은 네메시스가 자신들의 나이가 많음을 알고 장수의 복을 거둘까봐 나이를 밝혀야 할 때는 귓속말로 조용히 전할 정도였다.

　네메시스는 아메이니아스의 기도를 들어주었다. 나르키소스가 다른 누구도 아닌 자기 자신을 사랑하게 된 것이다. 어느 날엔가 숲을 거닐던 나르키소스는 목이 말라 물 한 모금을 마시기 위해 연못에 몸을 숙였을 때, 연못에 비친 자신의 아름다운 모습에 빠져들게 되었다. 한시라도 자신의 모습을 보지 않으면 안 되는 거울공주처럼 나르키소스는 매일매일 연못을 찾아갔으며, 나중에는 찾아가는 것으로도 부족해 연못 옆에서 살았다. 자아도취 또는 자기색정自己色情이라는 해석이 더 적절한 나르시시즘이 발현되는 순간이었다.

나르키소스를 좋아한 님프도 있었다. 에코는 산의 요정 오레이아데스 중 하나로 키타이론산에 살면서 아르테미스와 함께 사냥을 다니기도 했다. 아르테미스는 늘 명랑하고 수다스러운 에코를 좋아했다. 하지만 에코의 수다스러움은 가끔 도가 지나쳐서 남들의 말이 끝나기도 전에 자기 할 말을 늘어놓거나 입씨름을 할 때 생떼를 쓰기도 했다. 결국 에코의 과함이 화를 부른 사건이 발생했다. 때때로 제우스는 키타이론산으로 내려와 오레이아데스와 노닥거렸는데, 남편의 방탕함을 눈치챈 헤라가 드디어 현장을 잡으러 내려왔다. 그런데 에코가 헤라를 막아서며 온갖 수다를 떨어 제우스가 도망갈 틈을 만들어주었다. 이에 분노한 헤라는 에코에게 남이 한 말을 따라만 하는 저주를 내렸다. 거추장스러운 저주의 옷을 입고 의기소침해진 에코는 누구의 눈에도 띄지 않는 곳에서 살게 되었다.

그러던 어느 날 에코는 숲속에서 잃어버린 물건이라도 찾으려는 듯 연못을 뚫어져라 바라보는 꽃미남을 발견하고 사랑에 빠졌다. 하지만 에코는 스스로 말할 수가 없고 남이 하는 말만 그대로 따라할 뿐이어서 자신의 사랑을 고백할 방법이 없었다. 누구든 사랑 가득한 눈빛으로 자신만 바라보며 사랑의 밀어를 재잘거리는 상대를 저항할 수 없는 법인데, 자기 목소리를 들려줄 수조차 없는 에코의 심정은 어떠했을까? 멀리서 나르키소스 이름이라도 불러보고 싶지만 숲속에서 친구들이 부를 때 겨우 따라 부를 수 있을 뿐이었다.

한 번은 용기를 내어 나르키소스 앞에 나타나 껴안아보았지만 "저리 가"라는 나르키소스에게 "저리 가"만을 따라 말하며 물러날 수밖에 없었다. 상심한 에코는 무의미한 소음의 세상이 되어버린 숲속을 뒤로 하고 동굴로 숨어들었다. 동굴 속에서도 포기할 수 없는 사랑 때문에 몸과 마음은 타들어갔다. 그러다가 종국엔 목소리만 남아 숲의 메아리echo가 되었다.

다른 누구도 아닌 자기 자신을 사랑하게 된 나르키소스는 연못에 비친 자기 얼굴만 바라보며 식음을 전폐하다 에코처럼 메말라갔다. 결국 자신과 한몸이라도 되려는 듯 연못 속으로 뛰어들었고 나르키소스가 사라진 그곳에는 한 송이 수선화*Narcissus tazetta*가 피어났다. 자신을 지켜보는 존재는 아랑곳하지 않고 연못에 비친 자신의 얼굴에만 빠져 있는 나르키소스와 그를 애처롭게 바라보는 에코의 모습은 많은 화가들에게 영감을 불어넣었다. 명화 속에서 나르키소스 옆에는 여지 없이 수선화가 피어 있다.

수선화를 닮은 노란 꽃 프리지아의 전설도 나르키소스와 연관이 있다. 프리지아는 에코와 같은 님프였지만 에코와 달리 내성적이고 수줍음이 많아 깊숙한 샘 바닥에서 혼자 지냈다. 어느 날 연못 위에서 애끓는 구애의 소리가 들려 가만히 수면 위로 올라와보니 나르키소스가 연못을 바라보며 사랑을 노래하고 있었다. 나르키소스의 아름다운 모습에 혼을 뺏긴 프리지아는 매일 수면으로 올라와 나르키소스를 바라보았다.

존 윌리엄 워터하우스 <에코와 나르키소스> 1903

어느 날 자신의 뒤에서 인기척이 나서 깜짝 놀라 돌아보니 에코가 있었다. 에코와는 달리 말수가 적은 프리지아가 조심스럽게 나르키소스를 사랑하고 있다고 고백했다. 그러자 에코는 프리지아의 말을 반복하며 즉각적으로 반응해주는 것이 아닌가. 에코가 메아리로만 답한다는 것을 모르는 프리지아는 자신의 사랑을 응원한다고 생각하고 용기를 내어 나르키소스에게 사랑을 고백했다. 하지만 나르키소스는 그 사랑조차 무시했다. 나르키소스는 연못에 비친 자기 자신에게 구애를 하다가 끝내 연못에 뛰어들어 죽어버렸고, 에코는 동굴 속에서 목소리만 남았고, 실연의 상처를 이기지 못한 프리지아도 마음에 상처를 받아 결국 죽고 말았다. 이후 수선화를 닮은 노란 꽃 프리지아로 다시 피어나 항상 수선화 곁을 지켰다.

아프리카 속담으로 돌아가보자. 타인에게 선의를 베풀 때는 자신에게 결핍이 없어야 한다. 사랑도 마찬가지다. 자신에게 사랑이 충만해야 다른 사람을 사랑할 수도 있고 다른 사람의 사랑을 받을 수도 있다. 무엇보다도 자기긍정과 자기사랑이 넘쳐야 한다. 그렇다면 자기애적 성격장애와 구분되는 진정한 자기사랑은 무엇일까? 바로 자기 자신을 아끼고 스스로 존엄하다고 여기는 자존감이다. 자존감이 높아지는 경우는 두 가지다.

첫 번째는 내가 스스로 중요하다고 생각한 일을 내가 잘 해냈을 때이다. 다른 사람의 기준이 아니라 나에게 중요한 일을 만족스럽게 해냈다면 우쭐해지며 자존감이 향상된다.

두 번째는 나에게 의미 있는 타인이 내가 한 일을 칭찬할 때이다. 스스로 만족스럽지는 않더라도 부모나 선생님, 혹인 연인이 "잘 했어"라고 이야기해주면 자존감이 올라간다. 이를 위해서는 소소하지만 의미 있는 목표를 세우고 성취해 나가는 경험을 많이 갖는 것이 좋다. 나에게 소중한 사람에게 주저하지 말고 나의 성취를 알려보자. 그리고 내가 사랑하는 사람의 작은 성취에도 칭찬을 아끼지 말자. 지적과 평가는 다른 전문가의 몫으로 돌려주면 된다. 칭찬과 격려로 그 사람의 자존감이 향상될 것이다.

자신을 사랑한다는 것은 이기주의나 자기도취, 또는 과대망상에 빠지는 것을 의미하는 것이 아니다. 자기 삶에 열정을 가지고 자신의 삶을 사랑하는 것이다. 세상의 기준이 아니라 어떤 상황에서도 자신을 스스로 격려하고 지지하는 것이다. 자신을 제대로 사랑하고 에너지를 축적해야 다른 사람도 사랑할 수 있고 사회에 대해서도 관대해질 수 있다. 자신을 드러내려고 굳이 노력하지 않아도 된다. 자기긍정과 평정심에서 발생하는 에너지와 행복감은 밖으로 떠벌리지 않아도 자연스럽게 드러나는 법이다.

#잘생기면 다야 #지못미 TMI에코 #옛다 칭찬 #자아도취 #쫄지 마
#이루지 못한 사랑 메아리 #수선화의 전설 #프리지아의 전설 #자존감 수업
#자존감 향상

나르시시즘*Narcissism*은 자신의 신체를 성적으로 대상화하는 것으로 독일 정신과 의사 네케*Paul Adolf Näcke*(1851-1913)가 처음 사용하였다. 자아도취*narcissistic*의 상태는 마취성*narcotic*이 강하다. 혼수상태*narcosis*뿐 아니라 마약*narcotic drug*, 마약성 진통제*narcotic analgesic*, 마약 남용*narcotic abuse*, 마약 중독*narcotic intoxication* 등이 나르키소스에서 비롯되었다.

 아기가 '엄마'라고 말하기까지는 엄마라는 단어를 천 번 듣고 천 번 이상을 따라해야 가능하다. 태어나서 2-3세까지 엄마 아빠의 말을 따라하며 언어를 배우는 것이다. 그런데 타인의 말을 따라하는 현상이 5-6세가 지나서도 지속된다면 이것은 병리적인 증상이다. 반향어*Echolalia*는 자폐증*Autism*을 앓는 아이들의 대표적인 증상이다. 이는 정상적인 의사소통이 되지 않는다는 증거이다.

 헤로도토스*Herodotos Halicarnassensis*(BC 484- BC 425)의 <히스토리아>를 보더라도 인간으로서 과분한 복을 누리는 자에 대한 네메시스의 복수를 알 수 있다. 기원전 6세기에 그리스의 사모스를 통치하던 폴리크라테스왕*Polycrates*(BC 574-BC 522)은 그리스 전체를 지배할 정도의 세력을 확장하며 평화로운 날들을 보내고 있었다. 당시 강대국인 페르시아를 견제하기 위해 이집트와 손을 잡고 지중해의 해상권을 장악하려던 때에 이집트의 파라오인 아마시스는 폴리크라테스에게 신들에게 제물을 바치는 것이 좋겠다고 조언했다. 이에 폴리크라테스는 자신이 가장 아끼는 에메랄드가 박힌 황금반지를 바다에 던져 제사를 드렸다. 며칠 후 어부가 물고기 뱃속에서 그 반지를 찾아서 왔는데, 그것은 네메시스가 그의 제물을 흠향하지 않음으로써 폴리크라테스가 이미 과분한 복을 누렸음을 암시한 것이다. 얼마 뒤 폴리크라테스는 페르시아에 종속된 반란군에 의해 목숨을 잃었다.

chapter **4**
도전과 위로

31. 이유 있는 도전은 항상 옳다

아테네 • 아라크네

프란츠 카프카의 <변신>은 이렇게 시작한다.

"어느 날 아침 그레고르 잠자가 불안한 꿈에서 깨어났을 때 침대 속에서 한 마리의 흉측한 벌레로 변해 있는 자신을 발견했다."

첫 문장 그대로 그레고르는 특별할 것도 없는 어느 날 아침 한 마리의 벌레로 변신했다. 그레고르는 자신이 인간의 감정을 유지하고 있음을 알리려 몸부림쳤지만 가족들에게조차 유린당한 채 골방에서 고독한 시간을 보내다가 죽었다.

인간의 실존과 부조리를 묘사하기 위해 노력했던 카프카는 <변신>을 출판할 때 삽화를 넣지 말라고 당부했지만 대부분의 출판사는 그들이 상상하는 대로 벌레가 된 그레고르 잠자를 그려넣었다. <스파이더맨>도 아니고 사람이 벌레가 되다니 얼마나 해괴망측한가? 하지만 남미문학의 마술적 사실주의를 연상시키는 '벌레가 된 남자'는 '거미가 된 아라크네'의 이야기를 알고 있는 독자에게는 낯선 것도 아니다.

리디아의 이드몬은 양모 염색의 달인이었다. 이드몬의 딸 아라크네는 아버지가 염색해 놓은 양모로 베를 짰다. 솜씨가 얼마나 대단한지 여러 가지 색으로 물들인 실을 베틀에 넣고 도안도 없이 씨줄과 날

줄을 분주히 움직이며 멋진 그림을 완성해냈다. 아라크네는 아테네의 파르테논 신전에 물레와 베틀을 갖추어 놓고 인간들에게 실을 잣는 법과 베를 짜는 법을 가르치기도 했다. 아라크네가 자신의 출중한 능력을 묵혀두지 않고 여인들을 가르치는 것은 용서받을 수 있으나 하필 장소가 여신의 고귀한 신전이라 아테나의 심기를 제대로 건드리고 말았다. 아라크네는 한술 더 떠서 곧잘 아테나보다도 베를 잘 짠다고 자랑했다. 아테나는 전쟁의 여신이라는 이미지와는 어울리지 않게 베 짜기와 자수의 여신이기도 했다.

아테나는 아라크네를 혼내줄 요량으로 노파로 변신해서 나타났다. "아가씨는 어찌 아테나 여신님보다 베를 잘 짠다고 하지요? 상대가 인간이라면 얼마든지 괜찮지만 여신과는 비교하지 마세요. 지금이라도 자비로우신 여신님께 용서를 구하세요."

아테나는 짐짓 자애롭게 충고했으나 아라크네는 아랑곳하지 않았다. "그런 충고는 할머니 손녀에게나 하세요. 난 여신도 두렵지 않아요. 아테나 여신일지라도 베 짜는 기술로 나를 이길 자신이 있다면 한번 겨뤄보자고 하세요."

이 말에 분노가 치밀어오른 노파는 화를 숨기지 않고 입고 있던 겉옷을 벗어버리고 본 모습을 드러냈다.

"그래? 네가 나보다 베를 잘 짠단 말이지? 오늘 나랑 베틀 배틀$battle$을 해보자."

이렇게 아테나 여신과 아라크네의 배틀이 성사되었다. 아테나는 아테네를 두고 포세이돈과 겨루었을 때 당당히 이겨 아테네 시민들로부터 추앙받은 모습을 수놓았다. 그리고 베의 사각모서리에는 신에게 벌을 받아 모습이 변해버린 어리석은 인간들을 수놓았다. 제우스와 헤라인 체 하다가 산이 되어버린 하이모스와 로도페, 헤라에게 도전하다 두루미가 된 피그마이오스족의 오이노에, 몰약나무로 변신한

야코포 틴도레토 <아테나와 아라크네> 1475-1485

딸 미르라를 보며 통곡하는 키니라스 등이었다.

아라크네의 베를 짜는 솜씨도 놀라워서 아테나가 당황할 정도였지만 그렇다고 쉽게 승복할 수 없었다. 더군다나 아라크네가 짜놓은 것은 올림포스 신이라면 누구라도 분노할 만한 내용이었다. 황소로 변신해서 에우로페를, 백조로 변신해서 레다를, 독수리로 변신해서 가니메데스를, 사티로스로 변신해서 안티오페를, 암피트리온으로 변신해서 알크메네를, 구름으로 변신해서 이오를, 황금비로 변신해서 다나에를 유혹하는 제우스를 수놓았다. 제우스 외에도 포세이돈, 아폴론, 디오니소스, 크로노스 등 야비한 변신의 모습들을 새겼다.

아테나는 굴욕감을 이기지 못하고 아라크네의 베를 찢어버렸다. 아라크네는 여신의 폭력에 굴복하느니 목숨을 끊는 게 낫겠다고 생각하고 밖으로 뛰쳐나갔다. 그러자 아테나는 회양목으로 만들어진 베틀의 북으로 아라크네를 세 번 치며 "아라크네, 감히 신들을 모독하다니. 너는 평생 실이나 짜거라" 하고 외쳤다. 그 순간 아라크네는 스파이더맨, 아니 진짜 거미로 변해 버렸다.

인간이라는 한없이 초라한 존재임에도 불구하고 감히 여신에게 도전하는 아라크네의 오만방자함은 신의 분노를 살 만했다. 자만의 탑을 쌓아 신을 분노케 하는 실수를 저지르지 말라는 그리스 신화 전체를 관통하는 교훈을 위배한 것이다. 하지만 그녀의 당당함은 오직 실력에서 나온 것이라는 해석을 해본다.

가난하지만 뚝심 하나로 장인의 길을 걸어온 홀아버지를 바라보며 아버지가 정성껏 염색한 실로 여신과 겨루어도 전혀 뒤지지 않는 실력을 키워온 아라크네. 그녀는 신 앞의 겸손이 미덕을 넘어 의무였던 시대에서조차 건방지고 도발적이라는 비난을 감수하면서까지 자신의 실력과 성취를 솔직하게 표현할 줄 알았다. 아라크네라는 이름의 가치를 위해 노력해온 자신의 지난 삶이 베틀 앞에서 젊음과 생을 바쳐야 하는 여인들을 위한 예의라고 생각했을지도 모른다. 평생 몸에서 실을 뽑아내야 하고 자신이 만든 실에 매달려 살아야 하는 처지가 될지언정 여신 앞에서도 굴하지 않는 모습은 젊은 세대들이 갖추어야 할 도전과 패기를 보여주는 것이 아닐까?

물론 명확하게 자신 능력의 크기와 한계를 깨닫는 것은 쉽지 않다. 그러나 자기역량을 과잉 평가하는 것만큼이나 자기역량에 섣불리 한계를 짓는 속단도 금물이다. 자신을 엄격하게 평가하고 강점과 약점을 알고 삶의 방향을 설계하는 것이 중요하다.

카프카 <변신>의 그레고르 잠자는 고객의 선호에 맞춰 옷감을 주문하는 의류회사의 영업사원이다. 천을 다룬다는 점에서 아라크네 신화와 묘한 접점을 가진다. 그레고르는 무리하게 사업을 펼치다 실패한 아버지가 진 빚을 갚느라 매일 새벽에 기차를 타는 일을 게을리할 수가 없었고 항상 높은 긴장감을 가진 상태로 일해야 했다. 그레고르의 삶과 아라크네의 삶이 다른 것은 아침을 맞는 태도였다. 아라크네는 베짜기 명인이라는 자신감으로 매일 아침 힘찬 발걸음을 내디뎠다. 하지만 그레고르는 벌레로 변신하던 그날 아침도 자리를 떨치고 일어나지 못하는 것이 불충분한 수면과 누적된 피로 때문이라며 불만스럽게 여겼다. 아라크네에게 실과 천은 자신의 예술혼을 담는 바탕이 되지만, 그레고르에게 옷감은 자신의 삶을 갉아먹는 장애물이었다.

그레고르와 아라크네 모두 본인의 의지와는 무관하게 벌레로 변신했지만 변신 이후의 삶은 달라서 그레고르는 끝내 외로운 죽음을 맞았고, 아라크네는 온몸으로 실을 잣는 거미로서의 삶을 살았다. 아라크네는 거미막arachnoid이라는 신체 조직의 이름으로 남아 있어 많은 의료인들이 그녀의 이름을 기억한다.

타인에게는 엄격하나 자신에게는 관대한 자들과 달리 성실함을 담보로 자신을 채찍질하며 앞으로만 달려가는 자들도 있다. 예전 나바호 인디언들은 말을 달리다가 종종 멈추어 쉬었다고 한다. 너무 빨리 달리다 보면 영혼이 미처 따라오지 못할까봐 짬짬이 쉬면서 영혼을 기다렸던 것이다. 엄격한 자기평가와 신중한 자기관리가 중요하지만 제대로 된 쉼이 없으면 삶에 지쳤던 그레고르가 그랬던 것처럼 어느 날 한 마리의 벌레로 전락하는 수가 있다. 물론 쉽지 않다. 하지만 자신의 목표와 자신의 위치와 자신의 속도를 정확하게 파악할 수 있어야 한다. 스위스 출신의 신학자 라인홀트 니버는 "내가 바꿀 수 없는 것들을 평온하게 받아들이는 초연함과, 내가 바꿀 수 있는 것들을 바꿀 용기와, 내가 바꿀 수 있는 것들과 없는 것들을 분별할 수 있는 지혜"를 달라고 하느님께 기도했다. 지금은 그 기도가 필요한 때다.

#스파이더맨 #카프카 변신 #신들의 굴욕 #베짜는 여인들의 대변인
#용기 있는 노동자 #베틀 배틀 #머릿속에 거미줄 #나바호 인디언

사람의 뇌막은 3층으로 구성된다. 뇌를 바로 감싸고 있는 연막, 가운데는 지주막, 그 위는 조금 단단한 경막이다. 경막 위로는 두개골과 두피로 덮여 있어서 뇌를 안전하게 보호해준다. 연막과 경막 사이의 지주막은 마치 거미줄 같은 모양을 하고 있어서 거미막*arachnoid membrane*이라고도 한다. 손가락이 거미의 다리처럼 길다면 거미손가락증*arachnodactyly*이다.

하이모스는 강의 신 스트리몬의 딸 로도페와 결혼하여 아들 헤브로스를 낳고 트라케를 다스렸다. 하이모스와 로도페는 스스로를 제우스와 헤라라고 칭하고 자신들에게 제사를 모시도록 했다. 제우스는 이들의 오만방자를 벌하기 위해 산으로 만들었다. 북풍이 휘몰아치는 하이모스산과 만년설에 뒤덮인 험하디 험한 로도페산은 그때 생겼다. 그렇지만 헬리오스의 아들 파에톤이 태양마차를 타고 종횡무진할 때 하이모스산과 로도페산은 마차의 불빛에 불탔다.

피그마이오스족의 니코다모스는 오이노에와 결혼하였으나 헤라를 숭배하지 않아 헤라는 오이노에를 두루미로 변신시켰다. 매년 겨울이 되면 두루미떼가 피그마이오스 종족이 사는 곳에 날아와 옥수수를 약탈하기 때문에 곧잘 전쟁이 일어나곤 했는데, 피그마이오스족은 두루미로 변신한 오이노에를 알아보지 못하고 두루미떼와 함께 쫓아버렸다.

헤라클레스의 열두 과업 중에도 피그마이오스족이 등장한다. 안타이오스와의 싸움으로 지친 헤라클레스가 잠들어 있을 때 마치 <걸리버 여행기>의 소인국에서처럼 피그마이오스의 군인들이 헤라클레스의 몸에 사다리를 걸치고 기어올라가 공격했다. 잠에서 깬 헤라클레스는 첫번째 과업에서 획득한 네메아의 사자 가죽으로 피그마이오스족을 싸서 에우리스테우스에게 가져다 주었다.

32. 온 생을 바쳐 별까지 걸어가다

칼리스토 • 아르카스

나그네들의 나침반인 북두칠성은 북반구의 밤하늘에서 쉽게 찾을 수 있는 국자 모양의 별자리다. 별자리에 관심을 가질 때 가장 먼저 알게 되는 별이니만큼 관련된 설화도 많다.

어릴 적 동화로 만났을 익숙한 민담은 러시아의 설화다. 외딴 마을에 사는 어린 소녀는 오랜 기간 비가 내리지 않아 가뭄이 계속되자 아픈 어머니를 위해 나무국자를 들고 물을 찾으러 나서지만 찾을 수가 없다. 신령에게 물을 달라고 간절히 기도하니 나무국자에 물이 채워진다. 물이 담긴 국자를 들고 오다가 강아지와 마주쳤는데 목말라하는 강아지에게 물을 조금 나누어주니 나무국자는 은으로 변한다. 집에 거의 다다랐을 때 갈증으로 괴로워하는 노인을 만나 물을 나누어주니 이번엔 국자가 금으로 변한다. 한참만에 집에 도착하여 얼마 남지 않은 물을 마시도록 아픈 어머니에게 국자를 넘겨드리니 국자 모서리에 다이아몬드가 박힌다. 깜짝 놀란 모녀가 무슨 일인가 하여 주변을 살피니 갑자기 국자에서 다이아몬드들이 떨어져 하늘로 올라가 국자 모양의 별자리가 된다. 그리고 하늘의 별로 박힌 국자가 기울어지며 러시아에 단비를 내려준다.

잘 알려진 우리나라 민담은 아이들을 위한 동화라고 하기엔 다소 애매한 과부의 이야기다. 매일 밤 개울을 건너 이웃 마을의 홀아비를 만나고 오는 홀어머니를 위해 일곱 아들은 개울에 징검다리를 놓아준다. 아들들의 효심에 감동받은 어머니는 훗날 이들이 별이 되게 해달라고 기도했고 일곱 형제는 밤하늘의 북두칠성이 된다.

태국의 북두칠성 이야기는 동물 버전이다. 가난한 부부가 조상에게 제사를 지내기 위해 마지막 하나 남은 암탉을 잡기로 했는데, 암탉을 끓는 물에 넣자 효심(?) 많은 여섯 병아리가 함께 뛰어든다. 암탉과 병아리를 불쌍히 여긴 신이 이들을 하늘로 올려 북두칠성으로 만들어 준다.

이상의 세 이야기는 효심을 주제로 하고 있다. 그러면 북두칠성과 관련된 그리스 신화는 어떨까? 결론부터 이야기하면 효심과는 거리가 멀다. 의도치는 않았겠으나 도리어 아들이 어머니를 죽일 뻔한 사연이다.

아름다운 칼리스토는 아르카디아왕 리카온의 딸로 처녀신 아르테미스를 섬겼다. 제우스는 아르테미스로 변신하여 칼리스토에게 접근했다. 칼리스토는 전혀 의심치 않고 아르테미스로 변신한 제우스가 이끄는 대로 몸을 맡겼다. 얼마 뒤 칼리스토에게 헛구역질과 함께 임신의 조짐이 나타났다. 남자를 접한 적이 없는 칼리스토는 영문을 알 수 없어 당혹스러웠으나 임신은 상상이 아닌 기정사실이었다. 점점 배가 불러오는 칼리스토를 보고 아르테미스는 불같이 화를 냈고, 자초지종은 들어보지도 않고 그녀를 내쫓았다. 칼리스토는 아르테미스의 매정한 내침이 너무나 당황스럽고 억울했지만 어쩔 도리가 없었다. 결국 외딴 곳에서 혼자서 아르카스를 낳았다.

칼리스토의 출산 소식을 아르테미스는 들은 체도 하지 않았고, 아르카스가 남편의 혼외자식임을 직감한 헤라만 펄펄 뛰었다. 칼리스토는 헤라가 제우스와 결혼한 후 처음으로 질투를 일으킨 대상이었다. 물론 칼리스토가 남편의 첫 외도 상대가 아니라 하더라도 이는 익숙해지거나 그러려니 하면서 넘어갈 사안은 아니다. 여하간 헤라는 분노를 조절하지 못하고 칼리스토를 곰으로 만들어버렸다.

아르카스는 갑자기 어머니가 사라져버려 의기소침했고, 어린 아르카스가 불쌍해진 제우스는 헤르메스의 어머니인 마이아에게 보내어 양육하게 했다. 마이아는 아르카스를 제 아들처럼 잘 키웠고, 아르카스는 훗날 아르카디아 왕국의 시조가 되었다. 하지만 아무도 어머니 칼리스토에 대해 알려주지 않아서 아르카스는 칼리스토의 존재를

프랜시스 부셰 <제우스와 칼리스토> 1744

전혀 모르고 지냈다. 어느 날 아르카스가 사냥을 나갔다가 곰으로 변한 어머니를 맞딱뜨렸다. 아르카스는 어머니를 알아보지 못하고 눈앞에 나타난 암곰을 향해 자신있게 화살을 날렸다. 아르카스의 화살이 암곰을 맞히기 직전에 제우스가 아르카스마저 후다닥 곰으로 변신시켜서 칼리스토와 함께 하늘에 올려주었다. 그렇게 어머니와 아들은 별이 되었으니 칼리스토는 큰곰자리, 아르카스는 작은곰자리이다.

헤라는 칼리스토와 아르카스가 별이 된 것이 마땅치 않아 티탄신인 오케아노스와 테티스를 찾아가 이들을 영원히 벌해달라고 졸랐다. 죽어서 곰의 모습으로 별자리가 된 인생도 순탄치 않았지만, 그들이 받은 벌로 더욱 기구해졌다. 다른 별들은 밤에 하늘에 떠 있다가 새벽이 되면 지평선 아래로 내려와 쉴 수 있지만 큰곰자리와 작은곰자리는 일 년 내내 북극점 주위를 돌며 하루도 쉬지 못하는 신세가 되었던 것이다. 시간이 한참 지나 헤라의 분노가 조금 누그러지자 그제서야 제우스는 칼리스토의 큰곰자리 꼬리가 바다에 살짝 닿을 수 있게 해주었다.

우리나라 사람들이 가장 좋아하는 화가는 고흐라고 한다. 특별히 별을 사랑했던 고흐는 <론강의 별이 빛나는 밤>이라는 작품에 북두칠성을 그려넣었다. 멀리 아를 시내에서 새어나오는 불빛들이 강물 위에 반사되어 별빛만큼이나 아름답게 빛난다. 론강 앞으로는 부부 혹은 연인으로 보이는 남녀 한 쌍이 캔버스 앞으로 걸어나올 것 같다. 그들의 모습은 아름다운 별밤의 배경만큼이나 평화로워 보인다. 하지만 <론 강의 별이 빛나는 밤>을 그리던 시기의 고흐는 그리 평화롭지만은 않았다. 444일 동안 아를에 머무르면서 이틀에 한 점 꼴로 그림을 그릴 만큼 열정적으로 많은 작품을 남겼지만 "밤 풍경을 그리며 어려움과 맞서 씨름하고 있다"는 고백처럼 당시의 고흐는 가난과

빈센트 반 고흐 <론강의 별이 빛나는 밤> 1888

고독 속에서 어려운 시간을 보내고 있었다. 그렇지만 그는 꿈이 있었다. 고흐는 자신의 예술로 사람들을 어루만지고 싶었고 사람들이 고흐를 마음이 깊은 사람, 마음이 따뜻한 사람으로 기억하기를 바랐다.

　"인간이 살아간다는 것은 별까지 천천히 걸어가는 것이다. 손에 잡힐 듯 가까이 보여도 막상 도달하려면 온 생을 바쳐야 하는 거리가 곧 별까지의 거리이다."

　온 생을 바쳐야 하는 별까지의 거리가 가깝지 않더라도 포기할 수 없다는 고흐의 고백처럼 자신의 별을 향해 느리지만 지치지 않는 한 걸음을 오늘도 내디뎌야 할 것이다.

───────────

#북두칠성　#러시아 효녀　#효심 많은 병아리　#은국자 금국자 다이아몬드국자
#엄마곰 아기곰　#저별은 나의별 저별은 너의별　#별이 빛나는 밤에
#빈센트 반 고흐

상상임신*pseudocyesis*은 임신을 강렬히 원하는 여성이 스스로 임신이라고 믿음으로써 나타나는 현상을 말한다. 실제로 임신하지 않았음에도 불구하고 월경이 중단되고 자궁이 확장되어 배가 불러오며 입덧이 생기고 태동이 생기며 유두의 색소가 짙어지고 젖이 분비되는 등 임신의 징후가 나타난다. 심지어 임신 테스트기가 양성으로 나오기도 한다. 이는 임신에 대한 갈망이나 임신에 대한 두려움 등의 심리적 원인이 호르몬 분비의 이상을 초래하거나 종양 때문에 발생하기도 한다.

간기능 보조제로 우루사*Urusa*가 있다. 웅담을 약재로 사용했으며 북극곰의 쓸개에서 즙이 발견된 뒤에 대량 생산되었다. 곰은 우르수스*ursus*라고 하는데 우르사*ursa*는 곰의 여성명사이다. 간기능 보조제의 역할은 쓸개즙 분비를 촉진시켜서 간 내 독소를 더 빨리 배출하게 도와줌으로써 간기능을 돕는다. 간기능이 원활하지 않으면 간독성 현상으로 간섬유화, 간경화 등의 진행이 빨라지기 때문에 만성 간질환자들에게는 치명적이다. 그러므로 폭음 등으로 간을 혹사시키거나 간기능 장애를 가진 사람들에게 간기능 보조제가 필요할지도 모른다.

 칼리스토는 목성*Jupiter*의 위성 중 하나다. 천문학자들은 태양을 돌고 있는 행성과 행성의 위성들에도 그리스 신들의 이름을 붙여 주었다. 행성 중에서 가장 큰 것은 목성으로 제우스다. 목성의 주위를 도는 4개의 위성은 가니메데스, 칼리스토, 이오, 에우로페이다. 제우스가 독수리로 변신해서 납치했던 미소년 가니메데스, 아르테미스로 변신해서 유혹했던 칼리스토, 구름으로 변신해서 유혹했다가 헤라에게 들켜서 급히 암소로 변신시켰던 이오, 황소로 변신해서 등에 태우고 크레타섬까지 달아났던 에우로페다.

33. 트로이아 전쟁, 그것이 알고 싶다 Ⅰ

테티스 • 펠레우스 • 파리스 • 헬레나

인류의 역사에서 새로운 전기를 마련한 사과는 어떤 것이 있을까? 만유인력법칙의 단초가 되어준 뉴턴의 사과, 명사수 빌헬름 텔의 사과, 개인 컴퓨터시대를 열어준 스티브 잡스의 사과, 아니면 백설공주가 난쟁이들과의 동거생활을 마감하게 해준 독이 든 사과? 혹시 이브가 아담에게 건네준 선악과를 사과라고 생각하는가? 만일 그리스 신화를 좀 알고 있다면 트로이아 전쟁을 일으킨 황금사과를 떠올릴 것이다.

그리스 신화에서 나타나는 흔한 에피소드처럼 트로이아 전쟁도 제우스로부터 시작된다. 세 차례 신들의 전쟁을 통해 올림포스를 평정한 후 오랜만에 여유로운 일상을 만끽하던 제우스는 예의 못된 버릇이 시작되어 테티스에게 눈독을 들였다. 테티스*Thetis*는 네레우스와 도리스의 딸들인 네레이데스 중 하나로 바다의 요정인 님프다. 네레이데스는 바닷속 은빛 동굴에 살면서 포세이돈과 포세이돈의 아들 트리톤과 함께 선원들을 도왔다.

제우스는 테티스를 마음에 두고 있으면서도 섣불리 접근하지 못하고 포세이돈과 연적이 되어 신경전을 벌이고 있었다. 그러던 즈음에 프로메테우스로부터 "테티스가 낳은 아들이 그 아버지를 능가한다"는 예언을 듣게 되었다. 올림포스 신들 중에 누구라도 테티스와 결혼한다면 그 아들은 자칫 제우스의 왕좌를 위협할 수도 있는 일이다. 사랑이냐 권력이냐를 두고 잠시 고민할 법도 하지만 제우스는 한 치의 망설임도 없이 테티스를 포기하여 권력지향자의 면모를 드러냈다. 제우스는 프로메테우스에게 들은 예언을 포세이돈과 공유하며 테티스의 신랑감을 직접 찾아주기로 했다. 신랑 후보는 신이 아닌 인간이어야 안전했지만 신부가 명색이 여신인지라 범부를 택할 수는 없어서 그다지 잘 알려지지 않은 영웅인 펠레우스로 낙점했다. 펠레우스는 아이기나의 왕 아이아코스의 아들이면서 테살리아 지방의 왕이다. 형 텔라몬과 함께 헤라클레스의 아마조네스 원정에 참여하는 등 영웅으로서의 기록은 있으나 별다른 비중이 없는 인물이다.

제우스가 펠레우스를 찾아가 테티스와의 결혼 이야기를 꺼내놓았을 때 펠레우스는 네레이드를 아내로 맞이하기를 주저했다. 인간으로서 어찌 감히 바다의 님프를 아내로 삼을 수 있겠냐며 손사래를 치는 펠레우스를 살살 구슬리며 테티스를 정복하는 방법을 소상히 알려주었다. 우선 테티스가 저항을 하거나 어떤 형태로 변하더라도 허리를 붙잡고 절대로 놓아주지 말라고 했다. 그런 다음에도 테티스가 여러 가지 위협적인 모습으로 변해도 절대로 놓지 말라고 했다. 아닌 게 아니라 펠레우스가 테티스에게 청혼하며 그녀의 허리를 붙들자 테티스는 한참을 저항하다가 물로 변했다. 펠레우스는 당황스러웠으나 제우스의 말대로 절대 놓아주지 않았다. 그랬더니 이번에는 불로 변했고, 다시 사자로 변했다. 마지막에 뱀으로 변하기까지 펠레우스는 테티스의 허리를 끝까지 붙들고 있었고 마침내 테티스를 정복했다. 전투와도 같은 첫날밤을 보낸 펠레우스와 테티스 사이에 태어난 아들이 바로 트로이아 전쟁의 비극적인 영웅 아킬레우스이다.

2018년 아카데미 작품상은 기예르모 델 토로 감독의 <사랑의 모양 *Shape of Water*>에게 돌아갔다. 1960년대 미국 항공우주연구센터 실험실에 잡혀온 괴생명체를 사랑하게 된 언어장애를 가진 청소부의 이야기다. 인간과 괴생명체의 사랑이 어울리지 않는 것 같아도 영화 제목에서처럼 사랑은 어떤 그릇에 담기느냐에 따라 그 모양은 변하나 본질은 변하지 않는 물과 같다는 것을 발견하게 된다. 테티스와 펠레우스의 애정행위에서 테티스가 변했던 물과 불, 사자와 뱀을 단순히 물리적인 속성으로 이해하기보다는 사랑의 원형으로 생각해 본다면 훨씬 의미있게 다가올 것이다.

테티스는 펠레우스의 집요함 혹은 그 진심을 받아들여 제우스가 중매한 신과 인간의 결혼식이 성대하게 치러졌다. 결혼식은 천상의 올림포스 신들과 지상의 인간들까지 함께한 최대의 축제가 되었지만 딱 한 명, 불화의 여신 에레스는 초대 받지 못했다. 초대 받지 못한 파티에는 가지 않는 것이 상책이건만 환영받지 못할 것이 뻔한 파티라도 꼭 가고 싶은 때가 있다. 그래서 초대 받지 못한 자는 미련을 가지고 기웃거리기 마련이고, 부질없음을 인정하지 못하고 자신의 힘을 과시하려고 애쓰기 마련이다. 에레스는 후자여서 불화를 일으키기로 작정을 했다. 불화의 씨앗은 바로 황금사과. 에레스는 황금으로 된 사과를 잔치가 벌어지는 결혼식장으로 도르르 굴렸다.

황금사과에는 이렇게 적혀 있었다.

"세상에서 가장 아름다운 여신에게."

인간 여자들은 해당이 없었고, 평범한 여신들은 감히 나서지 않았다. 너무나 당연하게도 당대의 여신 트로이카, 즉 헤라, 아테나, 아프로디테가 황금사과의 주인임을 자처하고 나섰다. 이들의 황금사과 쟁탈은 날선 신경전이었다. 제우스가 중재를 하면 좋으련만 따지고 보면 세 여신은 제우스의 아내이고 딸들이니 누구의 편을 들 수가 없었다. "중립은 악에 대한 암묵적 동의"라고 단테가 언급했던가? 집안싸움에 머리가 지끈해진 제우스는 더 이상 중립을 지킬 수 없어 이 다툼을 종료시킬 자를 물색하기 위해 헤르메스를 불렀다. 제우스의 충복이자 전령사인 헤르메스는 잘생긴 청년 파리스를 황금사과의 심판자로 지목했다.

파리스는 당시에는 목동이었으나 사실 트로이아왕 프리아모스와 왕비 헤카베의 둘째 아들이었다. 헤카베는 파리스를 낳았을 때 트로이아가 불타는 꿈을 꾸었는데, 예언자를 불러 해몽을 해보니 태어난 아들이 트로이아를 망하게 할 운명이라 하였다. 프리아모스 부부는 하는 수 없이 아기를 산으로 데려가서 버리게 했다. 요셉처럼, 모세처럼 그리고 오이디푸스처럼 파리스 역시 누군가에 의해 구출되었다.

헤르메스는 파리스를 세 여신이 모여 있는 곳에 데리고 갔다. 세 여신은 각자 황금사과의 주인이 되기 위해 파리스를 포섭했다. 헤라는

페테르 파울 루벤스 <파리스의 심판> 1639

265

파리스에게 세상의 반을 주겠다고 했고, 아테나는 파리스가 참여하는 전쟁마다 이기게 해주겠다고 했다. 마지막으로 아프로디테는 세상에서 가장 아름다운 여자와 사랑하게 해주겠다고 회유했다.

선택은 내가 가질 수 있는 여러 가지 중에서 하나를 뽑아드는 것이 아니라, 선택해야 하는 하나를 남겨놓고 나머지 모두를 내려놓는 것이다. 어떤 하나를 선택하여 나의 소유가 추가되는 것이 아니라 내가 가지고 있는 것을 모두 포기하고 그 하나를 남기는 것이다. 그러니 더욱 신중해야 하고, 선택한 것을 더욱 소중히 다루어야 한다. 파리스는 앞으로 어떤 것을 잃게 될지 짐작도 못한 채 세상에서 가장 아름다운 여인을 약속한 아프로디테에게 황금사과를 건네주었다. 헤라나 아테나를 선택해서 부와 권력을 축적한다면 아름다운 아내는 저절로 따라올 가능성도 있었을 텐데 파리스는 어리석은 선택을 한 것일까? 다시 생각해보면 그렇지도 않다. 정해진 운명은 신이라도 거스르지 못할 뿐 아니라 운명을 피하려고 발버둥을 치면 칠수록 나락으로 떨어지기 마련이다. 파리스가 아프로디테를 선택한 것도 어쩌면 자신의 의지가 아닌 이미 그렇게 결정되어진 운명의 장난이었는지도 모른다.

아프로디테가 약속했던 세상에서 가장 아름다운 여인은 여신급 미모의 헬레나였다. 헬레나는 제우스가 백조로 변신하여 레다를 유혹해서 얻은 딸이니 여신이라고 해도 무방하다. 헬레나가 얼마나 아름다운지 무게를 잴 때는 파운드나 그램, 길이를 잴 때는 인치나 미터를 쓰는 것처럼 그리스에서는 아름다움을 재는 단위로 헬렌을 쓸 정도였다. 미인대회가 있었던 것은 아니라서 실제로 측정했다는 기록을 찾을 수는 없지만, '1밀리헬렌*milihellen*은 배 한 척을 띄울 수 있는 아름다움'이라는 농담이 남아 있을 정도이니 가히 아름다움의 정점을 찍었다고 할 만하지 않은가?

당시에 트로이아는 제법 세력을 갖춘 나라였고, 그리스 도시국가들은 연합군의 형태로 동맹을 맺고 있었다. 헬레나가 혼기가 되었을 때 그리스 전역에서 그녀를 차지하기 위해 용사들이 몰려왔다. 틴다레오스는 오디세우스의 조언을 들어 메넬라오스를 사윗감으로 정하고 모든 구혼자들에게 헬레나의 결혼에 이의를 제기하지 못하도록 했다. 그리고 만약 헬레나에게 무슨 일이 생기면 반드시 뭉친다는 협약을 맺도록 했다.

황금사과의 심판 이후 파리스는 트로이아로 복귀해 왕자의 지위를 되찾았다. 파리스는 형 헥토르와 함께 그리스 도시국가들과 트로이아의 국정에 관여했다. 그리스와의 무역협정을 위해 파리스가 스파르타에 갔을 때 드디어 운명의 헬레나를 발견했다. 마침 메넬라오스가 외조부의 장례식에 참석하러 크레타에 간 터라 헬레나는 혼자 있었다. 아프로디테가 약속한 미인이 하필 유부녀였다는 사실만 제외한다면 헬레나는 흠잡을 데 없었다. 아프로디테가 비호를 약속했기에 파리스는 스파르타 보초병들의 삼엄한 경계에도 아랑곳 않고 헬레나의

자크 루이 다비드 <파리스와 헬레나의 사랑> 1789

침소에까지 잠입하여 그녀의 마음을 흔들어 놓았다. 어쩌면 에로스가 아프로디테의 지령으로 헬레나를 향해 황금화살을 먼저 쏘아두었는지도 모른다. 뜨거운 하룻밤을 보낸 파리스와 헬레나는 영원히 함께할 것을 맹세했다.

상황이 이렇게 되자 메넬라오스의 형 아가멤논은 제수씨가 동생을 버려두고 트로이아 왕자와 야반도주하는 것을 묵도할 수 없었다. 아가멤논이 아니더라도 이는 모든 그리스 남성들의 수치였다. 이들은 그리스 연합군을 발동시켜 헬레나를 다시 데려오기 위해 트로이아에 쳐들어갔다. 이것이 바로 트로이아 전쟁의 시작이다. 아, 그렇지만 헬레나가 트로이아 전쟁의 발단이라는 말을 함부로 해서는 안 된다. 고대 그리스의 시인 스테시코로스가 헬레나가 트로이아 전쟁의 원흉이라고 비난했다가 헬레나의 오빠들에 의해 시력을 잃게 됐으니 말이다.

전쟁 초기에는 트로이아의 전력이 더 강했다. 그리스 연합군의 전세가 불리해지자 오디세우스는 거대한 목마를 만들어서 항복의 증거인 양 트로이아의 왕 프리아모스를 찾아갔다. 트로이아 진영에서는 아폴론 신전의 사제인 라오콘이 트로이아 목마가 심상치 않다는 것을 간파하고 당장 목마를 부수어야 한다고 주장했지만 그리스 편이었던 포세이돈이 뱀 두 마리를 보내 라오콘과 두 아들을 죽였다. 라오콘이 사라지자 목마는 무사히 성 안으로 들어갈 수 있었고, 트로이아 사람들은 거대한 전리품을 보고 전쟁은 끝났다며 환호했다. 그날 밤 트로이아 사람들이 성내에서 축하주를 마시고 흥청망청 시간을 보내며 쓰러져 잠들어 있을 때 트로이아 목마 안에 숨어 있던 군인들이 쏟아져 나와 손쉽게 트로이아인들을 처치했다.

트로이아 전쟁에서 완패한 프리아모스 왕가는 모두 죽임을 당했다. 아프로디테가 약속한 미인을 얻게 된 파리스의 행운도 허망하리만치 짧게 끝나버렸다. 그게 다였다. 아무리 파리스가 헬레나와의 사랑을 이어가고 싶었다고 해도 그것은 신의 영역을 침범하는 것이므로 허락되지 않았다. 결국 헬레나도 붙잡혔는데, 메넬라오스는 헬레나를 죽이지 않고 스파르타로 데려가서 재결합했다. 목숨을 부지한 헬레나가 남편에게 다시 돌아가서 행복했는지는 알 수 없다. 어쩌면 이별도 사랑의 연장이라 믿으며 지나간 사랑은 봉인하는 것이 옳다고 판단했는지도 모른다. 사랑의 기억은 신화로 남기기로 작정하고 때때로 아프고 먹먹하고 그리워도 이별을 잘 간직하며 살기로 했는지도 모른다.

트로이아 전쟁이 실재했던 역사라고 보기는 어렵지만 그렇다고 역사적인 증거가 전혀 없는 것도 아니다. 많은 역사학자들이 트로이아 전쟁을 고증하기 위해 발굴과 탐사를 계속하고 있다. 터키에 있는 차낙칼레주의 고대 유적지에 가면 트로이아의 목마가 서있는데, 실제는 아니고 2004년에 개봉한 볼프강 페터젠 감독의 영화 <트로이*Troy*>를 위해 제작한 것이라고 한다.

그건 그렇고 의문이 하나 생긴다. 트로이아 전쟁의 시작은 테티스와 펠레우스의 결혼식을 혼란에 빠뜨렸던 황금사과이고, 트로이아 전쟁의 영웅은 아킬레우스인데 정작 아킬레우스는 테티스와 펠레우스의 아들이라니, 그렇다면 황금사과의 주인을 찾는 데 20년 이상 걸렸다는 것인지, 아니면 아프로디테가 파리스와의 약속을 지키는 데 10년 이상 걸렸다는 것인지, 뭔가 연대가 잘 맞지 않는다. 그렇지만 절대로 신들의 세계를 인간 잣대의 시간으로 재어서는 안 된다. 그저 그러려니 하는 너그러움을 장착하자.

#초대받지 못한 손님 #최초의 미인대회 #사랑에는 사랑이 없다
#트로이아 전쟁의 발단 #그리스 연합군 #제수씨를 돌려줘 #트로이아 목마
#잠복기능 #악성코드

2018년 아카데미 각색상을 받은 루카 구아다니노Luca Guadagnino(1971~)감독의 영화 <콜 미 바이 유어 네임Call Me by Your Name>의 주인공 올리버는 철학과 교수다. 그는 고대 철학자 헤라클레이토스Heraclitus of Ephesus(BC 535-BC 475)를 연구했는데, 헤라클레이토스는 "우리는 같은 강물에 두 번 발을 담글 수 없다"는 유명한 말을 남기며 만물이 변화함을 강조했다. 또한 끊임없이 타오르고 변화하는 불의 성질을 비유하여 세상을 구성하는 원질은 불이라고 주장하였다. 사랑의 본질도 생성되고 타오르고 소멸하는 불과 같은 것은 아닐까?

 그리스 연합군의 필록테테스 장군은 트로이아 전쟁중에 뱀에 물려서 렘노스섬에 잠시 남겨졌다가 뒤늦게 달려와 헤라클레스의 독화살로 파리스를 쏘았다. 파리스는 독화살을 맞은 뒤 목동 시절에 이다산에서 함께 지냈던 전처 오이오네를 찾아갔다. 오이오네는 강의 신 케브렌의 딸로 미래를 예견하고 치유하는 능력이 있었다. 파리스는 오이오네와의 사이에 코리토스라는 아들까지 두었지만 황금사과의 심판자로 헤르메스에게 이끌려 이다산을 떠난 후로 오이오네의 존재는 까맣게 잊고 지냈다. 오이오네는 파리스가 떠나갈 때 "당신이 혹시 다치게 되면 저를 찾아와야 합니다. 저만이 당신을 치료해줄 수 있어요"라고 말했다. 하지만 화살을 맞은 파리스가 찾아왔을 때는 매몰차게 대했고 막상 파리스가 죽자 애통해하다가 목을 매고 자살했다.

 정보통신에서의 트로이목마 바이러스Trojan Virus는 겉보기에는 정상적인 프로그램이지만 실행하면 시스템 방어망을 뚫고 들어가 컴퓨터를 장악하거나 손상을 가하는 악성코드의 하나이다. 트로이아 전쟁에서의 트로이아목마처럼 그 안에 악의적인 내용물을 숨긴 채 정상적인 프로그램인 것처럼 변장해서 사용자가 의심 없이 사용하게 만들기 때문에 엄밀히 말하면 바이러스는 아니다. 컴퓨터 바이러스는 숙주인 프로그램의 코드에 침입하여 잠복해 있다가 숙주를 사용해서 스스로를 퍼뜨리고 복제한다.

34. 트로이아 전쟁, 그것이 알고 싶다 II

테티스 • 아킬레우스 • 아가멤논 • 파리스 • 아이네이아스

올림포스 대축제인 테티스와 펠레우스의 결혼식이 성대하게 치러진 뒤 테티스는 아들을 낳고 리귀돈이라고 이름 지었다. 테티스는 영원히 죽지 않는 신이지만 펠레우스는 때가 되면 죽어야 하는 인간이니, 리귀돈에게는 죽을 운명이 반 정도 섞여 있는 셈이다. 리귀돈에게 영생불사의 몸을 주고 싶었던 테티스는 죽음의 그림자가 피해갈 수 있도록 남편 몰래 리귀돈을 스틱스강에 담갔다. 하지만 테티스가 스틱스강의 위력을 제대로 알고 있었다면 리귀돈의 몸에 강물을 꼼꼼하게 부어주었을 것을, 다소 경솔했는지 아니면 급한 마음에서였는지 리귀돈의 발뒤꿈치를 움켜잡은 채로 스틱스강에 담갔다가 건져냈다. 강물이 묻은 신체의 대부분이 영원히 죽지 않는 능력을 갖게 되었지만 손으로 붙잡고 있었던 발뒤꿈치만은 인간과 다름없었다.

뒤늦게 테티스의 행동을 알게 된 펠레우스는 아내를 나무랐다. 갓 태어난 아기를 거꾸로 잡고 자맥질을 시키다니, 비록 불사의 힘을 갖게 하려는 뜻이었으나 남편과 상의가 없었음은 노여웠다. 이유 있는 나무람이라 하더라도 가뜩이나 펠레우스가 마땅치 않았던 테티스는 이 부부싸움을 계기로 바다로 돌아가버렸다. 그때부터 리귀돈이라는 이름은 '입술에 엄마 젖이 한 번도 닿은 적이 없다'는 뜻을 가진 아킬

레우스로 바뀌었다. 펠레우스는 어린 아킬레우스를 혼자 돌보며 케이론에게 교육을 맡겨 그리스에서 싸움을 가장 잘 하는 청년으로 성장하는 것을 지켜보았다.

　어느 날 테티스는 미케네 출신의 예언자 칼카스로부터 "곧 트로이아 지역에서 발발할 전쟁에 아킬레우스가 참전하게 될 것이며 그 전쟁에서 죽게 될 것이다"라는 예언을 들었다. 필멸의 예언을 도저히 받아들일 수 없었던 테티스는 곧바로 아들을 스키로스의 왕 리코메데스에게 피신시켰다. 아킬레우스는 어머니의 요청대로 궁전에서 여장을 하고 공주들 사이에서 생활하였다.

　그리스 연합군의 총사령관 아가멤논은 아킬레우스를 소환하기 위해 오디세우스를 파견했다. 오디세우스는 리코메데스 궁전에 여장남자가 있다는 소문을 듣고 방물장수로 변장해서 찾아갔다. 방물장수의 보따리에는 온갖 화려한 장신구와 자수용품들이 있었고, 그중에는 엑스칼리버 못지않은 명검도 섞여 있었다. 공주와 시녀들이 눈빛을 반짝이며 희귀하고 아름다운 장신구를 탐하고 있을 때, 피라라는 여인이 유난히 칼에 관심을 가지는 것을 보고 오디세우스는 아킬레우스임을 단숨에 알아보았다.

　아킬레우스는 위장이 들통나고도 한참을 머뭇거렸지만 오디세우스의 설득에 못 이겨 트로이아 전쟁에 참여하기로 했다. 운명을 거스를 수 없다는 것을 안 테티스는 올림포스로 달려가 대장장이의 신 헤파이스토스에게 갑옷과 방패, 칼을 제작해 달라고 했다. 전쟁터에 나가는 아들에게 해줄 수 있는 최선이었다. 테티스를 마음에 두었던 포세이돈도 아킬레우스를 응원하며 발리오스와 크산토스라는 말이 끄는 전차를 보내주었다. 아킬레우스는 '병을 고치는 산'이라는 별명이 있는 펠리온산에서 물푸레나무를 꼬아 창을 만들어 옆에 찼다.

트로이아 전쟁이 본격적으로 치러졌고 아킬레우스는 명성을 떨치며 그리스 연합군에서 없어서는 안 될 존재가 되었다. 전쟁이 한창일 때 그리스 연합군이 트로이아의 우방인 크리세를 점령하면서 아가멤논은 아폴론 신전의 사제인 크리세스의 딸 크리세이스를 전리품으로, 아킬레우스는 여인 브리세이스를 전리품으로 차지했다. 아폴론 신전 사제의 딸이 전리품이 되자 아폴론은 분노하여 그리스 연합군 진영에 역병이 돌게 만들었다. 하는 수 없이 아가멤논은 크리세이스를 다시 크리세스에게 돌려주고 그 대신 아킬레우스가 차지했던 브리세이스를 빼앗았다. 명분도 아량도 없는 아가멤논의 행태가 다소 실망스럽다. 그에게서 감정보다는 이성을, 욕심보다는 배려를, 주저보다는 용기를 기대하기는 어려운 것 같다.

아킬레우스는 트로이아 전쟁에서 처음에는 맹활약을 했으나 아가멤논에게 브리세이스를 빼앗긴 후부터는 전장에 나가기를 거부했다. 사랑이라는 감정은 없을 것 같은 아킬레우스가 전리품으로 얻은 트로이아 여인에게 마음을 빼앗겨 고뇌하고 칩거하는 모습은 영화 <트로이>에서 브래드 피트의 열연으로 설득력 있게 다가온다. 물론 여심을 흔들어놓은 미남 배우의 힘이겠지만 말이다.

아킬레우스가 빠진 그리스 연합군이 계속 싸움에서 패하자 아가멤논은 특사를 보내어 아킬레우스의 마음을 돌리려고 했지만 소용이 없었다. 그러자 아킬레우스의 절친인 파트로클로스가 아킬레우스의 갑옷을 입고 아킬레우스인 척 행세하며 싸움터로 나갔다. 트로이아 병사들은 아킬레우스의 갑옷만 보아도 지레 겁을 먹고 달아났다. 이 때문에 트로이아 진영의 전력이 무너지자 프리아모스왕의 맏아들 헥토르가 직접 나서서 아킬레우스에게 일대일 결투를 제안했다. 파트로클로스는 자신이 활약할 수 있었던 것이 아킬레우스 갑옷의 위력이 아니라 자신의 실력이라고 착각하고 헥토르의 도전에 응했다. 하지만 그 앞에서 칼 한 번 제대로 휘두르지 못하고 맥없이 쓰러졌다.

파트로클로스가 전사하자 아킬레우스는 분노의 반격을 준비했다. 헤파이스토스는 더 강력해진 갑옷과 투구와 창을 만들어 주었고, 새로운 군복을 갖추어 입은 아킬레우스는 단숨에 트로이아로 달려갔다. 아킬레우스가 찌른 창은 상대가 피할 틈을 주지 않았고 결국 헥토르는 쓰러졌다. 그러고도 분이 풀리지 않은 아킬레우스는 헥토르의 시신을 마차에 매달고 트로이아 성 주변을 돌면서 트로이아 사람들을 조롱했다. 헥토르의 어머니 헤카베는 아들을 죽인 아킬레우스의 간을 씹어먹고 싶다고 말할 정도로 분노했다. 하지만 프리아모스 왕은 아킬레우스의 막사를 찾아와 아들의 장례를 치를 수 있도록 시신만큼은 돌려달라고 간곡하게 요청했다. 아킬레우스는 프리아모스의 간청에 마음이 약해져서 시신을 내어주고 장례가 치러지는 동안 휴전을 선포했다.

트로이아 전쟁을 다룬 영화가 더러 있었지만 페터젠 감독의 <트로

알렉산더 안드레예비치 이바노프 <헥토르의 시체를 돌려달라고 간청하는 프리아모스왕> 1824

이>는 호메로스의 <일리아스>를 꽤 충실하게 반영한 작품이다. 특히 아킬레우스와 맞서 싸우다 죽은 헥토르의 시체를 되돌려받기 위해 프리아모스가 적진에 찾아가 자식을 잃은 아비의 심경을 토로하는 장면에서는 고귀한 부성애를 느낄 수 있다. 운명을 거스를 수는 없지만 천륜까지 무시할 수는 없는 일이다.

　헥토르의 장례식이 끝나자마자 전쟁은 재개되었다. 트로이아 군대는 헥토르를 대신하여 파리스가 사령탑이 되어 전쟁을 지휘했다. 천하무적 아킬레우스가 다시 전의를 다지긴 했지만 트로이아 군대는 약체가 아니었다. 아킬레우스는 오디세우스와 함께 마지막 진군을 위해 트로이아 성 안으로 정탐하러 갔다. 그런데 그곳에서 그만 트로이아의 공주 폴릭세네와 마주쳤고 운명 같은 사랑에 빠졌다. 전쟁 속에서도 사랑은 꽃피기 마련이지만 이것은 운명의 장난인가? 서로 창과 활을 맞대야 하는 상대국 공주와의 사랑이라니.

　무뚝뚝하지만 진실한 마음을 전하는 아킬레우스에게 폴릭세네는 자신을 정말 사랑한다면 다음 날 트로이아 근처 팀블레에 있는 아폴론 신전으로 나오라고 했다. 말은 그렇게 했지만 아킬레우스가 나올지, 자신도 그 자리에 나가야 할지 종잡을 수 없었던 폴릭세네는 거부할 수 없는 사랑에 괴로워하다가 오빠인 파리스에게 이런 마음을 털어놓았다. 파리스는 묘한 표정을 지으며 틀림없이 아킬레우스가 나올 것이니 나가보라고 했다. 아킬레우스 역시 그리스 연합군의 진영으로 돌아가 오디세우스와 아이아스 장군에게 폴릭세네에 대한 마음을 고백했다. 하지만 그들은 적국의 공주를 사랑하는 일은 절대 있을 수 없다며 아폴론 신전 근처에도 가지 말라고 결사반대했다.

　날이 밝자 아킬레우스는 아군의 충고에도 불구하고 자석에 이끌리듯 아폴론 신전으로 나갔다. 신전 뒤에서 아킬레우스가 나타나길 기다리던 파리스는 그가 나타나자마자 화살을 날렸고, 하필이면 발뒤꿈치에 화살을 맞은 아킬레우스는 칼카스의 예언대로 트로이아에서 죽음을 맞이했다. 아들이 화살을 맞았다는 소식을 들은 테티스는 제우스에게 아킬레우스를 살려달라고 부탁했지만 허락되지 않았다. 게다가 아들의 전사 소식을 들은 펠레우스는 삶의 의욕을 잃고 거의 폐인이 될 지경이었다. 남편을 못마땅하게 생각하고 소원하게 지냈던 테티스는 펠레우스가 상심하여 고립되어 있자 옛정을 생각해서 바다로 불렀다. 바다는 테티스의 거처였고, 그곳에서 펠레우스는 남은 인생을 테티스와 함께했다.

명장 아킬레우스를 잃긴 했지만 전쟁은 그리스 연합군의 승리로 돌아갔고, 트로이아의 프리아모스 일가는 모두 몰살당했다. 프리아모스왕의 아내 헤카베는 오디세우스에게, 카산드라 공주는 아가멤논에게, 헥토르의 아내 안드로마케는 아킬레우스의 아들 네오프톨레모스에게 전리품으로 바쳐졌다. 또한 헥토르의 아들 아스티아낙스는 트로이아 성탑 꼭대기에서 내던져 죽임을 당했고, 폴릭세네 공주는 아킬레우스 무덤의 제물로 바쳐졌다. 유일하게 남은 트로이아 왕족인 아이네이아스는 트로이아를 응원하던 아프로디테의 비호를 받아 트로이아를 탈출하여 이탈리아 반도로 피신했다. 아이네이아스의 후손들은 이탈리아에서 로마를 건설했다.

여기서 잠깐 로마 건국신화를 들여다보자. 아이네이아스는 아프로디테와 트로이아인 안키세스의 아들이다. 트로이아 전쟁에서 패하여 아버지 안키세스와 아들 율루스와 함께 삼대가 트로이아를 떠났다. 아이네이아스는 맨 처음 카르타고에 도착하여 디도 여왕의 환대를 받아 7년을 함께 지냈다. 하지만 카르타고에서 정착하지 못하고 그곳을 떠나 이탈리아의 라티움에 상륙하였다. 라티움은 라티누스왕이 다스리고 있었는데, 아이네이아스는 라비니아 공주와 사랑에 빠져 결혼해서 라비니움이라는 새로운 도시를 건설하고 왕이 되었다.

아이네이아스와 라비니아 사이에 태어난 실비우스는 알비누스 호숫가에 알바롱가를 세우고 대대손손 도시를 잘 다스렸다. 하지만 13대에 이르렀을 때, 프로카스왕의 두 아들 누미토르와 아물리우스는 사이가 좋지 않았다. 권력을 빼앗고 14대 왕이 된 아물리우스는 누미토르의 딸 레아 실비아를 화로의 여신 베스타(헤스티아)의 여사제로 만들어 평생 독신으로 살게 했다. 하지만 전쟁의 신 마르스(아레스)는 실비아와 사랑에 빠져 쌍둥이 아들 로물루스와 레무스를 낳았다. 이 사실을 알게 된 아물리우스는 신하에게 쌍둥이를 테베레강에 던져 죽이도록 했으나 실비아가 몰래 아기들을 바구니에 담아 강에 흘려보냈고 마르스의 보호 아래 쌍둥이는 강물을 따라 안전하게 떠내려갔다. 바구니가 팔라티노 언덕까지 다다르자 늑대가 나타나 쌍둥이에게 젖을 물리고, 딱따구리가 먹을 것을 날라다 주었다. 훗날 자신들의 탄생의 비밀을 알게 된 쌍둥이 형제는 아물리우스를 죽이고 외할아버지 누미토르의 왕권을 복위시켰다. 이후 로물루스와 레무스는 도시를 분할 통치했지만 평화롭지는 않아서 둘은 서로 반목하게 되고 권력 싸움을 벌였다. 결국 형인 로물루스가 동생 레무스를 죽이고 도시의 주도권을 장악한 후 자신의 이름을 따서 로마라고 했고 기원전 753년에 로마 건국의 시조가 되었다.

#아킬레스건 #부먹이냐 찍먹이냐 #담갔어야 했는데 #전쟁속에도 사랑은 꽃핀다
#아킬레우스의 약점 #브래드 피트 #그것이 알고 싶다 로마 #로물루스 레무스
#늑대의 젖

아킬레우스는 입술chileus에 부정접두어a를 붙여서 만들어진 이름이다. 신체기관을 뜻하는 단어에 itis가 붙으면 염증을 의미하게 되는데 입술에 염증이 생기면 입술염증cheilitis이다. 단순입술염증cheilitis simplex은 흔한 편이고, 입술염증의 발생 원인이 알레르기이면 알레르기성 입술염증allergic cheilitis이다. 입술에 생기는 종양은 입술암cheilocarcinoma, 흔하진 않지만 태어날 때부터 상하입술이 서로 붙어 있는 상태를 입술융합(구순유착증 syncheilia)이라고 한다.

우리 몸에서 발목 뒤의 가장 굵은 힘줄을 아킬레스건achilles tendon이라고 한다. 아킬레스건은 종아리의 근육을 뒤꿈치 뼈와 이어줌으로써 무릎을 지탱해 보행을 가능하게 한다. 일반적으로 '아킬레스건'이라고 하면 치명적인 약점이나 급소라는 의미로 통용된다.

아킬레우스가 죽고 나서 갑옷과 투구와 창은 누구의 차지가 되었을까? 오디세우스와 아이아스 장군은 서로 아킬레우스의 전투복을 가지겠다고 싸움을 벌였고 결국 오디세우스가 가져갔다. 이를 승복하기 어려웠던 아이아스는 밤에 몰래 오디세우스의 막사로 침입했다. 그 순간 아이아스는 착각을 일으켜서 소와 양떼머리를 오디세우스와 그 병사들로 오해하고 한바탕 칼부림을 벌였다. 정신이 들어 자기가 저지른 일을 보고는 수치스러움에 그 자리에서 자결했는데 그곳에서 히아신스가 피어났다. 아폴론이 사랑한 히아킨토스가 죽으며 흘린 피에서 피어난 꽃도 히아신스다.

아테네 사람인 아카데모스는 아티카의 영웅으로 트로이아 전쟁에서 활약했다. 아테네에서는 아카데모스를 기념하기 위해 아테네의 동북쪽에 건물을 짓고 아카데모스의 숲이라는 뜻의 아카데미아Academia를 지었다. 아카데미아는 매우 신성한 곳으로 철학자 플라톤은 기원전 387년에 아카데미아를 설립하고 제자들을 가르쳤다. 그러다보니 플라톤학파를 아카데미아학파라고도 부른다. 훗날 예술이나 신학 등을 연구하는 회합을 아카데미Academy라고 한다.

35. 집으로 가는 길은 멈출 수 없다

오디세우스 • 페넬로페 • 폴리페모스 • 칼립소 • 세이레네스

대중의 사랑을 받는 위대한 작가가 신비주의나 음모설로 포장되는 일이 종종 있다. 영국의 윌리엄 셰익스피어는 여러 증거자료가 있음에도 불구하고 과연 실존했는가에 대한 논란이, 미국의 스티븐 킹은 그 많은 초자연적이고 환상적인 공포소설들을 실제 그가 모두 썼는가에 대한 의구심이 반복하여 제기된다. 고대 작가 중에는 호메로스가 그 논쟁의 중심에 있다. 실존 인물이 아니라거나, 한 명이 아니라 여러 명이라거나, 여자라거나, 눈 먼 유랑 시인이라는 설 등이다. 호메로스의 대표적인 작품은 <일리아스>와 <오디세이아>이다. 장엄한 대서사시를 완독하겠다는 의욕 하나만으로 책읽기에 도전한다면 몇 장을 넘기지 못하고 이내 포기하게 될 것이다. 왜냐하면 당시 그리스인들에겐 이미 익숙한 이야기인지라 신들에 대해 일일이 묘사하지도 않고 배경설명에도 인색했기 때문이다. 그러니 호기로움은 이내 사라지고 지루함과 인내심 사이를 오락가락하게 될 것이다. 하지만 그리스 신화의 풍미를 제대로 느끼고 싶다면 일독을 권한다.

<일리아스>는 다름 아닌 트로이아 전쟁 이야기다. 서울의 옛 이름이 한양인 것처럼 일리아드*Illiad*가 트로이아의 옛 이름인 것을 안다면 제목의 의미를 쉽게 알 수 있다.

예언자 칼카스는 새끼 여덟 마리가 있는 참새 둥지에 뱀이 접근해서 새끼 참새를 모두 잡아먹고 아홉 번째로 어미 참새를 잡아먹는 것을 보고 "트로이아가 9년을 버티겠지만 10년째는 반드시 함락될 것"이라는 예언을 남겼다. 칼카스의 예언대로 트로이아 전쟁은 10년간 치러졌고 호메로스는 <일리아스>에서 10년간의 트로이아 전쟁을 다루었다.

한편, <오디세이아>는 불세출의 영웅 오디세우스가 트로이아 전쟁을 끝내고 당시에 세상의 끝으로 알려진 지브롤터 해협까지 방랑하다가 이타카의 집으로 돌아가는 10년간의 기록이다. 호메로스가 오디세우스를 먼 길을 돌아 모험을 지속하게 한 것은, 철학자 플라톤에 훨씬 앞서서 "인생을 성찰하고 깨닫기 위해서는 여행을 해야 한다"는 주장을 펼친 것이리라.

오디세우스도 처음에는 아킬레우스처럼 트로이아 전쟁에 참전하지 않으려고 꾀를 부렸다. 왜냐하면 스파르타의 공주 페넬로페와 결혼하여 이제 막 아들을 낳고 이타카에서 알콩달콩 살아가던 중인데다 전쟁에 나가면 20년 동안 집에 돌아오지 못한다는 예언을 들었기 때문이다. 처자식을 돌보며 고향에 남고 싶었던 오디세우스는 자신의 참전을 종용하러 그리스의 노장 네스토르가 오고 있다는 소식을 듣고는 밭고랑에 소금을 뿌리며 미친 것처럼 연기했다. 하지만 오디세우스가 있어야 트로이아 전쟁에서 승리한다는 예언 때문에 네스토르는 집요했다. 그는 오디세우스를 시험하기 위해 페넬로페가 안고 있는 오디세우스의 2세 텔레마코스를 받아 안고 밭고랑에 내려놓았다. 오디세우스는 놀라지 않은 체했지만, 쟁기를 맨 당나귀가 아들을 해치지 않도록 조심스럽게 조종하는 바람에 미친 행세는 들통이 나고, 더 이상 전쟁 불참의 명분을 찾지 못했다. 결국 오디세우스는 트로이아로 떠나며 이타카섬의 통치와 텔레마코스의 교육을 지혜로운 인간 멘토르*Mentor*에게 맡겼다. 아테나는 20년이 지나도록 전쟁에서 돌아오지 않는 아버지를 초조하게 기다리는 텔레마코스 앞에 멘토르의 모습으로 나타나 따뜻한 조언을 해주기도 했다.

운명을 거스르기는 불가능하다. 하릴없이 트로이아 전쟁에 참전하게 된 오디세우스는 트로이아 목마를 고안해내며 높은 전략과 전술로 그리스 연합군을 승리로 이끌었다. 하지만 전쟁이 끝난 뒤 오디세우스가 집으로 돌아가는 길은 평탄치 않았다. 오디세우스가 귀향을 시작한 지 얼마 되지 않아 한 섬에 도착했는데 그곳에서 엄청나게 큰 발자국을 발견했다. 호기심이 발동한 오디세우스와 병사들은 발자국을 따라가다가 그만 외눈박이 거인 키클롭스 종족인 폴리페모스의 동굴에 갇히게 되었다.

폴리페모스는 포세이돈의 아들로 바다의 님프인 갈라테이아를 짝사랑하다 실연당한 뒤 양을 치며 동굴에서 은둔하며 살고 있던 처지였다. 폴리페모스는 제 발로 걸어 들어온 오디세우스의 병사들을 가두었다. 오디세우스는 폴리페모스에게 잡혔을 때 자신의 이름을 우티스*Utis*라고 알려줬는데, 우티스는 '아무도 아닌*no one*'이라는 뜻이다. 폴리페모스는 아침에 동굴 밖으로 나가면서 문을 닫아버리고, 오후에 돌아와 병사들을 하나씩 잡아먹었다.

오디세우스는 폴리페모스를 처치하고 탈출할 계획을 세워야 했다. 그는 우선 커다란 막대를 날카롭게 깎아두었다. 폴리페모스가 돌아와 포도주를 마시고 거나하게 취해 잠들자 오디세우스는 깎아둔 막대로 폴리페모스의 눈을 찔렀다. 하나밖에 없는 눈을 찔려버린 폴리페모스가 눈을 부여잡고 "우티스가 날 죽인다*No one kills me*"며 고통스러워했다. 폴리페모스의 비명을 듣고 근처에 살던 키클롭스들이 와서 도와주려고 했지만 가까이 와서 들어보니 "아무도 날 죽이지 않는다"는 내용인지라 머쓱해하며 돌아갔다. 결국 누구의 도움도 받지 못하고 앞을 못 보게 된 폴리페모스는 오디세우스 일행이 도망가지 못하도록 애를 썼지만 그들은 꾀를 부려 폴리페모스가 양을 치러 나갈 때 양의 배 밑에 매달려 무사히 동굴에서 빠져나갔다. 그리하여 아들 폴리페모스가 낭패를 당한 사건에 화가 난 포세이돈은 오디세우스의 귀향을 순탄치 않게 만들었다.

크고 작은 모험을 치른 오디세우스는 귀향 도중 7년을 지중해 서쪽 오기기아섬에서 칼립소와 보냈다. 칼립소는 오디세우스에게 반해 그를 불사신으로 만들어 주겠다며 붙들어 두고는 트로이아 전쟁 이야기를 해달라며 졸라댔다. 오디세우스는 매일매일 새로운 이야기를 들려주었다. <천일야화>도 3년 남짓이면 끝나는데 7년의 세월이 걸렸으니 오디세우스는 세헤라자데보다 더 대단한 이야기꾼인 것 같다.

어느 날 오디세우스가 해변에 커다란 막대기로 지도를 그리고 많은 지명과 영웅들의 이름을 써가며 모험담을 펼치는 중에 커다란 파도가 와서 모래 위를 휩쓸고 가자 칼립소가 이렇게 이야기했다. "위대한 이름들을 단숨에 휩쓸어가는 저 거친 파도가 당신에게는 호의적일까요?" 이는 계속해서 포세이돈의 방해가 있을 것이라는 복선이기도 하고, 영웅의 명예라는 것도 거친 파도에 지워지는 이름처럼 한낱 부질없음을 역설하는 것이기도 하다.

칼립소와 헤어져 세이렌의 무리인 세이레네스가 있는 곳을 지날 때의 이야기는 오디세우스의 모험 중에 가장 많이 회자된다. 커피 전문점 스타벅스 로고에 박힌 세이렌은 인어의 이미지이지만 오디세우스가 만난 세이레네스는 상반신은 여자, 하반신은 새의 모습을 하고 있다. 죽은 사람의 영혼을 데리고 가는 바람의 요정인 하르피이아이처럼 세이레네스도 사람들을 죽음으로 이끈다는 점이 비슷하다고 생각하여 하르피이아이와 같은 반인반조半人半鳥의 모습으로 여겼다. 오비디우스의 <변신 이야기>에 따르면 원래 세이레네스는 페르세포네의 요정 친구인데, 페르세포네가 하데스에게 납치당할 때 그녀를 구하지는 못할지언정 페르세포네 납치 사건을 떠벌리고 다닌 탓에 데메테르 여신의 저주를 받아 반인반조의 모습을 하게 되었다. 후대에는 반인반어半人半魚의 모습으로 바뀌었는데 세이레네스가 뱃사람들을 곤경에 빠뜨리다 보니 인어의 이미지가 더 어울린다고 생각했던 것 같다.

동양의 인어는 아름다운 여인이 아니라 투박한 아저씨다. 중국의 신화집 <산해경>에 나오는 인어 아저씨들은 바닷속에서 비단을 짜서 지상에 올라와 팔아 생계를 이어간다. 인어는 비단을 파는 동안 주막에서 며칠을 지내는데 숙박비는 그들의 눈물인 진주다. 이런 생활밀착형 동양신화와는 달리 서양의 세이레네스는 고약하고 폭력적이다.

세이레네스가 사는 지중해의 한 섬을 지나가야 했던 오디세우스는 키르케의 도움을 받았다. 키르케는 태양의 신 헬리오스의 딸이자

존 윌리엄 워터하우스 <오디세우스와 세이레네스> 1891

메데이아의 고모인데, 마법을 부리는 재주가 뛰어나고 약초를 잘 다루었다. 키르케는 특히 사람을 동물로 잘 변신시켰는데, 유독 오디세우스에게는 변신술이 뜻대로 먹히지 않자, 오히려 그런 그에게 매료되어 함께 살았다. 어느덧 1년이 훌쩍 지나서 오디세우스가 키르케와의 살림을 접고 다시 길을 떠나게 되었을 때 키르케는 세이레네스를 조심하라고 일러주었다. 오디세우스 일행이 세이레네스섬 가까이 이르자 키르케의 조언대로 선원들에게는 밀랍으로 귀를 막게 하고 자신은 돛대에 꽁꽁 묶게 했다. 선원들은 귀를 막은 채 힘차게 노를 저었고, 오디세우스는 세이레네스의 노랫소리에 바다로 뛰어들고 싶어 몸부림쳤지만 몸이 돛대에 묶여 있는 덕분에 무사히 그 섬을 지나갈 수 있었다.

그런데 프란츠 카프카는 <사이렌의 침묵*Das Schweigen der Sirenen*>이라고 알려진 텍스트에서 이 상황을 조금 비틀었다. 선원들뿐만 아니라 오디세우스 자신도 밀랍으로 귀를 막았지만 정작 세이레네스는 노래하지 않았다는 것이다. 마치 작곡가 존 케이지의 작품 <4분33초>가 연주시간 동안 어떤 연주도 하지 않는 것처럼 세이레네스는 노래보다 더 무서운 무기인 침묵으로 맞섰다는 것이다. 아방가르드 작곡가로 알려진 존 케이지는 침묵 속에서 들려오는 온갖 우연한 소리들이 모두 연주가 될 수 있다는 것을 알리려는 의도였으나, 위대한 작가 카프카는 고요함 속에서 바깥의 소리가 아닌 자기 마음의 소리를 들어야 한다는 메시지를 전달하려던 것은 아닐까 유추해본다.

세이레네스의 노래가 들린다고 착각하고 몸을 뒤틀며 괴로워하는 오디세우스를 침묵의 비웃음으로 지켜보는 세이레네스가 교활했는지, 아니면 세이레네스를 교란하기 위해 오디세우스가 환청에 괴로워하는 체했는지 카프카 자신도 명확하게 설명하지는 않았지만, 사람들은 노래나 침묵보다는 자신이 만든 허상에 지배받는다는 것을 말하고 싫었던 것은 아닐까? 아무리 감미로운 노래로 유혹하더라도 거기에 숨겨진 의도와 정보를 정확하게 분석한다면 미망에 빠지지 않을 수 있다. 오디세우스가 인간을 자멸시키려는 세이레네스의 의도를 알았다면 세이레네스가 노래를 부르든 침묵을 하든 동요하지 않았을 것이다. 여하간 밀랍 귀마개라는 단순한 장치로 세이레네스의 섬을 무사히 지나고 오디세우스의 명성도 지켰으니 참으로 다행이다.

스타벅스가 회사 로고에 세이렌을 새겨넣은 것은 사람들이 세이렌의 노랫소리에 유혹되듯이 커피향을 맡으면 도저히 그냥 지나치지 못하도록 하려는 의도이리라. 현대의 사이렌siren은 응급상황을 알리기 위한 음향장치이다. 사이렌을 울리며 달려가는 구급차에게는 반드시 길을 비켜주어야 한다. 이때의 경보는 생명을 앗아가려는 것이 아니라 생명을 살리기 위함임을 잊지 말자.

오디세우스의 집에서는 아름다운 아내 페넬로페가 기다리고 있었다. 오디세우스는 그 전에 헬레나에게 청혼했지만 메넬라오스에게 밀려서 페넬로페와 결혼했다. 결과만 보자면 메넬라오스보다는 결혼을 잘 한 편이다. 헬레나는 메넬라오스를 버리고 파리스를 따라 트로이아로 갔지만 페넬로페는 20년 동안 남편을 기다린 조강지처이니 말이다. 심지어 남편의 부재를 틈타 호시탐탐 페넬로페를 빼앗으려는 자들이 몰려들 때마다 아버지의 수의를 짜느라 시간이 없다는 핑계를 대며 낮에는 수의를 짜고 밤에는 낮 동안 짠 수의를 도로 풀어내면서 모든 구혼자들을 떨쳐냈다. 쉬지 않고 일을 하는데도 끝나지 않는 일을 '페넬로페의 베짜기'라고 할 정도로 그녀는 영원히 이루어질 것 같지 않은 기다림의 시간을 버텼다.

오디세우스는 걸인 행색으로 돌아온 <춘향전>의 이도령처럼 초라한 노인으로 변장하여 이타카 왕궁으로 돌아왔다. 그날은 마침 페넬로페가 구혼자 중에 누군가를 선택하기로 한 날이었다. 더 이상 청혼을 거절할 수 없었던 페넬로페는 궁여지책으로 오디세우스가 남기고 간 화살로 열두 개의 도끼 자루에 구멍을 꿰뚫는 사람을 남편으로 맞이하겠다고 공지했던 것이다. 경기가 시작되고 모두가 숨을 죽인 가운데 참석자들이 도전자들의 궁술을 지켜보았지만 누구도 그 과업을 해내지 못했다. 그런데 금방이라도 쓰러질 것 같은 쇠약한 남자가 노구의 몸을 이끌고 나타나 활에 시위를 걸어 열두 개의 구멍을 뚫었다. 하지만 여전히 우승자가 오디세우스임을 알아보지 못한 페넬로페는 마지막으로 자기 침실의 침대를 옮기라고 주문했다. 오디세우스는 그 말을 듣고 "무슨 말씀이시오, 그 침대는 옮길 수 없지 않소"라고 대답했다. 사실 침대는 그들의 신혼침대로 성안에 자란 올리브 나무를 베지 않고 그 자리에다 만든 것이다. 이로써 오디세우스와 페넬로페와 아들 텔레마코스는 20년 만에 감격적인 가족 상봉을 했다.

　페넬로페는 불륜과 치정이 난무하는 그리스 신화에서 보기 드문, 조선시대에나 있었음직한 일부종사 아녀자의 모범이다. 그런데 정말 그러할까? 마가렛 애트우드는 <페넬로피아드>라는 작품에서 전혀 새로운 페넬로페의 목소리를 담았다. 행동하는 여성주의자답게 그녀는 오디세우스를 집 밖으로 도는 호색한이자 이기적인 작자로, 페넬로페는 외아들을 돌보며 시집살이를 하면서 끊임없이 남편을 의심하고 매번 구애자들에게 마음이 흔들리는 현실 여성으로 그렸다. 페미니스트 작가의 신화 비틀기는 부조리 작가인 카프카의 신화 비틀기보다 아슬아슬하지만 현대의 시각으로 재해석하는 시도가 매우 유쾌하다.

#누가 찔렀는지 안 알라줌　#스타벅스 커피　#사이렌이 울리면 비켜주세요
#사이렌의 침묵　#프란츠 카프카　#4분33초　#존 케이지　#페넬로페의 베짜기
#올리브나무침대　#20년의 기다림　#페넬로피아드

전설의 섬 오기기아에 숨어 지내던 칼립소는 7년 동안 오디세우스를 오기기아섬에 가두었다. 칼립소*Calypso*는 '숨기는 자, 감추는 자'라는 뜻인데 숨겨진*crypto*이라는 어근이 포함되면 잠복감염*cryptogenic infection*이나 잠복고환*cryptorchid*라는 단어를 만들 수 있다. 잠복고환은 사내아이가 태어났을 때 고환이 음낭으로 내려와 있지 않은 상태를 말하는데 자연회복되지 않으면 수술을 받아야 한다.

사이렌은 화재나 도난, 혹은 경보를 알리기 위해 공기구멍이 뚫린 원판을 빠른 속도로 돌려 공기의 진동으로 날카로운 소리를 내는 음향장치이다. 구급차의 사이렌은 요즘은 녹음된 소리를 재생하는 전자사이렌으로 대체되었다. 구급차의 정면엔 AMBULANCE를 거울에 비춘 것처럼 좌우 반전되어 적혀 있는데 이것은 앞차가 뒤에 오는 구급차를 쉽게 알아보기 위해서이다.

스타벅*Starbuck*은 허먼 멜빌*Herman Melville*(1819-1891)의 소설 <모비딕>에 등장하는 일등항해사의 이름이다. 열정적이면서도 신중했던 그는 매일 아침 커피 한 잔을 마시면서 하루를 시작했다. 한편 허먼 멜빌은 소설 <필경사 바틀비>에서 스타벅과 정반대 인물인 바틀비를 소개했다. 바틀비는 말단 사무직 노동자로 사장의 지시를 거절하고 도무지 일을 하지 않다 결국 무력하게 죽은 인물이다.

고향으로 돌아가던 오디세우스가 겪은 또 다른 모험담 중 하나는 아이아이에라는 섬에서 벌어졌다. 오디세우스는 인육을 먹는 거인 라이스트리고네스족의 공격을 받아 가지고 있던 12척의 배 중 11척이 침몰되고 오디세우스 배만 겨우 빠져나와 아이아이에라는 섬에 도착했다. 그 섬에는 헬리오스의 딸이자 메데이아의 고모인 키르케가 살고 있었는데, 키르케는 약초를 잘 다루고 마법의 지팡이로 사람을 짐승으로 변신시키는 재주가 있었다. 키르케는 무단으로 섬에 들어온 오디세우스 부하들을 돼지로 만들었고, 오디세우스는 그 부하들을 구해냈다.

36. 다 이해할 수 없어도 가족이다

아가멤논 • 클리타임네스트라 • 엘렉트라 • 오레스테스

"행복한 가정은 대개 모습이 비슷하고, 불행한 가정은 제각각 다른
이유로 불행을 안고 있다."

톨스토이의 <안나 카레니나>의 첫 문장은 행복한 가정은 고만고
만한 행복을 누리지만 불행한 가정은 나름의 불행한 이유가 있음을
직시한다. 물론 행복해 보이는 가정도 들여다보면 한두 조각 불행의
꼭지가 있기 마련이다. 완전한 행복도 완전한 불행도 없이 행복과 불
행이 공존하는 게 인생이다. 하지만 그리스 연합군의 총사령관으로,
미케네의 왕으로 남부러울 것 없는 아가멤논 가정에 휘몰아친 비극
의 전후사정을 명확하게 파악하기 전까지는 불행에 대한 자신의 판
단을 유보해 두기 바란다. 트로이아 전쟁이 치러지는 동안 지고지순
하게 남편을 기다린 페넬로페와 달리 남편이 비명횡사하기를 바라거
나 돌아오더라도 가만두지 않겠다며 비수를 준비한 클리타임네스트
라의 사랑과 전쟁의 서사이니 말이다.

레다의 알에서 태어난 클리타임네스트라와 아가멤논의 결혼은 처
음부터 순탄치 않았다. 클리타임네스트라는 이미 사촌인 탄탈로스와
결혼하여 아들까지 두고 있었지만 아가멤논은 아름다운 클리타임네
스트라와 결혼하기 위해 탄탈로스와 그 아들을 죽였다. 이쯤 되면 아

내와의 시간을 소중하게 여길 법도 하건만 아가멤논은 가정보다는 군대가 우선인지라 집에 들어오는 일이 거의 없었다. 클리타임네스트라는 아가멤논과의 사이에서 태어난 이피게네이아, 엘렉트라, 오레스테스 남매의 독박육아를 감당하며 하루하루 살아갔다. 그렇지만 클리타임네스트라의 인내심을 넘어서는 일이 발생했다.

아가멤논이 트로이아 원정길에 나서려고 군대를 꾸릴 때 바람이 전혀 불지 않아 배를 띄울 수가 없어 아울리스항에 오랫동안 묶여 있었다. 아가멤논은 기풍제祈風祭를 지내기 위해 예언자 칼카스를 불렀고, 칼카스는 다음과 같이 일러주었다.

"바람이 불지 않는 이유는 아가멤논왕이 언젠가 아르테미스 여신이 아끼는 사슴을 죽여서 여신이 분노한 탓입니다. 여신의 화를 누그러뜨리기 위해서는 젊은 처녀를 제물로 바쳐야 합니다. 신분이 천한 여인은 효용이 없고 귀한 신분의 자녀여야 합니다."

아가멤논은 아내와 상의 없이 자신의 맏딸 이피게네이아를 제물로 바치기로 했다. 상의를 한들 어떤 아내가 딸을 제물로 바치자고 할 것인가? 궁여지책으로 아가멤논은 아내에게 당시 가장 주가를 날리던 아킬레우스와 맏딸을 결혼시키기로 했다고 거짓말을 했다. 남편을 의심치 않았던 클리타임네스트라는 마음에 꼭 드는 사윗감인지라 한껏 들뜬 상태로 이피게네이아를 꽃단장해서 약혼식장에 데려갔다. 하지만 도착한 장소에 예비사위는 보이지 않고, 불이 피워진 제단만 눈에 띄었다. 혼비백산한 클리타임네스트라와는 달리 이피게네이아는 결연한 자세로 자신의 운명을 받아들였다. 담담하게 제단에 오른 이피게네이아를 보자 아르테미스는 흡족해 하며 인신공물을 대신할 사슴 한 마리를 내려주었다. 그리고 흑해 연안의 타우리스섬으로 이피게네이아를 데리고 가서 자신의 여사제로 삼았다. 이피게네이아가 제물이 되지는 않았지만 결국 딸을 잃은 어머니의 입장에서는 남편이 고울 리가 없다.

아가멤논은 한 술 더 떠서 트로이아 전쟁이 끝나자 전리품으로 카산드라를 데려왔다. 카산드라는 트로이아왕 프리아모스의 딸인데 무척 아름다운데다 예언의 능력이 있지만 사실 효력은 없다. 카산드라가 예언의 효력을 상실하게 된 사연은 이랬다. 아폴론이 카산드라에게 반해 끊임없이 사랑을 고백했으나 받아들여지지 않자 그녀에게 미래를 알 수 있는 예언의 능력을 선물로 주면서 자신의 사랑을 받아달라고 간청했다. 그런데 카산드라는 선물만 받고는 아폴론의 사랑은 무시했다. 이에 아폴론은 그녀 얼굴에 저주 섞인 침을 뱉었고 이후 사람들은 카산드라의 어떤 예언도 믿지 않게 되었다. 카산드라는 아가멤논에게 전쟁을 마치고 집으로 돌아가면 부인에게 죽임을 당할 것이라고 알려주었지만, 이미 신뢰가 사라진 예언이었다.

트로이아 전쟁이 끝나고 의기양양하게 귀향하는 아가멤논을 보고

피에르 나르시스 게랭 <아가멤논 살해> 1817

있던 클리타임네스트라는 분명히 카산드라가 눈에 띄었지만 남편 외에는 아무도 보이지 않는다는 듯 버선발로 달려나가 남편을 반갑게 맞이하는 체했다. 심지어 지난 10년을 하루같이 남편을 기다렸다고 하며 따뜻한 목욕물을 준비했으니 어서 욕실에 들어가서 씻고 푹 쉬라며 정성껏 수발을 들었다. 하지만 이것은 정부情夫인 아이기스토스와 함께 짠 각본에 따른 가식과 연기였다. 클리타임네스트라는 아무런 불길한 기운도 느끼지 못하고 세상 편한 자세로 욕조에 몸을 담근 아가멤논을 향해 도끼를 내리쳤으니 말이다. 약간 망설이기도 했으나 아이기스토스는 클리타임네스트라가 주저하지 않도록 부추겼다.

아가멤논왕을 살해한 클리타임네스트라는 아이기스토스와 재혼하고 그를 미케네의 왕으로 추대하였다. 상황이 이렇게 되자 아가멤논의 둘째딸 엘렉트라는 동생 오레스테스를 스트로피오스왕과 결혼하여 포키스에 살고 있는 고모에게 피신시켰다. 선왕의 아들이 궁을 떠나자 아이기스토스는 엘렉트라마저 시골로 쫓아버렸다. 엘렉트라는 같은 여자이지만 어머니를 이해할 수 없었고 억울한 죽음을 당한 아버지를 더욱 그리워했다.

이 사건에서 착안하여 정신의학자 칼 융이 정의한 엘렉트라 콤플렉스Electra Complex는 딸이 어머니를 증오하고 아버지에게 성적인 애착을 느낀다는 것으로 오이디푸스 콤플렉스Oedipus Complex와는 반대 개념이다. 물론 모든 아이들은 기본적으로 모성애착이 있으므로 여아에게서 엘렉트라 콤플렉스가 강하게 나타나지는 않지만 매일 아버지의 무덤에 제주祭酒를 바치며 어머니에 대한 복수를 다짐하는 엘렉트라를 알게 된다면 이 극단적인 정서를 이해할 수 있을 것이다.

7년의 세월이 흐른 후 오레스테스는 아폴론으로부터 "아버지를 죽인 자들을 죽이라"는 신탁을 받아 미케네로 돌아왔다. 오레스테스는 아버지의 원수를 갚기 위해 누나 엘렉트라와 공모하여 미케네를 다스리고 있는 아이기스토스와 클리타임네스트라를 모두 살해했다. 명분이 어떻든 간에 어머니를 죽인 것은 분명한 패륜의 과오이기 때문에 복수의 여신 에리니에스는 오레스테스를 괴롭혔다. 에리니에스의 광기와 집요함에서 벗어날 재간이 없자 오레스테스는 다시 아폴론의 신탁을 받으러 갔다. 그는 "타우리스섬의 아르테미스 신전에 있는 신상을 그리스로 가져오면 살 길이 있다"는 신탁을 받았다. 오레스테스는 신탁이 이르는 대로 타우리스섬으로 향했지만 힘들게 당도하자마자 이내 보초병들에게 잡혀 영락없이 제물로 바쳐질 처지에 놓였다. 그런데 마침 그 섬에는 오레스테스의 큰누나인 이피게네이아가 아르테미스 신전의 여사제로 있었다. 처음엔 서로를 알아보지 못했지만 저간의 사정을 듣다가 남매인 것을 알게 되었고 오레스테스는 이피게네이아의 도움으로 무사히 신상을 그리스로 가져올 수 있었다.

오레스테스의 살인이 정상을 참작할 만한가에 대한 판단은 신들 사이에서도 골치 아픈 일이었다. 왜냐하면 처음부터 어머니까지 살해할 계획은 없었지만 상황이 어쩔 수 없이 그렇게 몰린데다 클리타임네스트라는 어차피 죽을 운명이었기 때문이었다. 아테나를 재판장으로 한 일곱 명의 신들이 아레오파고스에 모였다. 지금까지 악에 대한 징벌이나 복수는 오직 신들 각자의 판단에 따라 폭력적으로 이루어졌으나 오레스테스건을 판결하기 위한 이 집결은 신들의 민주적인 첫 재판으로서의 의미가 있다.

이유를 막론하고 친족 살인, 그것도 친모 살해가 무죄로 인정받을 리는 만무했다. 그러나 신들은 클리타임네스트라를 메데이아 못지않은 악처, 부정한 여인, 모성애를 저버린 어머니로 매도하였고, 극악무도한 어머니를 제거한 오레스테스에게 무죄를 선고했다. 아무리 불행한 결혼생활을 하더라도 여성은 무조건 참는 것이 미덕이었던 시절인지라 남편 살해는 아들의 복수를 불러일으킬 만한 악행이라고 여긴 것이다. 하지만 모계사회가 지배적이었던 과거로부터 가부장제가 출현한 것을 '여성의 세계사적인 패배'라고 불렀던 프리드리히 엥겔스의 시선을 따라간다면 아테나의 판결에 쉽게 동의할 수는 없다. 그러나 이쯤에서 여성주의적인 논쟁을 펼치는 것은 잠시 접어두자.

아가멤논 가정은 그리스 신화에서 손꼽히는 불행의 아이콘이다. 어디에서부터 잘못되었는지 누구의 잘못인지를 따져 묻기에는 그들의 비극이 물색없고 치명적이다. 가족 중 누구도 왜 서로를 이해하려고 노력하지 않았는지, 왜 조금 더 애쓰지 않았는지 안타까울 뿐이다. 가족이라도 서로를 다 이해할 수는 없다. 하지만 완전한 이해가 없어도 완전히 사랑할 수는 있다. 노먼 맥클레인의 자전적인 소설 <흐르는 강물처럼>은 몬타주 강가에 사는 엄격하고 통제적인 장로교 목사 삼부자의 이야기다. 반항과 일탈을 일삼는 둘째아들 폴은 순종하는 큰아들 노먼과는 여러 측면에서 대조적이다. 노먼은 외지로 나가 성공을 이루는 반면 고향을 지키던 폴은 폭행사건에 연루되어 죽음을 맞는다. 아들의 장례를 집행하던 아버지의 마지막 메시지는 서로 이해하지 못하고 가족 안에서 고독을 느끼는 자들에게 큰 울림을 준다.

"필요할 때, 사실 우리는 가장 가까운 사람을 돕지 못합니다. 무엇을 도와야 할지도 모르고 있으며 때로는 그들이 원치 않는 도움을 줍니다. 우리는 이렇게 서로 이해하지 못하는 사람과 산다는 걸 알아야 합니다. 그렇다고 해도 우리는 사랑할 수는 있습니다. 완전한 이해 없이도 우리는 완벽하게 사랑할 수 있습니다."

#안나 카레니나 #공양미 삼백석 #약혼 사기 #기풍제 #엘렉트라 콤플렉스
#효력을 잃은 예언 #가족 안에서의 고독 #흐르는 강물처럼 #플라잉낚시

명화 속에 아름다운 여인을 감싸고 있는 백조가 있으면 그것은 틀림없이 제우스가 변신한 것이다. 레오나르도 다빈치*Leonardo di ser Piero da Vinci*(1452-1519)는 백조를 검은 고니로 표현하기도 했다. 사실 고니보다는 백조라는 이름이 더 익숙하지만 백조는 하얀 새라는 뜻으로 일본에서 부르던 이름이고 고니는 순수한 우리말이다. 기러기목 오리과의 고니는 큰고니, 흑고니, 검은목고니 등이 있다.

엘렉트라의 눈빛은 섬광처럼 빛날 뿐 아니라 황금색을 띠었다. 송진의 화석으로 생성된 호박은 이런 엘렉트라의 눈동자를 닮았다 하여 엘렉트론*electron*이라고 불렀다. 잉글랜드의 과학자 윌리엄 길버트*William Gilbert*(1544-1603)는 호박을 문지를 때 발생하는 정전기에 전기*electricus*라는 이름을 붙였고, 벤저민 플랭클린*Benjamin Franklin*(1706-1790)은 전기*electricity*에 대해 광범위하게 연구했다. 오늘날은 전기가 없으면 거의 생활이 불가능한 지경에 이르렀다.

아레이오스파고스 또는 아레오파고스는 '아레스의 바위'라는 뜻이다. 아레스에게 알키페라는 딸이 있었는데, 포세이돈의 아들인 할리로티오스가 알키페를 납치하려고 하자 아레스는 할리로티오스를 살해했고, 포세이돈은 아들을 살해한 아레스를 신들에게 고발했다. 신들은 아레스의 바위에 모여 재판을 했고, 이후 재판이 벌어질 때마다 이곳으로 모이곤 했다. 지금도 재판장이나 법정을 아레이오스 파고스*Areios Pagos*라고 부른다.

37. 오만하지 않게 운명을 마주하라

오이디푸스 · 이오카스테 · 안티고네

고대 그리스 윤리사상의 근간을 이루는 두 개념은 히브리스*hybris*와 하마르티아*hamartia*다. 히브리스는 인간의 신분을 망각하고 신에게 불경한 언행을 하는 것뿐만 아니라 음식을 과하게 먹거나 쾌락에 빠지거나 자신을 과시하느라 다른 사람의 명예를 훼손하는 등의 모든 종류의 오만함을 의미한다. 우습게 여겼던 것, 마땅히 추앙받을 줄 알았던 것에서 오히려 조롱당하는 위치에 설 수 있다는 것을 망각하는 어리석음도 히브리스다. 미국의 버락 오바마는 제44대 대통령 취임연설에서 "임기 동안 히브리스를 범하지 않도록 노력하겠다"고 밝히며 위정자로서의 바른 마음가짐을 국민에게 약속하기도 했다.

하마르티아는 사람의 의지로는 어떻게 해볼 수 없음을 뜻하는 것으로 숙명을 받아들이고 살아야 하는 태생적인 한계 같은 것이다. 결코 본의가 아니고 실수로 저지른 죄라도 절대 용서받지 못하는 비극에 빠지는 것은 하마르티아 때문이다. 그리스 신화를 통틀어 하마르티아를 극복하지 못해 히브리스의 우를 범한 인물이 있으니 바로 오이디푸스다. 오이디푸스왕의 이야기는 운명은 거스를 수 없다는 충고와 과유불급過猶不及의 결말을 직시하게 해준다.

테바이의 왕 랍다코스의 아들, 라이오스는 그다지 좋은 인물은 아니었다. 라이오스는 왕이 되기 전에 어린 시절을 피사에서 보낸 적이 있었다. 라이오스는 펠롭스왕의 보살핌 아래 왕자인 크리시포스와도 좋은 관계를 유지했다. 시간이 지나면서 라이오스는 크리시포스 왕자에게 우애 이상의 특별한 감정을 갖게 되었다. 라이오스는 피사를 떠나기 전에 이런 자신의 감정을 고백했다. 그러나 크리시포스가 그 사랑을 받아들이지 않자 충동적으로 그를 죽이고 말았다. 아들을 잃은 펠롭스왕은 라이오스에게 "아들의 죽음을 보는 것은 내가 죽는 것보다 더한 고통이다. 너는 반드시 네 아들의 손에 죽을 것이다"라며 저주를 내렸다. 라이오스는 이를 대수롭지 않게 여기고 테바이로 돌아가 평온한 날들을 보내다 이오카스테와 결혼하고 랍다코스왕의 뒤를 이어 테바이의 왕이 되었다.

라이오스가 피사의 펠롭스왕의 저주를 잊은 것은 한동안 아들이 없어서이기도 했다. 결혼을 하고 한참이 지나도 아들이 없자 라이오스는 델포이에 있는 아폴론 신전으로 신탁을 받으러 갔다. 무녀 피티아는 라이오스왕에게 "좋은 소식과 나쁜 소식이 있는데, 좋은 소식은 곧 아들을 낳게 된다는 것이고, 나쁜 소식은 그 아들이 왕을 죽인다는 것이다"라고 예언했다. 불길한 신탁을 받고 궁으로 돌아왔을 때는 이미 이오카스테에게 태기가 있었다. 신탁이 두려웠던 라이오스왕은 아기가 태어나자마자 이름도 짓기 전에 궁 밖으로 데리고 나가서 아기를 처치하게 했다. 명령을 받은 신하는 아기를 코린토스와 국경을 접하고 있는 키타이론산까지 데리고 갔지만 어린 생명을 도저히 죽일 수가 없어서 발에 끈을 묶어(혹은 발목을 뚫은 뒤 가죽끈을 꿰어) 나무에 매달아 놓았다. 마침 그곳을 지나가던 코린토스의 목동 포르바스가 아기를 발견했다. 포르바스는 발이 퉁퉁 부어 있는 아기에게 오이디푸스라고 이름 짓고 정성껏 돌보다가 왕자가 없어 고심하던 코린토스의 폴리보스왕과 메로페 왕비에게 오이디푸스를 바쳤다.

코린토스의 왕자로 자라 어느덧 청년이 된 오이디푸스는 우연히 자신이 업둥이라는 소문을 접했다. 오이디푸스는 소문의 진위를 확인하기 위해 델포이로 갔지만 돌아온 신탁은 그가 나중에 아버지를 죽일 운명이라는 것이었다. 패륜의 업보를 피하기 위해 궁중을 뛰쳐나온 오이디푸스는 발걸음이 닿는 대로 방황하다가 삼거리에서 한 일행과 마주쳤다. 당시 테바이에는 스핑크스가 수수께끼의 답을 맞히지 못한 자들을 모두 죽여 버리는 일이 발생했다. 오이디푸스는 하필 스핑크스의 횡포를 해결하기 위해 델포이로 가던 라이오스왕 일행을 만난 것이다. 왕의 행차를 이끌던 마부는 젊은 청년에게 길을 비키라고 명령했지만 오이디푸스는 엄청난 신탁의 충격으로 인해 불안하고 부정적인 감정을 억누르지 못하던 터라 길을 비키기는커녕 괜한 싸움을 걸었다. 오이디푸스가 휘두르는 칼에 라이오스 일행은 전멸하고 용케 살아남은 마부 한 명만 테바이로 돌아왔다.

　한바탕 유혈 다툼을 벌인 오이디푸스는 피폐한 몸과 마음을 이끌고 테바이까지 흘러들어왔다. 테바이는 국상國殤을 맞아 온 시민이 슬픔에 잠겨 있었고, 스핑크스는 여전히 기세를 떨치고 있었다. 호기심과 호기로움이 가득한 오이디푸스는 테바이 시민들이 일러주는 대로 악명 높은 스핑크스를 찾아가 수수께끼와 마주했다.

　수수께끼 하나. 아침에는 네 발, 낮에는 두 발, 밤에는 세 발이 되는 것은 무엇인가? 수수께끼 둘. 아침에는 언니가 동생을 낳고, 저녁에는 동생이 언니를 낳는 것은 무엇인가? 첫 번째 질문의 답은 익히 알려진 대로 '인간'이다. 지금은 누구나 알고 있지만 그때는 아무도 대답하지 못하는 기상천외의 수수께끼였다. 두 번째 질문의 답은 낮과 밤, 즉 '히메라와 닉스'였다. 오이디푸스는 정확하게 대답했고, 스핑크스는 수치심을 견디지 못하고 바위 꼭대기에서 몸을 던져 죽었다.

　셰익스피어의 <맥베스>에서 맥베스가 던컨왕을 죽이고 지배자로 등극할 수 있었던 것은 멕베스의 탁월한 무공도 주요했지만 마녀의 초자연적인 예언 때문이기도 하다. 오이디푸스가 자신의 운명을 피해 코린토스를 떠나 배회하다가 라이오스 일행과 맞닥뜨린 뒤, 테바이까지 와서 스핑크스의 문제를 푼 것도 왕이 될 운명이라는 예언의 일치이다. 테바이 국민들은 오이디푸스를 왕으로 추대하며 마침 왕을 잃고 상념에 사로잡혀 있던 왕비와 결혼하여 나라를 잘 다스려 달라고 요청했다. 이로써 이오카스테와 오이디푸스, 즉 어머니와 아들의 결혼이 성사되었다. 두 사람의 나이 차이는 걱정할 일은 아니다. 이오카스테는 하르모니아 목걸이를 걸고 있어서 영원한 젊음과 아름다움을 유지했기 때문이다. 이오카스테는 젊은 오이디푸스를 테바이의 왕이자 남편으로 맞이해서 에테오클레스, 폴리네이케스, 안티고네와 이스메네, 네 자녀를 낳아 행복한 시간을 보냈다.

한동안 평화로웠던 테바이에 언젠가부터 기근이 들고 역병이 돌았다. 오이디푸스는 이오카스테의 동생 크레온을 델포이의 아폴론 신전으로 보내어 역병의 원인을 알아오게 했는데 무녀 피티아는 "선왕인 라이오스왕을 죽인 자가 궁 안에 살고 있기 때문"이라고 답

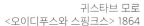
귀스타브 모로
<오이디푸스와 스핑크스> 1864

했다. 그리스 비극작가 소포클레스의 희곡 <오이디푸스>는 테바이의 왕좌에 앉아 있는 오이디푸스가 "도대체 선왕을 죽인 자가 누구냐? 선왕을 죽인 자를 찾아 가만히 두지 않겠다!"며 엄포를 놓는 장면으로부터 시작한다. 신하들은 "선왕은 델포이로 가는 길에 삼거리에서 괴한의 칼에 비명횡사를 했다"라고 전언했다. 그리고 조심스럽게 "선왕은 아들한테 죽임을 당할 것이라는 신탁을 받은 바 있으나 아들은 태어나자마자 죽었기 때문에 그 운명은 피했다"고 덧붙였다.

자신이 코린토스의 왕자임에 추호의 의심도 없었던 오이디푸스지만 이 대목에서 뭔가 석연치 않은 구석이 있음을 직감했다. 때마침 코린토스에서 사신이 달려와서 폴리보스왕이 죽었다고 알려주었다. 오이디푸스는 코린토스의 아버지가 자연사自然死했다는 말에 안심하며 눈 먼 예언자 테이레시아스를 불러와 선왕을 죽인 자가 누구인지를 추궁했다. 테이레시아스는 왕에게 "너무 깊이 알려 하지 말라"고 타일렀다. 그러나 그의 충언에도 선왕의 살인자 찾기를 멈추지 않았던 오이디푸스는 삼거리에서 간신히 목숨을 부지한 마부와 그 옛날 갓 태어난 왕자를 국경지역 나무에 매달았던 신하가 아직 살아 있다는 것을 알게 되어 이들을 불러 당시 상황을 복기하게 했다.

선왕을 죽인 용의자의 범위가 점점 좁혀지자 이오카스테는 파국을 향해 치닫는 비극적인 운명을 괴로워하며 스스로 목숨을 끊었다. 왕비가 자결했음을 알려 오자 그제야 모든 상황을 파악한 오이디푸스는 이오카스테에게 달려갔다. 그리고 자신의 아내이자 어머니인 이오카스테의 주검을 끌어안고 오열하다가 이오카스테의 드레스에서 브로우치를 뽑아 자신의 눈을 찔렀다. 그리고 패륜을 저지른 자신에게는 죽음도 사치라면서 척박한 산으로 들어가겠다고 했다.

이 모든 상황을 지켜보던 장녀 안티고네는 "나의 아버지이자 나의 오라버니"라고 부르며 눈 먼 오이디푸스의 수행자가 되어 평생 그를 봉양하겠다고 나섰고 오이디푸스는 안티고네와 함께 산으로 들어갔다. 자신의 아버지를 알아보지 못하고 심지어 자신이 아버지를 죽인 살인자임을 깨닫지 못했던 오이디푸스의 무지가 어머니까지도 죽게 만들었다. 알고 지은 죄는 타인에게 해를 끼쳐 그 고의성에 대한 괘씸죄가 추가될 뿐이지만, 모르고 지은 죄는 참담한 결과를 직시해야 하기 때문에 자신과 주변을 훨씬 더 괴롭히기 마련이다. 아버지를 죽이고 어머니와 결혼하는 패륜을 저지르게 된 오이디푸스는 여생을 콜로노스에서 눈 먼 장님으로 보냈다.

오스트리아의 정신과 의사이자 정신분석학의 창시자인 지그문트 프로이트는 오이디푸스의 운명에 착안하여 아들이 어머니에게 성적 애착을 가지고 아버지에게 적대감을 갖는 심리를 오이디푸스 콤플렉스Oedipus Complex라고 명명했다. 이것은 유아기에 무의식적으로 형성되는 것인데, 아버지를 죽이지 못하는 아들은 아버지를 증오하면서

샤를 프랑수아 잘라베르 <오이디푸스와 테바이를 떠나는 안티고네> 1849

도 선망의 대상으로 바꾸어 아버지처럼 되기 위해 노력한다. 이러한 아버지와의 동일시 과정에서 아들은 남성으로서의 성역할을 배우게 되고 콤플렉스를 극복하며 성장한다. 이와 반대로 딸이 여성으로서의 성역할을 배우며 어머니와 동일시하는 과정은 이미 언급한대로 엘렉트라 콤플렉스*Electra Complex*이다.

오이디푸스 이야기는 여기에서 끝이 아니다. 왕이 사라진 테바이에는 오이디푸스의 두 아들, 에테오클레스와 폴리네이케스가 서로 왕이 되겠다며 왕위쟁탈전을 벌였다. 그러자 그들의 삼촌인 크레온이 수렴청정을 하며 두 왕자가 1년씩 번갈아 왕을 할 것을 제의했다. 그리하여 에테오클레스가 먼저 왕이 되었는데, 1년이 지나도 왕위를 내어주지 않자 폴리네이케스는 아르고스왕이 다스리는 나라로 가서 용병을 모아 테바이로 돌아와 반역을 꾀했다. 그러나 폴리네이케스의 반란은 성공하지 못했고 형제는 서로 칼부림을 하다가 둘 다 죽었다. 그러자 크레온은 "에테오클레스는 왕의 수준에 맞는 제사를 지내고, 반역을 저지른 폴리네이케스는 길거리에 버려 새들의 먹이가 되도록 하라"고 명했다. 이 소식을 들은 안티고네는 어떻게 천륜을 저버리느냐며 몰래 테바이 시내로 들어와서 폴리네이케스의 주검 위에 모래를 뿌리고 제사를 지내며 인간의 도리를 다했다.

다음날 폴리네이케스 시신이 제사 지내진 것을 안 크레온은 국법을 어겼다는 죄로 안티고네를 생매장했다. 안티고네의 약혼자인 크레온의 아들 하이몬이 안티고네를 살려달라고 애걸했으나, 애타는 간청이 무색하게도 안티고네는 지하감옥에서 스스로 목숨을 끊었고, 하이몬은 아버지를 저주하며 안티고네를 따라 자결했다. 아들을 잃은 크레온의 아내 역시 괴로워하다가 성벽에서 뛰어내렸고 이렇게 테바이는 파국을 맞았다.

오이디푸스 이야기가 비극인 것은 '나는 누구인가'라는 위험하고도 고통스러운 질문을 시작했기 때문이다. 신의 피조물인 인간이 자신의 정체를 확인하고 존재의 이유를 따지는 것은 신의 시각에서는 히브리스이다. 신의 간섭을 무시한 채 주도적인 삶을 추구하는 태도는 신의 분노와 저주를 사게 되고 가혹한 응징을 피할 수 없게 된다. 하지만 인간은 자기 자신이 누구인지를 분명히 알아야만 인간으로서의 주체적인 삶을 살 수 있다. 오이디푸스가 자신의 정체를 알게 된 이후에는 더 이상 운명에 대적하거나 휘둘리지 않고 마침내 히브리스를 벗고 평온한 시간을 보냈으리라.

출생의 비밀이 빠지면 서운한 아침 드라마보다 더한 막장 드라마인 오이디푸스와 안티고네를 연상시키는 영화가 있다. 명예 살인이 있던 아랍지역과 레바논 사태를 연상시키는 시공간을 배경으로 한 드니 빌뇌브 감독의 <그을린 사랑*Incendies*>이다. 영화는 무슬림 난민 청년을 사랑하게 된 기독교 집안의 여인 나왈 마르완이 자기도 모르게 아들과 관계하고 쌍둥이를 낳은 기구한 사연을 다루고 있다. 나왈이 오이디푸스적인 삶을 살게 된 것은 그녀의 의지나 노력과는 별개의 비극적인 결함 즉, 하마르티아 때문이다. 그렇지만 나왈은 자신이 누구를 사랑하는지, 어떻게 살아야 하는지 정확하게 알고 있었다. 신념과 열정으로 살아온 그녀의 삶은 인간의 운명조차 두려운 존재가 아님을 명시하고 있다.

우리는 살면서 나왈처럼 불가항력적인 사건에 맞닥뜨릴 때가 있다. 건강을 자만하고 몸을 너무 혹사했다면 이것은 히브리스이지만, 건강하고 건전한 생활을 하더라도 다른 사람의 일로만 여겼던 무서운 병에 걸리거나 불의의 사고를 당했다면 그것은 하마르티아다. 자신의 목표를 정하고 목표를 달성하기 위해 고민하고 시간을 아끼며 공부하고 기술을 익히는 도중에 질병을 얻거나 뜻하지 않은 사건에 휘말렸다면 그것 역시 하마르티아다.

"삶은 우리가 기대하는 것을 우리에게 주어야 할 의무가 없다"는 마가렛 미첼의 말처럼 내 뜻처럼 되지 않는 하마르티아와 같은 운명 앞에서는 어떻게 살 것인가? 기구한 운명 탓을 하며 좌절할 것인가? 운명을 받아들이지 못하고 부정과 저항을 반복하며 에너지를 소모할 것인가? 그렇지 않다. 운명이 가혹하게 느껴지더라도 주도적인 삶을 살아야 한다. 생명의 실은 운명의 여신들이 관장하지만 마지막 순간까지 살아내는 것은 결국 나 자신이기 때문이다. 무지로 인한 거만과 방종을 범하지 않기 위해 늘 자신을 성찰해야 하는 것은 물론이거니와 자신에게 주어진 운명을 무시하거나 운명에 압도당하지 않고 뚜벅뚜벅 담담하게 살아가는 자세가 필요하다.

라이너 마리아 릴케는 <젊은 시인에게 보내는 편지> 중 아홉 번째 편지에서 어려움에 맞닥뜨린 자들에게 어느 순간이라도 자기 존재를 믿고 삶을 긍정하는 태도의 중요성을 강조하며 다음과 같이 위로했다.

마음속에 늘 충분한 인내심을 지니세요.
또한 소박한 마음으로 믿으세요.
어려운 것을 더욱 더 신뢰하세요.
다른 사람들 속에서 느끼는 당신의 고독을 신뢰하세요.
그것 말고는 삶이 당신에게 벌어지는 대로 놔두세요.
내 말을 믿으세요. 삶은 어떠한 경우에도 옳습니다.

#오이디푸스 콤플렉스 #스핑크스 #아침에는 네발 점심에는 두발 저녁에는 세발
#히브리스 #하마르티아 #그을린 사랑 #젊은 시인에게 보내는 편지

오이디푸스*Oedipus*는 '부은 발'이라는 뜻이다. 부종*edema*은 부은 상태이며 페달*pedal*, 발 관리*pedicure*. 보행자*pedestrian*처럼 푸스*pus*가 붙으면 발과 연관된다. 탐험*expedition*은 '밖으로 발을 내민다'는 뜻이다. 정형외과*orthopedics*는 발과 관련 있어 보이지만 사실은 소아과*pediatrics*에서 유래했다. 1741년 프랑스의 의사인 니콜라스 앙드리*Nicholas Andry*(1658-1742)가 어린이*ped*의 기형을 예방하고 바로 세우는*ortho* 분과라는 의미로 처음 명명하였다.

스핑크스*sphinx*는 그리스어로 '묶다, 압착하다, 교살하다'는 뜻이며, 괴물 스핑크스는 '목을 졸라 죽이는 자'라는 뜻이다. 방광이나 항문 주변의 고리 모양 근육으로 어떤 통로를 여닫고 제어하는 것을 조임근 또는 괄약근*sphinter*이라고 하고, 기도가 막혀서 산소 공급이나 전달에 장애가 생기는 것을 질식*asphyxia*이라고 한다.

스핑크스는 에키드나와 티폰과의 사이에서 낳은 괴물 자식들 중 하나로 상체는 여성, 하체는 뱀의 형상을 하고 있다. 괴물 자식들로는 지하세계의 수문장으로 머리가 세개 달린 개 케르베로스, 머리가 두 개 달린 개 오르토스, 머리가 아홉 개가 달린 뱀 히드라, 머리와 몸통은 사자와 염소, 꼬리는 뱀인 키메라이다. 이집트 피라미드 앞의 스핑크스는 사자 모습에 사람 얼굴을 하고 있지만 오이디푸스 이야기의 스핑크스는 사자의 몸, 여인의 얼굴, 그리고 독수리 날개를 가지고 있다.

테이레시아스는 길을 가다 우연히 짝짓기 하는 뱀을 보았는데, 그 모습이 보기 싫었는지 막대기로 암컷 뱀을 죽였다. 죽은 암뱀의 저주로 테이레시아스는 7년간 여자의 몸으로 살게 되었다. 7년이 지나 또다시 짝짓기 하는 뱀을 보고, 이번엔 수컷 뱀을 죽여 다시 남자로 되돌아왔다. 어느 날 제우스와 헤라가 남녀가 성관계를 할 때 누가 더 즐거운지 논쟁을 벌이다 성전환의 경험이 있는 테이레시아스에게 물어보기로 했다. 테이레시아스는 '여자가 느끼는 쾌락이 9할'이라고 답하는 바람에 헤라의 노여움을 사서 눈이 멀어버렸고, 제우스는 그 보상으로 미래를 알게 하는 예언의 힘을 주었다.

스핑크스의 세 번째 질문도 있다. "지금 내가 생각하는 것이 무엇인지 맞힌다면 너를 살려주겠다. 나는 너를 살릴까? 죽일까?" 정답은 '죽인다'이다. 지금 스핑크스가 생각하는 것이 '죽인다'라면 정답을 맞혔기 때문에 살게 되고, 정답이 '죽인다'가 아니라면 죽일 생각이 없기 때문에 살 수 있다.

38. 죽음은 영원한 휴식이다

타나토스 • 힙노스 • 모이라이

나이가 들면서 많은 변화를 경험하지만 가장 당황스러운 것 중의 하나가 불면증이다. 머리만 닿으면 장소를 불문하고 금방 곯아떨어져 민망함과 동시에 부러움을 사기도 했지만 이제는 금방 잠들기도 어렵거니와 자다가도 몇 번씩 깨는 일이 허다하다. 어떤 날은 밤새 꿈에 시달리다가 아침에 깨어나면 오히려 피곤함을 느끼기도 하는데, 그런 날은 그리스의 낮잠 풍습인 시에스타가 몹시 부럽다. 사실 잠자는 모든 시간 동안 꿈을 꾸는 것은 아니다. 꿈은 눈동자가 빠르게 움직이는 렘rapid eye movement, REM 수면 동안 일어나고, 사람들은 보통 잠에서 깨어나기 전의 꿈을 기억한다. 렘 수면은 건강한 성인의 경우 하룻밤에 4-6회 정도 나타난다.

잠과 꿈, 꿈에서 만나는 많은 대상들, 그리스 신화에는 이들마저 주관하는 신이 있다. 검은 날개를 가진 밤의 여신 닉스는 어둠의 신 에레보스와의 사이에서 죽음의 신 타나토스, 잠의 신 힙노스, 불화의 여신 에리스, 복수의 여신 네메시스, 운명의 세 여신 모이라이, 숙명의 신 모로스, 죽음의 여신 케레스 등을 낳았다.

타나토스와 힙노스는 사이좋은 형제로 늘 함께 다닌다. 날개가 달린 늙은이의 모습을 한 타나토스는 피부색이 검은 죽음의 신이고, 머리에 작은 날개를 달고 있는 힙노스는 피부색이 흰 잠의 신이다. 힙노스는 낮에는 침묵과 어둠만이 존재하는 지하세계의 레테강 근처에서 잠들어 있다가 밤이 되면 어머니 닉스와 함께 세상에 나가 사람들을 잠재운다. 수면제hypnotic와 최면술hypnotism은 잠의 신 힙노스에서 유래했다. 로마에서 잠의 신은 솜노스다. 잠을 솜니somni라고 하고 부정접두어in를 붙이면 불면증insomnia이 된다. 워터하우스의 그림 <타나토스와 힙노스>를 보면 힙노스의 손에 양귀비Papaver somniferum가 들려 있다. 양귀비는 사람을 반쯤 잠이 든 몽롱한 상태로 만들어주는 아편의 재료인데, 양귀비의 학명에도 잠이 들어 있다.

힙노스는 헤라의 부탁을 받아 트로이아 전쟁에 관여하기도 했다. 트로이아에게 그리스 연합군이 밀리자 헤라는 제우스를 잠시 잠들게 해서 전쟁의 흐름을 바꾸어 트로이아를 역공하려는 꼼수를 부렸다.

존 윌리엄 워터하우스 <타나토스와 힙노스> 1874

헤라는 힙노스에게 도움을 주는 대가로 휴식의 여신 파시테아와 결혼시켜 주겠다고 약속했다. 힙노스로서는 마다할 이유가 없는 조건이었기에 제우스 옆을 슬쩍 날아 제우스를 잠들게 했고 그 사이 헤라는 전세를 역전시켜 그리스 연합군이 승리하도록 만들었다.

헤라 덕분에 천생배필을 만난 힙노스와 파시테아는 천 명이나 되는 꿈을 낳았다. 꿈들은 평소에는 지하세계의 궁전에 잠들어 있다가 사람들이 잠이 들면 활동을 시작한다. 꿈들을 오네이로이라고 부르는데 그 리더는 모르페우스다. 모르페우스는 사람의 모습으로 꿈에 나타난다. 가끔 꿈속에서 동물도 보고 특별한 물건도 보게 되는데, 동물의 꿈은 이켈로스, 사물의 꿈은 판타소스다.

모르페우스는 모르핀morphine의 어원이다. 모르핀을 투약하면 꿈으로 들어가게 된다는 의미이다. 엔도르핀endorphin은 체내endo에 생기는 모르핀이다. 모르핀은 신속하게 수면을 유도하거나 진정시키는 효과를 발휘하는 강력한 진통제이면서도 다른 진통제에 비해 부작용이 적은 편이지만 아무리 모르핀이 안전하다 할지라도 우리 몸에서 분비되는 천연진통제인 엔도르핀보다 좋을 리는 없다. 엔도르핀은 우리 몸이 극한 상황에 이르렀을 때 분비되는데, 심한 운동을 하고 난 다음에 모종의 쾌감을 느끼는 것도 엔도르핀이 분비되기 때문이다. 엔도르핀과 반대로 긍정의 상황에서 분비되는 세로토닌serotonin은 인간이 행복을 느끼는 데 기여한다. 세로토닌을 약물로 복용할 필요는 없다. 적당한 운동과 산책만으로도 우리 뇌는 세로토닌을 활성화시켜 좋은 기분을 만들어준다.

힙노스와 관련된 에피소드를 하나 더 살펴보자. 헬리오스가 태양을, 셀레네가 달을 관장하던 시절, 셀레네는 양치기 엔디미온이 달밤 아래에서 자고 있는 모습을 보게 되었다. 셀레네는 엔디미온의 아름다운 모습을 변함없이 유지하기를 바라며 힙노스에게 영원히 깨어나지 않게 해달라고 부탁했다. 셀레네는 엔디미온에게 접근하여 양들은 자기가 돌보겠다고 약속하고서 카리아의 라트모스산에서 엔디미온과 지내며 50명의 딸을 낳았다. 50명의 딸은 메나이라고 불렸고, 고대 그리스에는 그 딸들의 이름만큼 50개의 달月이 있었다. 일반적으로 1년은 12개월이지만 고대 그리스는 50개월을 한 회기로 지정했고 50개월은 4년 남짓 돌아왔으므로 이를 올림피아드라고 불렀다. 이것이 4년마다 열리는 올림픽 주기의 기원이 되었다.

닉스와 에레보스의 자녀 중 운명의 세 여신을 모이라이라고 하며 각각은 모이라라고 부른다. 모이라는 로마 신화에서는 파타이 또는 파르카이인데, 운명fatal은 파타이에서 나온 말이다. 모이라는 각자가 맡은 역할대로 운명의 실을 관리하는데, 운명의 여신들이 관리하는 생명의 실을 스테몬이라고 부른다. 죽음은 생명의 실이 끊어질 때 도래하므로, 생명의 실은 생명을 유지할 수 있는 육체적인 힘을 뜻하게 되어 힘, 정력을 스태미나stamina라고 한다.

모이라의 역할을 보면 클로토가 생명의 실을 잣고, 라케시스는 실을 감고, 아트로포스는 실을 끊는다. 즉, 클로토는 임신 10개월을 포함해서 이 땅에서 살아갈 수명의 길이를 정하며, 라케시스는 행운과 불행의 운명을 할당하고, 아트로포스는 죽음의 시기와 방법을 결정한다. 특히 아트로포스는 단호한 가위질로 인간의 생명을 거두어들인다. 아트로포스에서 유래한 아트로핀atropine은 일종의 마취제로 인간의 생명이 끊어져 죽음에 빠지듯 일시적인 마비상태를 가져온다. 아트로피atrophy가 들어가면 신체의 일부가 퇴화되거나 위축되는 상태를 말한다. 아트로포스는 로마에서는 모르타다. 모르타는 단호하게 생명의 실을 자르는 역할을 하므로 죽어야 할 운명mortal, 또는 사망률mortality의 어원이 된다.

누구든지 죽은 후에는 하데스가 지배하는 저승에 도달하게 된다. 단테는 <신곡 : 지옥편>에서 이승의 삶의 행태에 따라 맞닥뜨리게 될 아홉 계층이나 되는 지옥의 층위를 설명했지만 그리스 신화에서의 사후세계는 그리 복잡하지 않다. 저승의 한편은 낙원의 들판인 엘리시온, 다른 한편은 무한지옥 타르타로스인데, 메데이아도 엘리시온의 시민이 되는 걸 보니 엘리시온 입성이 까다롭지는 않은 것 같다. 게다가 죽는다고 해서 영원히 사라지는 것이 아니라 고된 육체를 내려놓고 새로운 내세의 삶을 시작할 수 있다. 그러니 망자와의 이별도 마냥 슬퍼할 일은 아니다. 망자가 편히 잠들고 새로운 사후세계로의 여행을 잘 시작할 수 있도록 마음을 모으는 것이 남은 자들의 몫이다.

망자가 건너야 하는 강은 다섯 개다. 처음 만나는 강은 비통의 강 아케론이다. 저승의 입구에는 뱃사공인 카론이 있어서 아케론강을 건네주는데, 카론*charon*은 기쁨, 행복이라는 뜻이다. 망자를 보내며 "이제 편히 쉬시라"고 마지막 인사를 하는 것은 이승의 시름을 내려놓고 기쁘게 평온을 맞이하라는 의미이다. 아케론강을 건너려면 카론에게 뱃삯을 주어야 한다. 우리나라에서도 황천길에 노잣돈을 넣어주는 풍습이 있듯이 그리스에서도 시신의 입에 뱃삯으로 동전을 넣어준다.

두 번째는 시름의 강 코키토스다. 이 강을 내려다보면 자신의 과거의 모습이 비치기 때문에 사람들이 시름에 젖게 된다고 해서 붙여진 이름이다. 코키토스 대신에 에리다누스강을 넣기도 하는데, 헬리오스의 아들 파에톤이 황금마차를 몰다가 빠진 바로 그 강이다.

세 번째 강은 불길의 강 플레게톤이다. 이 강에는 물이 아니라 불이 흐른다. 흔히 지옥은 불과 유황이 타오르는 곳으로 묘사하는데 플레게톤강에 오면 영혼이 불에 타서 정화된다고 믿었다.

네 번째 망각의 강을 건너면 모든 과거를 잊게 된다. 망각의 강은 익히 알려져 있는 레테의 강이다. 물론 사랑한 사람들과의 행복했던 기억까지도 잊히는 것은 아쉽지만 삶에서 경험했던 슬픔과 번뇌를 사후에도 기억해야 한다면 그것만으로도 가혹한 형벌이다.

다섯 번째 강은 지하세계를 일곱 번이나 감아 흐르는 스틱스강이다. 스틱스는 티타노마키아에서 활약했던 공으로 인해 제우스로부터 특별한 선물을 받았다. 스틱스강에 맹세를 하면 누구랄 것 없이 반드시 지켜야 하는 것 말이다.

우리나라에서 죽음의 강은 황천이다. 76년을 해로하고도 <님아, 그 강을 건너지 마오>라던 강원도 횡성의 할머니는 할아버지가 황천을 건너는 것을 막지 못했다. 사랑하는 사람을 죽음의 세계로 보내는 일은 항상 힘들다. 다시 만날 수 없다는 애타는 마음은 다시는 돌아올 수 없는 넓고 깊은 강으로 묘사된다. 유대인들이 천국으로 상징되는 젖과 꿀이 흐르는 가나안으로 들어가기 위해서는 요단강을 건너야 한다고 묘사하는 것도 마찬가지다.

때로는 참을 수 없는 고통으로 저승의 강을 건너고 싶은 때가 있을 수도 있지만 모이라이가 정하는 운명은 절대적이어서 제우스조차 그들이 정한 죽음의 시간을 바꾸지 못한다. 인간의 자유의지가 끼어들 틈이 없는 숙명론을 거론하지 않더라도 우리에게 주어진 삶은 소중하다. 무엇보다 살아 있는 동안 더 많이 사랑하고 착하게 살며 좋은 추억을 만드는 것이 중요하다. 모이라이는 사람들이 죄를 지으면 그 죄를 응징하기 전까지는 결코 노여움을 풀지 않았다고 하니 말이다.

#잊어달라 하였느냐 잊어주길 바라느냐　#잠은 죽어서 자자　#망각의 강
#운명의 여신　#엘리시온　#죽음은 영원한 잠　#강력한 진통제
#운동으로 세로토닌 대방출　#황천길 노잣돈　#그 강을 건너지 마오

타나토스는 죽음의 신이다. 죽음으로 들어가게 하는 안락사euthanasia, 전기에 감전되어 사망하는 감전사electrothanasia, 임종학thanatology에 타나토스가 들어 있다. 마블 코믹스의 <어벤져스>에 등장하는 수퍼 빌런 타노스Thanos도 타나토스에서 가져온 이름이다.

'살아서 출생한 신생아 1,000명이 1년 이내에 사망하는 수치'로 계산하는 영아사망률infant mortality은 국가의 보건의료수준을 평가하는 기준이다. 통계청에서 제시한 2020년 우리나라 영아사망률은 2.1명이며, 스리랑카는 7.6명, 라오스는 38.8명, 소말리아는 69.3명이다.

모르페우스는 모습morphology이라는 뜻으로, 임상현장에서는 의료진들이 환자가 병실에 들어서는 순간부터 그 모습을 보며 검진을 시작한다. 얼마나 비싼 브랜드의 옷을 입었는지, 인상이 어떤지를 보는 것이 아니라 걸음걸이는 바른지, 혈색은 좋은지, 모발은 윤기가 있는지 등을 통해 건강상태를 확인하는 것이다.

모이라이 중 첫째 클로토는 실을 잣는 여신으로 옷clothe의 어원이 되었고, 둘째, 라케시스는 추첨lot과 복권lottery의 어원이 되었다. 북유럽 신화에도 운명을 관장하는 것은 세 여신인데 각각 스쿨드, 우르드, 베르난디라고 부르며 이들 모두는 노른Norn이라고 한다.

카론charon에 부정접두어a가 붙어 아케론acheron이 되었으니 아케론은 불행이라는 뜻이다. 불행은 통증ache을 포함하고 있는데, 아픈 부위에 통증을 붙이면 그대로 증상을 나타내는 의학용어가 된다. 두통headache, 치통toothache, 복통stomachache처럼 말이다.

레테는 지하를 흐르는 다섯 강들 중 하나로 망각을 의미한다. 망각은 지워지는 것, 사라지는 것으로 치사율lethality, 치사량lethal dose, 건망증lethanel이라는 단어에도 들어 있다.

39. 망각은 선물이다

아폴론 · 코로니스 · 아스클레피오스 · 히포크라테스 · 휘게이아

귀족이 있고 평민이 있다면 누구를 먼저 치료해야 할까? 더 많이 아픈 사람이다. 착한 사람이 있고 못된 사람이 있다면 누구를 먼저 치료해야 할까? 역시 더 많이 아픈 사람이다.

이렇게 주장한 사람은 의학의 아버지 히포크라테스다. 히포크라테스는 현대의 돌봄 이론에서도 가장 중요시되는 환자 중심의 돌봄 *patient-centered care*을 강조했다. 그는 의사의 진지하고도 진심 어린 태도에 환자가 회복되기도 한다면서 실질적으로 무슨 약을 쓰느냐보다 인간에 대한 사랑이 우선되어야 한다고 강조했다. 1948년 세계의사협회는 2,500년 전 히포크라테스의 숭고한 정신을 이어받아 히포크라테스학파가 사용한 선서를 바탕으로 제네바 선언을 작성했다.

히포크라테스 선서는 이렇게 시작한다.

"나는 의술의 신 아폴론과 아스클레피오스, 휘게이아, 파나케이아, 그리고 모든 남신과 여신들의 이름으로 나의 능력과 판단에 따라 이 선서와 계약을 이행할 것을 맹세합니다."

의학공부를 마친 의대생들이 졸업을 앞두고 히포크라테스 선서식을 거행하면서 아폴론과 그의 아들 아스클레피오스, 그리고 두 손녀를 기억하고 부르는 것은 매우 흥미롭다. 의학의 아버지 히포크라테

스는 아스클레피오스의 17대 또는 18대손이다. 히포크라테스는 말년을 테살리아라는 곳에서 보냈는데, 테살리아는 아스클레피오스의 어머니인 코로니스의 고향이기도 하다.

레토가 낳은 아폴론과 아르테미스는 이란성 쌍둥이다. 아르테미스는 처녀신으로 평생 결혼하지 않았고 아폴론도 여성에게 별 관심이 없었다. 그런 아폴론이 유일하게 사랑한 여인이 있었으니 보이오티아 지방의 플레기아스왕의 딸, 코로니스였다. 둘은 보이오티아에서 핑크빛 시절을 보냈지만 아폴론은 천상으로 돌아가야 했다. 아폴론은 코로니스에게 변치 않을 사랑을 약속하며 사랑의 전령사가 되어줄 은빛 까마귀를 남겨두었다. 까마귀는 원래 아테나의 신조神鳥였는데, 그 가벼운 입놀림 때문에 막 퇴출된 상태였다.

아폴론이 올림포스 신전으로 돌아가고 난 다음에 코로니스는 아폴론이 과연 자신을 잊지 않고 찾아줄 것인가에 대한 의심이 들었다. 게다가 불사의 신을 연인으로 두기에는 유한한 생명을 가진 인간으로서 자괴감도 생겼다. 결국 코로니스는 아폴론을 기다리지 못하고 아르카디아 사람인 이스키스에게 눈을 돌렸다. 이미 뱃속에는 아폴론의 아들이 자라고 있었음에도 불구하고 코로니스는 이스키스와 결혼을 약속했다. 이 장면을 목격한 전령사 까마귀는 "코로니스가 몰래 이스키스와 사귄다"며 아폴론에게 고자질했다. 본래 때리는 시어머니보다 말리는 시누이가 더 밉고, 당사자보다 나쁜 소문을 전달하는 수다꾼이 더 미운 법인지라 아폴론은 화풀이로 까마귀의 은빛 날개를 까맣게 바꾸어 버렸다. 그때부터 까마귀는 검은 색이 되었다.

아폴론은 차마 코로니스를 직접 죽일 수는 없어서 아르테미스에게 처치해달라고 부탁했다. 사냥의 신인 아르테미스가 쏜 화살은 빗나가는 법이 없었다. 그런데 코로니스가 홀몸이 아니란 것을 뒤늦게 인지

한 아폴론은 그녀가 화살에 맞아 쓰러질 때 재빨리 몸속에서 아들을 꺼내고 아스클레피오스라고 이름 지었다. 아폴론은 케이론에게 아스클레피오스의 양육을 맡겼다. 아스클레피오스는 특히 의술에 두각을 나타내었고, 심지어 죽어가는 사람의 기력을 회복시킬 정도로 실력을 갖추었다. 성품도 온순하고 겸손하여 병이 나은 사람들이 감사의 인사를 전하면 "모두 아폴론의 덕이니 아폴론에게 감사를 드리라"고 겸양의 덕을 보였다. 이제 사람들은 아폴론 신전을 더 많이 세우고 제우스보다 아폴론에게 제사를 지내는 일이 많아졌다.

아스클레피오스는 항상 두 개의 혈액을 담은 병을 치료제로 가지고 다녔는데 그것은 메두사의 피였다. 메두사의 왼쪽 정맥에서 받은 피는 사람을 즉시 죽이는 힘이 있고, 오른쪽 정맥에서 받은 피는 생명력을 연장하는 효력이 있었다. 죽어가는 환자를 만나면 생명 소생의 피를 몇 방울 떨어뜨려 사용하였다. 아스클레피오스의 의술은 마침내 숨이 완전히 끊어져버린 자도 부활시키는 경지에 이르렀다. 아르테미스가 화살을 날려 오리온을 맞힌 후 아스클레피오스를 찾아가 살려달라고 울부짖었고, 테세우스의 아들 히폴리투스가 죽었을 때도 다시 살려달라고 요청했을 정도였다.

사실 아스클레피오스가 죽은 자를 살리는 것은 우연히 신묘한 약초를 발견하면서부터다. 트로이아 전쟁에 참전했다가 부상을 입은 글라우코스를 치료할 때 병실로 뱀 한 마리가 들어오는 것을 보고 놀라서 지팡이로 뱀을 때려서 죽였다. 그런데 다른 뱀이 와서 죽은 뱀 위에 약초를 올려놓자 죽었던 뱀이 되살아나는 것이 아닌가. 아스클레피오스는 즉시 뱀을 쫓아가서 약초를 확인하고 한움큼 뜯어왔다. 그리고 약초를 달여 죽은 자의 목으로 넘겨주었더니 죽은 자들이 살아났다. 그때부터 아스클레피오스는 뱀이 올라가는 모양을 한 지팡이를 가지고 다녔다. 이것이 아스클레피안이다.

영국왕립의학원, 일본의학협회, 중국의학협회, 미국의학협회 등은 뱀이 올라가는 아스클레피오스의 지팡이를 의학협회의 상징으로 정하고 있다. 다만 과거 대한의사협회는 뱀 두 마리가 똬리를 틀어 올라가는 카드케우스를 상징으로 삼았다. 카드케우스(그리스어로 케리케리온)는 헤르메스의 지팡이로 끝에는 날개가 달려 있고 뱀 두 마리가 지팡이를 타고 올라가는 모양이다. 사실 헤르메스도 상처를 치료하는 마법의 가루를 가지고 다니며 부상자들을 치료하기도 했다. 그러다보니 약사나 군의관들이 카드케우스의 지팡이를 자신들의 상징으로 사용했다. 그렇지만 카드케우스는 지혜와 술수, 사기와 도둑, 상업의 신이기도 해서 의술의 상징으로 쓰기엔 적절하지 않다. 카드케우스는 금융의 상징으로 더 적합해서 뉴욕 월스트리트의 은행 건물에서 만날 수 있다. 다행히 우리나라 의사협회는 2018년에 한 마리의 뱀으로 상징을 바꾸었고, 이후 관련 의학단체들도 아스클레피안으로 교체하였다.

환자들이 저승세계 입구까지 갔다가 돌아오는 사례가 속출하자 죽음의 신 하데스는 생명의 질서가 엉망이 되어버렸다며 제우스를 찾아가 하소연을 했다. 가뜩이나 자신보다 아폴론을 더 숭배하게 된 것이 마땅치 않았던 제우스는 하데스의 뜻을 받아들여 아스클레피오스에게 번개를 던졌다. 아스클레피오스가 죽었다는 소식을 들은 아폴론은 너무나 분하고 슬펐지만 제우스에게 도전할 수는 없어서 분풀이로 제우스에게 번개를 만들어 준 키클롭스를 죽였다. 그러자 이번엔 제우스가 아폴론을 괘씸히 여겨 아드메토스의 양치기로 강등시켜 1년간 인간의 노예로 살게 했다.

인간의 생명 연장에 관여했던 아스클레피오스를 둘러싸고 이런저런 문제가 많았지만 아스클레피오스는 그동안 베푼 의로운 행실을 인정받아 의술의 신이 되었고 뱀주인자리라는 별자리가 되었다. 그리스인들은 꿈에서라도 아스클레피오스를 만나면 병이 나을 거라는 믿음을 가졌다. 그러다보니 아스클레피오스의 신전에서 하룻밤을 보내기 위해 아픈 몸을 이끌고 신전으로 오는 행렬이 끊이지 않았다.

아스클레피오스는 에피오네와의 사이에서 아들 둘과 딸 다섯을 두었다. 두 아들 마카운과 포달레이오스는 아버지처럼 뛰어난 의사였으며 테살리아군을 이끌고 의사로서 트로이아 전쟁에 참전했다. 안타깝게도 장남인 마카운은 메넬라오스를 비롯한 그리스 군인들의 부상을 치료하며 선전했음에도 불구하고 파리스가 쏜 화살에 맞아 전사했다. 둘째 아들인 포달레이오스는 펠렉테테스를 치료하여 트로이아 전쟁의 종전에 기여했다. 당시 그리스 연합군은 트로이아 전쟁을 끝내기 위해 헤라클레스의 화살이 꼭 필요했는데, 그 화살을 가지고 있던 펠렉테테스는 중상을 입은 상태였다. 펠렉테테스는 포달레이오스의 치료로 트로이아 전쟁에 다시 합류할 수 있었다.

아스클레피오스의 딸들은 이아소, 휘게이아, 아케소, 아글레이아, 파나케이아이다. 딸들도 모두 돌봄과 관련되어 있는데 이아소는 의료, 휘게이아는 위생, 아케소는 치유, 아글레이아는 빛, 파나케이아는 만병통치라는 의미이다. 휘게이아는 구스타프 클림트의 그

구스타프 클림트
<휘게이아> 의학의 부분화 1907

림에서 찾아볼 수 있다. 클림트는 오스트리아 빈 대학의 천장화를 그려
주면 교수직을 얻을 수 있을 것으로 기대했다. 그림의 주제는 의학, 철
학, 법학이었는데, 지나치게 은유적이고 난해해서 중간에 제지를 당했
다. 결국 그림을 완성하지 못하고 스케치 수준에서 멈추었고 유일하게
의학 부분만 일부 채색이 되었다. 그림에서 뱀과 함께 있는 여성은 휘
게이아다. 뱀의 머리가 담겨져 있는 그릇에는 레테의 강물이 들어 있
고, 뱀에게 강물을 마시게 하고 있다. 이 장면이 무엇을 의미하는지는
정확하게 전해지지 않으나 많은 미술 애호가들은 신들의 선물 중 하나
인 망각을 상징하는 것은 아니었을까 유추한다.

　　최초로 과잉기억증후군이라는 진단을 받은 질 프라이스는 <모든
것을 기억하는 여자>라는 자전 에세이에서 기억의 과잉은 축복이 아
니며 저주가 될 수 있다고 피력했다. 과잉기억증후군을 소재로 한 데
이비드 발다치의 추리 소설 <모든 것을 기억하는 남자>에서 모든것
을 기억하는 에이머스 데커의 능력 역시 부러워할 일은 아니다. 기억
하지 못하고 자꾸만 잊어버리는 치매가 무서운 질병이긴 하지만, 만
일 인간이 어머니의 좁은 산도를 빠져나오는 출생의 통증을 시작으로
과거의 모든 고통스러운 일을 잊어버리지 않고 기억하면서 살아야 한
다면 단 하루도 행복하게 살 수 없을 것이다. 산모들이 산통을 기억한
다면 인류에게 두 번째 출산은 없을 것이고, 수차례의 항암 치료를 받
아야 하는 환자들도 그 고통을 잊을 수 없다면 다음 치료를 포기할 것
이다. 고통과 마주해야 하는 순간마다 곧 잊힐 것이라는 기대로 용기
를 낼 수 있다. 그것이 투병의 터널을 건널 수 있는 힘이고, 그것이 아
스클레피오스와 휘게이아가 주는 선물이다.

#까마귀　#입이 방정　#아스클레피안　#히포크라테스 선서　#카드케우스
#레테의 강　#망각의 축복　#모든 것을 기억하는 자　#뉴욕에 나타난 헤르메스

고통*ache*과 치료*ace*는 어근이 다르다. 치료 방법을 다룬 학문을 치료학*aceology*이라고 한다. 파나케이아는 모든*pan* 치료*ace*가 가능하다는 데서 붙여진 이름이다. 파나케이아가 활약하는 고대 그리스에서는 가능했을지 모르겠지만 현대에는 아직까지 이 약 하나면 모든 병을 치료할 수 있다는 만병통치약이라는 것은 없다.

국제간호협의회*International Council of Nurses, ICN*는 플로렌스 나이팅게일 *Florence Nightingale*(1820-1910)의 탄생일을 기념하여 간호사의 사회에의 공헌을 기리기 위해 매년 5월 12일을 '국제간호사의 날'로 지정하여 기념하고 있다. 국제간호사의 날에는 세계 간호사들이 함께 인식하고 실천해야 할 주제를 발표하며 세계 각국의 간호계 대표자들이 모여 학술대회를 개최한다.

간호학생들은 임상실습을 나가기 전이나 졸업을 앞두고 '나이팅게일 선서식'을 거행한다. 잘 알려진 대로 나이팅게일은 크리미아 전쟁에서 적군과 아군을 구분하지 않고 야전병원의 부상자들을 간호했다. 램프를 든 천사라는 별명답게 밤낮없이 환자 간호에 최선을 다했으며, 현대 간호교육의 선구자로서 간호교육의 체계를 마련했다. 간호학생들은 나이팅게일 선서식을 통해 나이팅게일의 숭고한 정신을 계승하고 근거에 기반한 과학적이면서도 따뜻한 간호를 제공할 것을 다짐한다.

40. 마음의 양식으로 영혼을 살찌우자

아스클레피오스 • 에리시크톤 • 탄탈로스

여행을 할 때는 꼭 그 순간에만 할 수 있는 일이 있다. 가는 날이 장날이라 벼룩시장이 열린다거나, 운좋게 마을의 축제에 참여할 기회를 얻는다거나 하는 것들 말이다. 그런 때는 마치 한정판 선물을 받은 것처럼 행복하다. 2017년 여름, 에피다우로스를 방문했을 때는 원형극장에서 공연하는 <콜로노스의 오이디푸스>를 관람하는 행운을 건졌다. 마이크나 확성기를 사용하지 않았는데도 원형극장의 맨 끝까지 배우의 목소리가 잘 들렸던 것은 지금 생각해도 놀랍다. 여독이 쌓여 있었던데다 그리스어로 하는 대사를 알아들을 수 없어 쏟아지는 졸음과 사투를 벌였던 순간도 있었으나 타임머신을 타고 고대 그리스 시민이 되어보는 경험은 아주 특별했다.

에피다우로스는 기원전 6세기 무렵 최초의 아스클레피오스 신전이 세워진 펠로폰네소스 반도 북동쪽에 위치한 도시다. 여기에는 아스클레피오스의 계시를 받아 환자를 치료하던 종합병원 아스클레피온이 있다. 펠로폰네소스 전쟁 중에 아테네에 역병이 돌아, 인구의 1/4 가량이 사망했다. 이때 아테네 사람들은 누구라 할 것 없이 아스클레피오스 신전을 세우는 일이 급선무라는 데 뜻을 모았다.

기원전 420년경 아테네에 아스클레피온이 처음 세워졌고 이후에는 다른 지역으로 점점 확산되어 중요한 도시에는 거의 모두 세워져서 로마제국 시절에는 300여 개에 이르렀다. '의학의 아버지'라고 불리는 히포크라테스의 고향인 코스섬과 고대 의학을 집대성했다고 평가받는 의사 갈레노스의 고향인 페르가몬에 세워진 아스클레피온이 가장 유명하였다. 아스클레피온에는 외래진료실과 입원실, 정신병동이 있고, 온천수 욕조를 갖춘 물리치료실, 조용한 수면치료실, 심지어 불임치료실도 있었다. 의학도서관도 있고 원형극장도 있었는데, 음악치료나 미술치료처럼 예술치료를 목적으로 했는지는 모르겠으나 종합병원 부지에 원형극장이라니, 고대 종합병원에서도 전인적이고 총체적으로 환자를 돌보았다는 것을 짐작할 수 있다.

그리스 전역에서 찾아온 환자들로 아스클레피온은 늘 문전성시를 이루었다. 가까스로 아스클레피온에 도착한 그들을 가장 먼저 반기는 것은 입구에 새겨져 있는 문구였다.

"신의 이름으로 말하노니 죽음은 이곳에 들어갈 수 없다."

환자와 가족들은 얼마나 안심했을까? 치료 가능성이 없는 환자는 입원을 거부했다고는 하지만 완치를 바라는 환자들의 염원과 의료인들의 자긍심을 함께 느낄 수 있는 문구다. 비록 죽음의 세계를 혼란시켰다는 이유로 제우스의 번개를 맞아 죽음에 이르렀지만 아스클레피오스는 줄곧 질병으로 고통 받는 자들의 숭배 대상이었다.

히포크라테스는 실존 인물로서 의술도 뛰어났지만 건강과 관련하여 많은 잠언을 남겼다. "인생은 짧고 예술은 길다Vita brevis est, ars longa"도 히포크라테스가 남긴 것으로, 여기에서 '예술'은 에리히 프롬의 <사랑의 기술The Art of Loving>에서 기술과 마찬가지로 기예art를 의미한다. 즉, 사람은 죽지만 의술은 영원하다는 뜻이다. 그외에도 건강과 관련된 명언을 살펴보면 음식에 대한 신념이 확실하다는 것을 알 수 있다.

우리가 먹는 것이 곧 우리 자신이 된다.

음식이란 약이 되기도 하고, 독이 되기도 한다.

음식으로 못 고치는 병은 약으로도 못 고친다.

적당한 양의 식사와 운동은 건강을 위한 가장 훌륭한 처방이다.

우리 안에 있는 자연적인 힘이야말로 모든 병을 고치는 진정한 치료제이다.

음식을 먹는 것, 섭식과 관련된 그리스 신화도 있으니 바로 에리시크톤과 탄탈로스의 이야기다. 테살리아의 왕 에리시크톤은 평소 신들을 우습게 알고 신들의 제단에 제물을 바치는 것도 소홀히 하는 불경한 왕이었다. 테살리아에는 데메테르에게 바쳐진 신성한 숲이 있었는데 그 숲에는 데메테르가 특별히 아끼는 커다란 참나무가 있었다. 나무의 님프들이 참나무를 둘러싸고 춤을 추기도 하고, 사람들은 이 영험한 참나무 앞에서 기도를 올리거나 데메테르에게 봉헌했다. 그런데 에리시크톤은 자신의 연회장을 짓겠다는 욕심으로 참나무를 베어버리게 했다. 신하들이 겁이 나서 못하겠다고 하자 신하의 목을 쳐버리고 도끼를 빼앗아 "이 참나무가 여신이 사랑하는 나무가 아니라 여신 자체라고 할지라도 내 손에 쓰러지고 말 것"이라며 기어이 참나무를 찍어냈다. 참나무의 요정인 하마드리아스는 데메테르에게 이 사실을 일러바쳤다.

이에 분노한 데메테르는 굶주림과 기근의 여신 리모스를 불러서 에리시크톤이 영원히 배고프게 만들라고 명했다. 리모스는 데메테르의 명을 받아 잠들어 있는 에리시크톤의 방에 들어가 음습하고 불온한 기운으로 에리시크톤을 감싼 뒤 입속에 허기의 숨결을 불어넣어 그의 혈관 구석구석 배고픔을 심고 돌아갔다. 리모스가 다녀간 이후 에리시크톤은 아무리 먹어도 배가 차지 않는 허기증에 걸렸다. 집안의 모든 음식을 먹어치운 후에는 가구들을 팔아 음식을 샀고, 그것도 동이 나자 자기 딸 메스트라를 팔아 음식을 구입했다. 종으로 팔려간 메스트라는 자신에게 관심을 보였던 포세이돈에게 간곡히 도움을 요청했다. 포세이돈은 메스트라를 말, 새, 황소, 사슴 등 온갖 동물로 변신시켜 집으로 돌려보내주었다. 그러면 에리시크톤은 다시 딸을 팔아 음식을 장만했고, 포세이돈은 다시 메스트라를 집으로 보내는 일이 수없이 반복되었다. 그렇게 해서 마련한 음식도 에리시크톤의 허기를 채우기에는 턱없이 부족했고, 종국엔 자신의 몸을 잘라서 먹어치웠다. 신의 금기에 도전한 인간의 가장 비극적인 말로다.

리디아의 왕인 트로몰로스의 아들 탄탈로스는 제우스의 총애를 받아 신들의 연회에 종종 초대되었다. 그는 마치 신이라도 된 듯 천상에서만 허용되는 암브로시아와 넥타르를 마음대로 가져다가 지상의 친

요한 율리히 크리우스 <에리시크톤의 형벌> 삽화 1690

구들에게 자랑하며 나누어 주기까지 했다. 문득 신들에게 야단을 맞을까 두려워진 탄탈로스는 신들을 초대하여 만찬을 베풀었다. 신들을 감동시킬 아주 특별한 요리를 생각하던 탄탈로스는 자신의 아들 펠롭스를 죽여서 함께 끓인 국을 신들에게 대접했다. 하지만 탄탈로스가 이미 암브로시아와 넥타르를 훔쳐다 먹은데다 아들까지 살해한 죄를 용서할 수 없었던 제우스는 복수의 여신 네메시스에게 탄탈로스를 타르타로스에 가두게 했다. 그러나 그 정도로는 벌이 가볍다고 생각한 네메시스는 물이 가득 들어 있는 욕조에 탄탈로스를 세워놓고 갈증으로 영원히 목마르게 하는 고문을 병행했다. 탄탈로스가 목이 말라서 물을 마시려고 몸을 굽히면 욕조에 가득 찼던 물은 빠져나가버려 마시지 못하고, 겨우 몸을 세우면 물은 다시 목까지 차올랐다. 금방 마실 수 있을 것 같은데, 막상 마시려고 하면 한 방울도 마실 수 없었던 탄탈로스는 신들의 음료를 탐했던 벌을 혹독히 받았다.

에리시크톤의 다식증과는 달리 탄탈로스는 다갈증이다. 음식을 많이 먹는데도 배가 고프고 물을 마셨는데도 이내 갈증이 생기는 다식증과 다갈증은 당뇨병의 초기증상이기도 하다. 당뇨병은 인슐린 처방과 함께 식이조절과 운동을 병행하면 성공적으로 조절되어 건강한 생활을 영위할 수 있다. 반면 배가 부른데도 먹는 것을 멈출 수 없고, 무엇을 먹어야 할 것인지 조절할 수 없는 충동성 폭식증 또는 음식중독도 있다. 이것은 알코올 중독이나 니코틴 중독처럼 일종의 정신질환이며 뇌의 쾌감중추를 자극해 주는 달고 짠 음식에 대한 탐닉으로 건강을 해치게 된다.

그외에도 거식증이나 폭식증처럼 마른 몸매를 과도하게 지향하는 문화적인 부작용에 따른 섭식장애도 있다. 음식을 거부하거나 구토를 통해 음식의 체내 흡수를 저지함으로써 비정상적인 마른 몸매가 유지되기를 바라지만 신체건강에 치명적인 타격을 주며 결국 죽음에 이르게 한다. 이러한 섭식장애는 알고 보면 몸보다는 마음의 병이다. 아스클레피온의 전인적인 돌봄과 치료방향을 같이 하는 현대의학에서는 약물치료 외에도 자기통제력을 키움과 동시에 올바른 신체상 *body image*을 가지게 하고 자존감을 향상시키는 것에 집중하고 있다.

　우리가 일용할 양식은 음식뿐만 아니다. 독서는 마음의 양식이다. 독서는 자신의 의견을 주장하기 위한 도구이거나 현학적인 허세로 교만하게 만드는 흉기가 아니라 성찰과 반성을 통해 상대방을 배려하고 겸손의 살을 찌우게 하는 자양분이다. <톰 소여의 모험>의 작가 마크 트웨인은 "누구나 알고 있으나 아무도 읽지 않은 책이 고전"이라고 정의했다. 고전은 인류에게 좋은 영향을 끼친다는 것을 알지만 늘 마음의 숙제로만 남아 있다. 모든 일을 행할 때 체력이 뒷받침되어야 하듯이 고전을 끝까지 읽어내려면 탄탄한 독서의 근육이 필요하다. 의지와 근력이 요구되기에 독서는 점점 취미가 아니라 특기인 시대가 되고 있다.

　그리스 신화는 시대를 초월한 고전임에 틀림없다. 태초의 신들과 제우스를 중심으로 한 올림포스 신들의 전쟁과 사랑 이야기가 단순하고 흥미로운 옛날 이야기를 넘어 상식과 치유를 이끄는 유용한 쓸모가 되기를 진심으로 바란다.

#먹는게 남는거　#먹고 죽은 귀신은 때깔도 곱다　#최초의 종합병원　#아스클레피온
#죽음이 들어갈 수 없는 곳　#오늘은 뭐 먹지　#독서는 마음의 양식
#독서 근력 강화 운동　#독서는 취미가 아니라 특기

아스클레피오스 신전은 대부분 400년 정도까지 잘 유지되었지만 로마의 콘스탄티누스 대제Constantinus(274-337)가 313년에 그리스도교를 국교로 정하는 칙령을 내리면서부터 우상 숭배 금지의 율법에 따라 다른 그리스 신전들과 함께 파괴되거나 예배를 보는 장소로 바뀌게 되었다.

 소크라테스Socrates(BC 470-BC 399)는 죽으면서 부유한 친구 크리톤에게 "아스클레피오스에게 닭 한 마리를 빚졌으니 갚아달라"는 유언을 남겼다. 이에 대해서는 다양한 해석이 있다. 당시 그리스 사람들은 병이 생기면 아스클레피오스에게 낫게 해달라고 기도했다. 그러다가 병이 나으면 닭 한 마리를 아스클레피오스 신전에 바쳤다. 그러니까 소크라테스가 닭 한 마리를 빚졌다는 것은 독약의 효력이 좋아 고통을 거의 느끼지 못하고 바로 죽을 수 있어 덜 고통스러운 죽음에 대한 고마움을 표현했다고 할 수 있다. 또는 현세의 삶은 고통이지만 죽음은 곧 고통으로부터 자유와 해방을 의미하는 것이기 때문에 죽음을 통해 고통으로부터 완벽하게 해방되었으니 아스클레피오스에게 감사의 인사를 전해야 한다는 것이다. 어떻게 해석을 하든지 자신의 죽음을 처연히 받아들이는 소크라테스의 여유와 유머를 알 수 있는 유언이다.

　간호사로, 간호학자로 살아온 지 30년이 되었다. 이제는 내 분야에서 나의 시선으로 사물과 현상을 바라보고 이야기할 수 있지 않을까 하여 용기를 내보았다. 한편으로는 이미 너무 많은 그리스 신화 관련 서적이 있는데 비전문가인 나까지 책을 보태는 것이 과연 의미가 있을까 망설이기도 했다. 하지만 지적받는 것에 대한 두려움이 적어졌다고나 할까, 맷집이 생겼다고나 할까. 결말을 다 알고 있지만 좋은 영화는 망설임 없이 재생 버튼을 반복해서 누르게 되는 것처럼 좋은 마음으로 그리스 신화 읽어주기를 시작하였다. 세상에 난무하는 신화의 편린들, 그 조각 끝에 매달려 있는 많은 의학용어와 상식을 정련하여 이제 막 의료인의 길에 들어선 제자들에게 알려주고픈 직업정신의 발로였다고도 할 수 있다.

　정확한 의미를 모르고 단어를 사용하거나 정확한 내용을 모른 채 사건을 함부로 이야기하는 것을 싫어하는 성격 탓에 텍스트에 더욱 예민하게 굴면서 자료를 수집하였다. 그러는 동안 이전과는 다른 지점에서 새로운 감동의 주제를 찾아내는 것은 뜻하지 않은 즐거움이었다.

젊은이들에게 필요한 장년의 지혜는 무심히 전해지는 것이 아니라 애써 전하며 지켜가는 것이다. 한 사람의 인생을 송두리째 바꾸거나 모든 사람을 완벽하게 감동시키는 책은 없다. 신화도 마찬가지다. 다시 신화 읽기를 시작한 것도 오래 묵은 지혜와 감동을 은근히 그러나 애써 전하기 위함이었다. 따뜻하고 친절하게 들려주려 했던 처음의 의도대로 그리스 신화가 많은 이들에게 쓸모가 되면 좋겠다.

우연한 인연으로 만나 어설픈 글솜씨를 믿고 제안하여 지난한 이 작업을 지치지 않도록 격려하며 끝까지 함께 달려와 준 전미경 편집자에게 감사를 전한다. 애정을 가지고 거친 초고를 가장 먼저 읽어준 남편과, 건조한 공대생의 눈으로 논리를 따져준 아들과, 통통 튀는 감각으로 맑은 조언을 아끼지 않은 크리에이터 딸과, 지난 그리스 여행에서 임페리얼 블루의 그리스 바다에 함께 마음을 빼앗겼던 친정 어머니에게 사랑을 전한다. 마지막으로 이 땅에서 함께 살아가는 수많은 헤라, 데메테르, 아테나, 아폴론, 아르테미스, 헤르메스, 디오니소스, 헤파이스토스 그리고 아프로디테와 아레스에게 이 책을 바친다.

신화의 쓸모_치유 코드로 읽는 신화 에세이
ⓒ 오진아

초판1쇄 발행 2020년 8월 28일
지은이 오진아

기획 편집 전미경
펴낸이 정세영
디자인 soso_design
제작 지원 디지털 놀이터

펴낸곳 위시라이프
등록 2013.8.12./제2013-000045호
주소 서울 강서구 양천로30길 108
전화 070-8862-9632
이메일 wishlife00@naver.com
ISBN 979-11-963931-5-1 03100 | **값 17,800원**